TUĞBA TEKKAL

TOR ZUR FREIHEIT

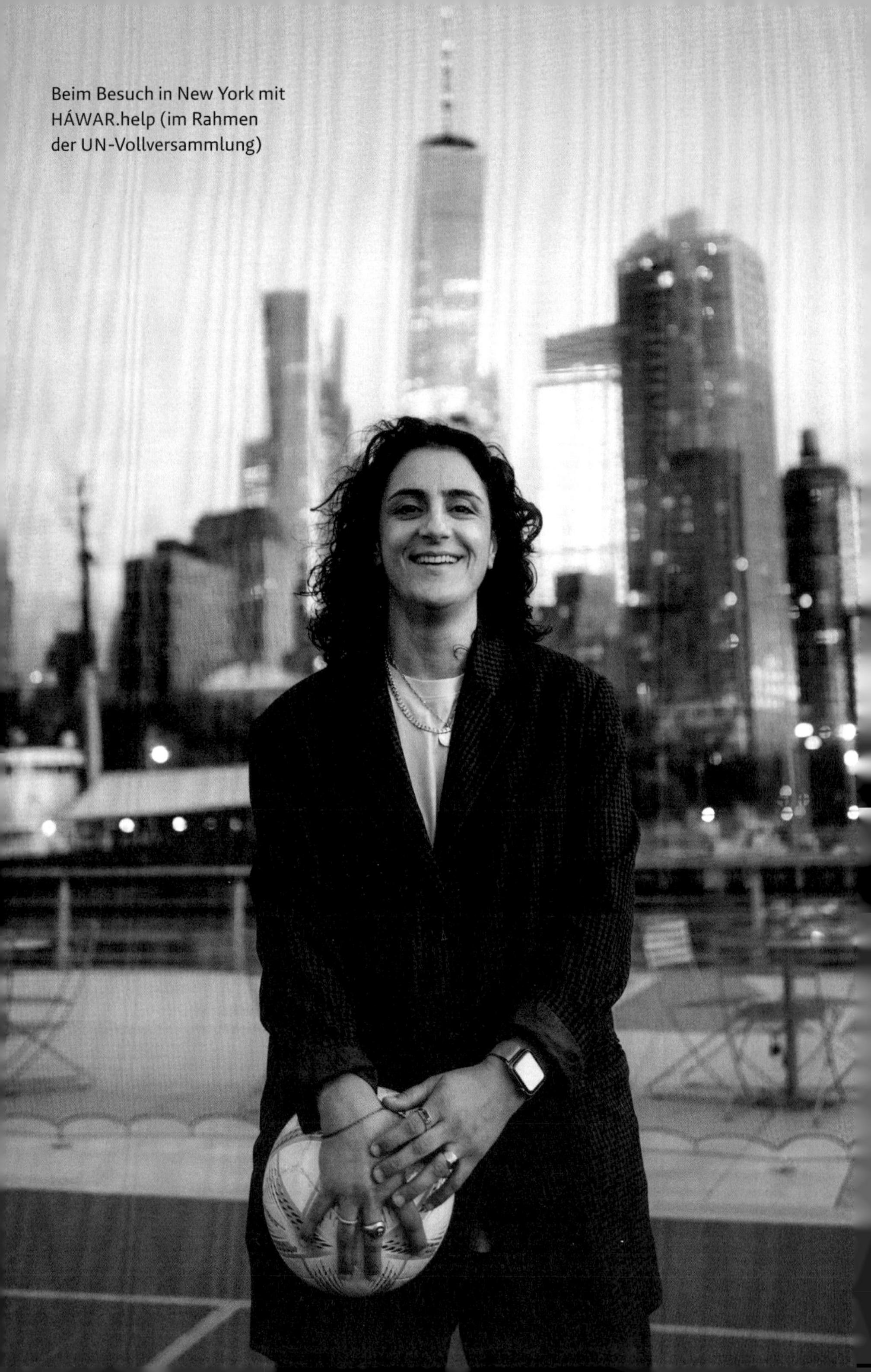

Beim Besuch in New York mit HÁWAR.help (im Rahmen der UN-Vollversammlung)

TUĞBA TEKKAL

TOR ZUR FREIHEIT

MEINE GANZE GESCHICHTE

ELISABETH SANDMANN VERLAG

INHALT

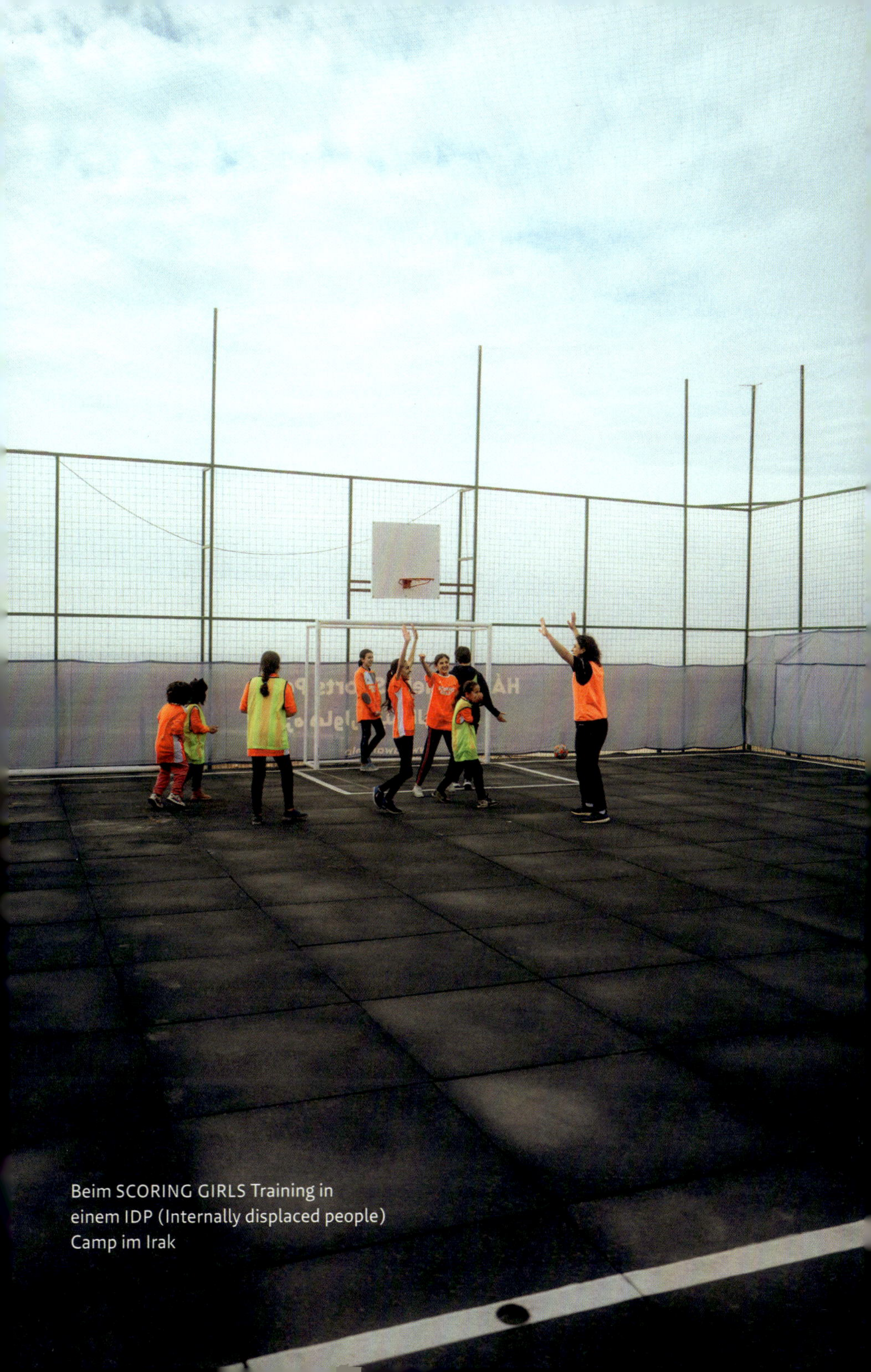

Beim SCORING GIRLS Training in einem IDP (Internally displaced people) Camp im Irak

KICK IT LIKE TUĞBA! ODER: WIE MAN WIRD, WAS MAN IST.

DÜZEN TEKKAL

»Started from the bottom, now we're here.« **Drake**

Zwischen meiner Schwester Tuğba und mir liegen sieben Jahre. Ich weiß noch, wie ich sie auf dem Arm hielt, als sie ein kleines Baby war. Wir sind elf Geschwister, aber jede und jeder Einzelne von uns Tekkals ist ganz nah an meinem Herzen! Mit Tuğba verbindet mich nicht nur sehr viel geteilte Familiengeschichte, sondern auch unsere gemeinsame Menschenrechtsarbeit. Wir haben die Menschenrechtsorganisation HÁWAR.help e.V. gegründet, Tuğba leitet seit sieben Jahren sehr erfolgreich das Sport- und Bildungsprojekt SCORING GIRLS, mit dem sie für junge Frauen und Mädchen in Irak und Deutschland »Orte schafft, an denen die Welt noch in Ordnung ist«, wie sie sagt.

Die Mädchen, die den Weg zu ihr finden, haben mitunter traumatische Erlebnisse hinter sich: Flucht, Verfolgung und Krieg, Vernachlässigung in Schule und Familie. Aber sie begleitet auch ein Gefühl, nicht so recht zu wissen, wohin mit sich und der Welt. Nicht nur liegt bekanntlich die Wahrheit auf dem Platz, sondern hier liegen auch Selbstvertrauen, Selbstbestimmung und Gemeinschaftsgefühl. Es geht nicht darum, bei den SCORING GIRLS den Grundstein für eine große Karriere als Fußballerin zu legen. Wenn sich das ergibt, ist es umso schöner! Es geht aber zunächst vor allem darum, Erfahrungen zu machen, die gerade für Mädchen nicht selbstverständlich sind. Der Spaß am Spiel und an der Bewegung verbindet sich mit etwas Größerem: Schwesternschaft und Zusammenhalt. Ein bisschen auf jene Weise, wie wir Schwestern sie in den besten Momenten unserer Kindheit erfahren haben.

Dieses Stück heile Welt war jedoch nicht immer da. Wir Tekkal-Kinder hätten mehr davon gebrauchen können. Denn als Sprösslinge von jesidisch-kurdischen Geflüchteten aus der Türkei war unser Großwerden im Deutschland der 1980er- und 1990er-Jahre mitunter gar nicht so leicht. Wir mussten uns oft erklären und rechtfertigen, für das, was wir sind. Unsere Lebenswege waren alles andere als vorherbestimmt. Die Ansprüche an uns waren oft widersprüchlich.

Zum einen war da der Wunsch unserer Eltern, dass wir es einmal leichter als sie haben sollten im Leben. Bildung war ein hohes Gut, vor allem für unseren Vater. Unsere Eltern erkannten, dass dieses Land sehr viele Chancen für uns bereithält. Chancen, von denen sie selbst nur hatten träumen können. Aber was hieß das für uns Tekkal-Mädchen? Zum anderen war da immer auch der sehr traditionelle Anspruch an uns: Familie gründen und Kinder kriegen. Rückblickend betrachtet, rebellierten wir alle auf unsere Weise dagegen. Ich, indem ich einem Politik-Studium und später meiner Berufung als Journalistin nachging, und dadurch für die Jüngeren ein Stück weit voranging. Unser gewachsener Familienzusammenhalt bedeutete für mich: Ich bin erst frei, wenn auch meine Geschwister frei sind und ihre Potenziale entfalten können. Zudem war mein Beschützerinstinkt ziemlich ausgeprägt.

Ich erinnere mich an eine Szene, in der das deutlich wird: Tuğba muss acht Jahre alt gewesen sein, ich also schon fünfzehn und mit dem Selbstbewusstsein eines aufmüpfigen Teenagers gesegnet. Die kleine Tuğba war immer auf Achse, ständig unterwegs, manchmal auch mit mir. Mit unserer Clique stromerten wir oft durch Hannover-Linden, ganz nach dem Motto: »Es gibt nichts in der Schule, was du nicht auch auf den Straßen lernen kannst.« Von einem dieser Ausflüge (ohne mich) kam sie einmal sehr spät heim. Elterliches Ungemach drohte, in Gestalt unserer Mutter. Kaum war die Tür hinter Tuğba ins Schloss gefallen, stand sie bereit, der schon förmlich vor Angst zitternden Tochter eine gepfefferte Standpauke zu halten. Mit einem Satz war ich zwischen den beiden, baute mich schützend vor meiner Schwester in Freibeuter-Pose auf, mit weit ausgebreiteten Armen, und schleuderte unserer Mutter Fatma ein »LASS TUĞBA IN RRRRUUUHE!!« entgegen. Mein Manöver glückte: Anstelle von Tuğba erhielt ich die Standpauke.

Mit Tuğba mussten meine Eltern nicht oft schimpfen. Sie war keine Unruhestifterin. Im Gegenteil: Sie nahm sich selbst immer sehr zurück, war unkompliziert, ließ den Geschwistern den Vortritt. Das hatte zur Folge, dass ich mich manchmal fragte: »Bekommt Tuğba, was sie braucht? Wird sie genug gesehen?« Es gab eine Zeit, während der ich sehr besorgt um sie war: In der Schule erlebte Tuğba Ausgrenzung und Herabsetzung aufgrund ihrer Herkunft. Die Lehrkräfte fingen das nicht auf, im Gegenteil, sie waren manchmal eher Teil des Problems. Die Hauptschule war ein hartes Pflaster. Tuğba wirkte damals oft in sich gekehrt, erzählte uns wohl nicht alles – auch weil unser Leben als Großfamilie nicht immer den Raum dafür bot. Sie wollte niemandem zur Last fallen.

Von uns Tekkal-Schwestern ist Tuğba die Empathischste. Sie hat ganz feine Antennen für die Bedürfnisse der Menschen um sie herum – etwas, das ihr heute bei ihrer Arbeit mit den SCORING GIRLS wie ein Schatz zugutekommt. Für ihre Mädchen ist sie sportliches Vorbild, große Schwester, Sozialarbeiterin und manchmal sogar Sachbearbeiterin, wenn es gilt, Dinge mit dem Ausländeramt zu regeln. Ich bin über alle Maßen stolz, wenn ich sehe, was Tuğba heute mit ihrer Arbeit leistet!

Für all das wurde der Grundstein in den Jahren in Hannover-Linden und Garbsen-Berenbostel gelegt – an guten, wie an schlechten Tagen. Ich erinnere mich an Nachmittage und Abende, an denen wir Tekkal-Schwestern in unserem engen, gemeinsamen Kinderzimmer beieinandersaßen oder -lagen und uns in die weite Welt träumten: Was wir alles einmal machen, sehen und erleben wollten. Mithilfe unserer kindlichen Fantasie wurden die Wände zu Kinoleinwänden, auf dem die unglaublichsten Filme abliefen – die zunächst in denkbar schärfstem Kontrast zu unserer Realität standen.

Wir wuchsen heran, die Träume aber wurden nicht kleiner. Mit 19 zog ich von zu Hause aus, um meine persönlichen Träume zu verwirklichen. Meine Eltern waren geschockt, als mein Entschluss feststand und ich nicht von meinem Vorhaben abzubringen war. Daran sind wir gewachsen, sowohl sie als auch ich – und alle anderen ebenso. Mit der Zeit erkannten unsere Eltern, dass Autonomie nicht bedeutet, dass wir dadurch unsere Identität verlieren und unsere Wurzeln verleugnen. Im Gegenteil: Durch die Menschenrechtsarbeit, die für Tezcan, Tülin, Tuna, Tuğba und mich auf der Asche des Völkermords an den Jesiden erwuchs, kamen wir in Berührung mit der Kernidentität des Jesidentums – schmerzhaft und heilsam zugleich. Ein Paradox. Durch den Schrecken des Genozids, den 2014 die Terrormiliz Daesch, hierzulande besser bekannt als der sogenannte »Islamische Staat«, über die Jesiden brachte, kamen wir in Kontakt mit der Schönheit und Fülle der Religion, in die unsere Familie zufällig hineingeboren wurde. Viel näher, als jegliche Erziehung oder das Wissen aus Büchern uns hätten heranführen können.

Für Tuğba war der Fußball das Tor zur Freiheit. Doch das kam erst spät in den Blick und zu einem Zeitpunkt, als es sehr dunkel um die junge Tuğba war. Davon und welche weiteren Möglichkeiten sich für sie eröffneten, nachdem sie durch dieses Tor schritt, handelt dieses Buch. Die Geschichte, die es hier zu entdecken gibt, ist nicht die einer klassischen Heldin, sondern einer Außenseiterin, die noch weiter ins Abseits hätte schlittern können. Eine Geschichte, die trotz aller Widrigkeiten eine glückliche Wende nahm. Auch weil Tuğba immer von Menschen umgeben war, die an sie glaubten und sie unterstützten.

Ich freue mich sehr, dass Anna Dreher sich dieser Geschichte auf so einfühlsame Weise angenommen und sie zusammen mit Tuğba zu Papier gebracht hat! Ich bin der festen Überzeugung: Für jeden Menschen auf dieser Welt gibt es ein Tor zur Freiheit. Und wer weiß ...? Vielleicht hilft dieses Buch einem Mädchen, einer jungen Frau, einem Jungen oder einer schon erwachsenen Person dabei, ihr Tor für sich zu finden – und zu werden, was man ist.

VORWORT JAGODA MARINIĆ

Tuğba Tekkal staunt. Sie hört sehr genau hin, wenn jemand spricht, als könnte ihr jeder Mensch in einem unerwarteten Moment ein Tor in eine neue Welt öffnen. Ihr Staunen hat nichts Naives. Es erzählt von einer starken Frau, die etwas Besonderes aus ihrer Kindheit in ihr Erwachsenenleben retten konnte: Ihre Neugier. In dieser Neugier liegt die Hoffnung darauf, dass einem das Leben immer wieder etwas zu bieten hat, wofür es sich zu kämpfen lohnt.

Wie viel Kampf in Tuğba Tekkals Leben steckt, merkt man ihr nicht an. Als ich sie das erste Mal erlebe, sind wir bei einem Abendessen, zu dem Frauen eingeladen sind, die sich gesellschaftlich engagieren. Alles schön und feierlich, aber auch eine Spur zu steif, bis Tuğba das Wort ergreift und von ihrem Besuch bei Bundespräsident Steinmeier erzählt, zu dem sie ihre große Schwester Düzen begleitet hat. Sie habe eine dunkle Sonnenbrille angehabt, erzählt sie, weil sie eine Augenallergie hatte. Sie wollte nicht krank aussehen, dafür sah sie aus wie Düzen Tekkals Bodyguard. Mit ihrem Humor brach sie das Eis, spielte sich mit ihrer Schwester Tülin Tekkal die Witze zu. Vier Schwestern waren es an dem Abend, manchmal sind sie zu fünft. Immer kommen sie wie eine Wucht auf einen zu, was ich erst richtig merkte, als ich ahnungslos zusagte, mit demselben Taxi wie sie nach Hause gefahren zu werden. In dieser Enge erlebte ich das Zusammenspiel ihrer Verschiedenheiten, ihr Lachen, ihre Begeisterung, ihre Ernsthaftigkeit. Ich wusste, gemeinsam werden diese Töchter von Einwanderern vieles in Deutschland auf den Weg bringen. Aber auch jede Einzelne für sich. Es ist ihre Unterschiedlichkeit und die Kraft, diese Unterschiede zusammenzuhalten, die eine Begegnung mit allen Tekkal Schwestern so besonders macht. Der Kampf, in Deutschland zu Hause zu sein und dabei die Eltern einzubeziehen in ihr eigenes

Wachsen. Der Weg ins eigene Leben hieß für die Töchter nie, den eigenen Eltern den Rücken zu kehren und von ihrem erfolgreichen Leben aus zu winken. Nein, die Tekkal-Töchter haken sich bei ihren Eltern ein und nehmen sie mit. Die Eltern lieben und lernen. In den Instagram Stories sieht es manchmal aus, als gäbe es nichts Leichteres als das. Wer die Familie etwas näher kennenlernt, der weiß, wie viel Mut und Kraft hinter dieser Leichtigkeit steckt. Sollte es zu schwer werden, gibt es Slapstickvideos zwischen Tuğba und Tülin, die zeigen, wie man sich mit Strolchstreichen aus dem Alltag rettet.

Tuğba hatte neben ihren Schwestern schon früh den Fußball. In der Welt, aus der ihre Familie stammt, scheint das kein natürliches Talent für ein Mädchen zu sein. Wie ist es, wenn deine Leidenschaft für jene, die du liebst, zum Problem wird, weil es nicht in das Bild passt, das man sich von Mädchen macht? Wenn Tuğba Tekkal von den Hindernissen auf ihrem Weg zu erzählt, wird ihre Stimme oft besonders sanft und ruhig, als wollte sie zeigen, dass ihr Kampf ein Kampf der Sanftmütigen war und sein wird. Kraftvoll und entschieden, aber nie mit Gewalt. Oft hatte ich den Eindruck, sie hat das Unverständnis der Anderen dank ihrer Gabe zu staunen ausgehalten. Sie wusste früh: Je genauer ich die Hindernisse in anderen beobachte, desto besser werde ich eines Tages wissen, wie ich sie umspiele. Tuğba muss nicht in den Kampf mit dem, was sich ihr in den Weg stellt. Sie beobachtet es. Sie durchdenkt es und findet ihren Weg. Eine Spielerin eben, die zudem zum Ball fand.

Es gibt viele Wege, sich für Menschenrechte einzusetzen. Tuğba Tekkals Weg führte von innen nach außen: Je besser sie verstanden hat, was ihr Leben ausmachte, wie sie sich freigespielt hatte, desto besser wusste sie, wie sie andere auf ihrem Weg begleiten konnte. Manchmal ist uns Menschen das Unrecht, in dem wir aufwachsen, so selbstverständlich, dass es Jahre dauert, bis wir verstehen, wie stark wir eigentlich waren. Daraus lässt sich nachträglich eine Geschichte erzählen, in der man sich bedauert. Tuğba hingegen erzählt eine Geschichte, von der sie hofft, dass sie anderen Menschen früher zeigt, wie viel Kraft in ihnen steckt.

Mit ihrem Projekt SCORING GIRLS ging Tuğba Tekkal zuletzt in den Irak und mit diesem Schritt hat mich ihre Menschenrechtsarbeit endgültig überzeugt. Die Heimat der Eltern ist für viele Kinder von Einwanderern ein Ort zwischen Nostalgie und Utopie. Wie wäre die eigene Kindheit dort verlaufen? Wären die Eltern anders gewesen, hätte die Familie sich anders verstanden ohne den ewigen Abgleich zwischen zwei Kulturen? Wäre sie selbst dort, wo Mädchen erst recht nicht Fußballerinnen sein sollen, auch Fußballerin geworden, fragte ich mich, als ich in den sozialen Medien die Videos von der Reise sah. Freiheit ist neben allem Großen, was über sie gesagt werden kann, vor allem eine Erfahrung. Wer Freiheit erlebt, wird sie nur schwer vergessen. Sobald die SCORING GIRLS am Ball sind, sieht man junge Mädchen, die sich freispielen, die ihr Talent entdecken und mit ihm die Kraft, es zu entwickeln. Die Lust, es zu spüren. Da ist plötzlich eine Selbstsicherheit in ihren jungen Gesichtern, die sie über Jahre tragen wird.

Nachdem ich die Videos über die Projekte im Irak gesehen hatte, lud ich die SCORING GIRLS nach Heidelberg ein, wo ich das Interkulturelle Zentrum leite, und wo – wie überall – auch Mädchen leben, deren Eltern der Meinung sind, Fußball sei kein Sport für sie. Als die SCORING GIRLS ankamen, sah ich junge Spielerinnen, die sich vor nichts zu fürchten schienen, weil sie gemeinsam ein Talent entdeckt hatten, weil sie gemeinsam ihren Weg gegangen waren, weil jede für sich stark war, aber noch stärker im Team. So wie die Tekkal Schwestern. Tuğba Tekkal hat etwas von dem, was sie zwischen ihren Schwestern erlebt hat, gelernt weiterzugeben. Ihre SCORING GIRLS sind für viele junge Mädchen eine Art Sisterhood. Tuğba hat auch gelernt, wie etwas von dem, was sie in sich entdeckt hat, nicht nur sie stark machen kann, sondern auch andere. Die Mädchen auf dem Fußballplatz tanzen, singen in verschiedenen Sprachen. Sie erzählen sich von ihren Sorgen um Behörden und Duldungen. Tuğba hört zu, als würde sie ihre Probleme sammeln. Sie weiß, es ist viel zu tun im Leben dieser Mädchen, es braucht Zeit. Tuğba nimmt sich diese Zeit. Manchmal sind es Jahre. Ihre Ruhe macht es leichter für die Mädchen: Kein Drama, let's play.

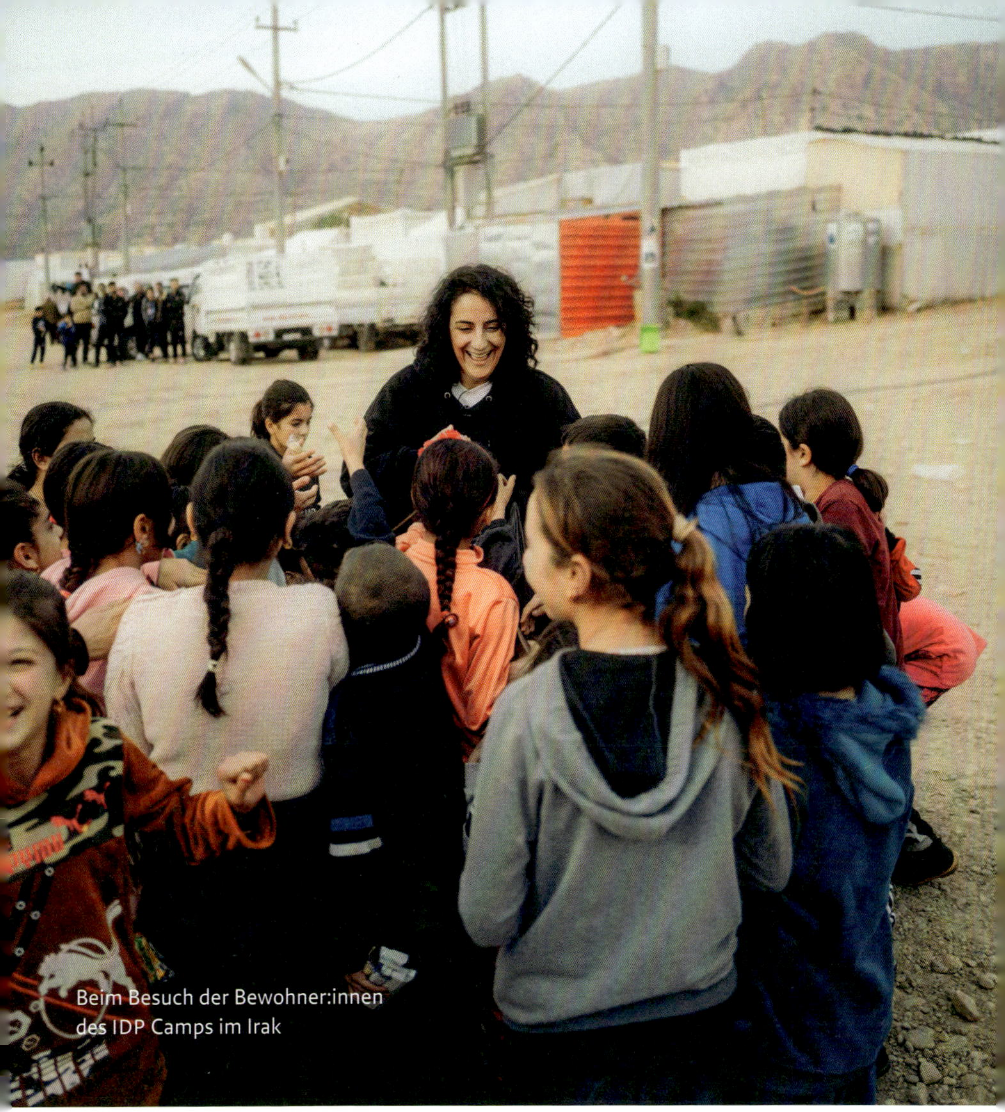
Beim Besuch der Bewohner:innen des IDP Camps im Irak

Sie steht am Spielfeldrand und sieht zu, wie die SCORING GIRLS über den Rasen laufen. Da ist er wieder, dieser Blick: Es kann gelingen, ganz gleich, wo du herkommst, was vorher war und was andere über dich sagen. Es wäre nicht Tuğba Tekkal, wenn sie diesen Glauben ans Gelingen nicht teilen wollte.

PROLOG

Da sitzen wir nun also. Düzen, Tuna, Tezcan, Tülin und ich. Auf einer großen, steinernen Treppe in New York. Ich, ein Mädchen aus Hannover-Linden, mit ihren Schwestern mittendrin in dieser Stadt, in der gefühlt jede Sekunde eine neue Geschichte geschrieben wird. Wie oft habe ich diesen Song laut mitgesungen, *Empire State Of Mind* von Alicia Keys und Jay-Z, über den Asphaltdschungel, wo es nichts gibt, was du nicht tun kannst. *These Streets will make you feel brand new. Big lights will inspire you.* Und jetzt bin ich wirklich hier!

Ich bin überwältigt von dem, was wir erlebt haben. Wir sind nicht nach New York gereist, um Urlaub zu machen und uns zu überlegen, ob wir zuerst in den Central Park oder zur Freiheitsstatue gehen sollten. Im September 2022 sind wir hergekommen mit einer Mission: Als Vertreterinnen unserer Hilfsorganisation HÁWAR.help im Rahmen der 77. Vollversammlung der Vereinten Nationen, auf der Bundeskanzler Olaf Scholz und Außenministerin Annalena Baerbock mit Abgesandten so vieler Staaten über die globalen Krisen dieser Zeit debattieren. Jede dieser Krisen betrifft auch uns. Manche ganz besonders.

Wer uns Tekkals kennt, weiß, dass in unserer Umgebung eigentlich immer etwas los ist. Wir reden viel, wir lachen laut. Aber auf dieser Treppe bleiben wir ganz still. Keine sagt ein Wort. Ich habe Tränen in den Augen. All diese Erfahrungen machen zu dürfen, und dann auch noch mit meinen Schwestern. Was in New York passiert ist, erscheint mir fast schon surreal. Ich bin mir sicher, dass in diesen Momenten jede von uns an etwas ganz Ähnliches denkt: Daran, wie viel sich entwickelt hat, seit wir 2015 den Verein HÁWAR.help gegründet haben und seit Düzen und Tezcan das erste Mal nach New York gereist sind, 2017 auf Einladung der UN. Damals haben wir noch darum kämpfen müssen, dass uns überhaupt jemand wahrnimmt. Aber wir haben nie aufgegeben. Nicht, als uns Freunde und Familie geraten haben, lasst das mit der Menschenrechtsarbeit lieber sein, sucht euch vernünftige Jobs, das bringt doch alles ohnehin nichts. Nicht, als wir keinen Cent mehr in den Taschen hatten. Nicht, als wir uns selbst vergaßen, weil wir all unsere Energie HÁWAR.help gewidmet haben, all unsere Zeit, als ich kaum etwas gegessen und wenig geschlafen habe. Der Glaube an unsere Arbeit hat mich immer angetrieben. Manchmal fällt es mir schwer zu begreifen, was wir uns aus eigener Kraft aufgebaut haben. Ich weiß nicht, ob wir jemals sagen werden, wir haben es geschafft. Die Menschenrechtsarbeit ist wohl eher eine Lebensaufgabe und weniger ein vorübergehendes Projekt. Aber dort in New York, da hat es sich ein bisschen so angefühlt.

Während die Metropole um uns herum weiter pulsiert, laufen in meinem Kopf die Bilder der vergangenen Stunden ab: Wie wir an der Columbia University Menschenrechtsstudierenden die Dokumentarfilme meiner Schwester Düzen zeigen, *HÁWAR – meine Reise in den Genozid* und *JIYAN – die vergessenen Opfer des IS*, außerdem Aufnahmen von unserer jüngsten Reise in den Irak zu einem unserer Frauenzentren. Ich habe nie studiert. Ich habe nie gedacht, dass ich überhaupt einmal eine Universität von innen sehen würde. Und nun sitze ich im Seminarraum einer der ältesten und renommiertesten Hochschulen der Vereinigten Staaten von Amerika. Und anstatt, dass wir hier den klugen Köpfen zuhören, sind wir es, die künftigen Menschenrechtlerinnen und Menschenrechtlern erzählen, worauf es bei dieser Art von Arbeit ankommt und welche Erfahrungen wir gemacht haben. Mich sprechen danach noch einige persönlich an, weil sie mein Fußballprojekt kennen – auch die SCORING GIRLS haben es also bis nach New York geschafft. Das allein hätte gereicht, damit ich mit einem breiten Grinsen zwischen den Wolkenkratzern herumgelaufen wäre und immer wieder gedacht hätte: Heftig, ey, heftig! Aber dieser Tag hält noch weitere Überraschungen für uns bereit.

Nach der Filmvorführung und Diskussion erfahren wir von einer Demonstration vor dem Hauptgebäude der Vereinten Nationen, eine Solidaritätsbekundung mit den Protesten in Iran nach dem gewaltsamen Tod der erst 22 Jahre alten Kurdin Jina Mahsa Amini am 16. September.

Unser Plan sieht eine Teilnahme an der Demonstration nicht vor, aber wir verschieben ohne zu zögern alle weiteren Termine an diesem Tag. Unsere Eltern sind dagegen, dass wir dorthin gehen, wir haben sie angerufen und ihnen davon erzählt. Aber wir können nicht anders. In einem Starbucks sitzen wir Schwestern alle an unseren Handys, jede erledigt ihren Part und trifft Absprachen, damit alles funktioniert. Und wie wir dann zusammenpacken, wie wir zur U-Bahn und zu unserem Ziel laufen – in jedem unserer Schritte steckt so viel Power, unsere Blicke sind fokussiert und entschlossen. Wir kennen uns nicht aus in der Gegend, trotzdem sind wir so zielstrebig unterwegs, als wüssten wir genau, wo wir hinmüssen. In mir kommt diese Überzeugung auf, dass wir dafür bestimmt sind, für andere einzustehen und zu kämpfen. Wir, die als Kurdinnen nicht nur zu einer Minderheit gehören, sondern als Jesidinnen eine Minderheit in der Minderheit bilden. Unsere Religionsgemeinschaft trägt den Kampf ums Überleben seit jeher tief in sich. Wir wissen, wie es sich anfühlt, wenn niemand hinguckt und niemand hilft.

Je näher wir der United Nations Plaza am East River kommen, desto lauter wird es. Die Demo neigt sich langsam dem Ende zu, aber es ist immer noch viel los. Einige Menschen stehen vor einem Mahnmal in Gedenken an die Massenhinrichtung Zehntausender politischer Gefangener 1988 in Iran. Um sie wird ebenso getrauert wie um die jüngsten Opfer des Regimes. Jeden Tag werden es mehr – ich kann das kaum aushalten. Ob es irgendwann Gerechtigkeit geben wird auf dieser Welt? Protestierende halten Plakate in die Luft, Forderungen hallen durch Megafone in den New Yorker Himmel. Auf einmal kommt eine große Gruppe auf uns zu, es wird lauter und lauter. Dann sehen wir Masih Alinejad, die iranische Journalistin, Autorin, Frauenrechtlerin und Menschenrechtsaktivistin, eine der bekanntesten Kritikerinnen der Regierung ihrer Heimat. Seit Jahren lebt sie in den USA im Exil. Wir ergreifen sofort die Gelegenheit, um mit ihr zu sprechen, vor allem Düzen.

Die Kulisse beeindruckt mich, gleichzeitig wirkt sie angsteinflößend. Viele aufgebrachte Menschen umgeben uns, die Situation ist total unübersichtlich. Ich weiß genau, dass es richtig und wichtig ist, dass wir jetzt hier sind. Ich weiß, was für ein Glück wir haben, Alinejad zu treffen. Und doch mache ich mir Sorgen, dass etwas passieren könnte. Sie kann sich in der Öffentlichkeit inzwischen kaum noch ohne Leibwächter bewegen und erhält ständig Morddrohungen, der iranische Geheimdienst will ihre starke Stimme am liebsten zum Schweigen bringen. Sie ist der Staatsfeind Nummer eins für das Mullah-Regime. Wer weiß schon, ob nicht heute in New York ein Anschlag auf sie verübt wird?

Tülin und ich scannen permanent die Umgebung. Ausgerechnet wir beide, die sonst für den Spaß bei uns zuständig sind und dafür, dass wir uns bei all der Schwere die Leichtigkeit bewahren. Die Objektive der vielen Kameras richten sich auf Alinejad. »Für Mahsa und Millionen von anderen Frauen! Wir werden seit Jahren auf den Straßen zusammengeschlagen«, sagt sie zu uns. In den Händen hält sie ein Porträtbild von Jina Mahsa Amini, in ihre Locken hat sie sich eine weiße Blume gesteckt. »In diesem Moment, in dem ich hier spreche, stürmen iranische Frauen nicht allein wegen der Hijab-Pflicht auf die Straße. Sie sind wütend, sie haben die Islamische Republik satt! Wenn der Rest der Welt, die demokratischen Länder, nicht handeln, wird das iranische Regime noch mehr Mahsa Aminis töten.« Wie viel Stärke, wie viel Energie von ihr ausgeht! Wir hängen an ihren Lippen, im Bann dieser mutigen und inspirierenden Frau.

Nach dem Gespräch mit Masih Alinejad bleiben wir noch etwas bei der Demonstration, bevor wir uns ein paar Ecken weiter auf der großen, steinernen Treppe sammeln. Für mich kommt in diesen Momenten so viel zusammen: Unsere Herkunft, unsere Arbeit und die Werte, die wir mit so vielen Menschen teilen. Und natürlich ist mir bewusst, dass es in dieser Welt alles andere als selbstverständlich ist, was wir machen. Wir riskieren nicht unser Leben, wenn wir Kritik äußern. Wir befinden uns gerade in den USA, wo protestiert werden darf. Wir leben in Deutschland mit dem Recht auf freie Meinungsäußerung. Wie wertvoll das ist, kann nicht oft genug betont werden. Noch am gleichen Tag beschließen wir, nach unserer Rückkehr eine Kundgebung am Brandenburger Tor in Berlin zu veranstalten. Wir haben nur wenig Zeit, um vorzubereiten, wofür es eigentlich Wochen braucht, aber zusammen mit zehn Mitarbeitern ziehen wir die Sache durch. Wir Tekkal-Schwestern funktionieren im Ausnahmezustand. Vielleicht sind wir da nicht ganz normal, aber irgendwie kennen wir das nicht anders – und werden immer wieder belohnt.

Zu der Kundgebung kommen mehr als 2000 Menschen. Von der kleinen Bühne aus blicken wir auf dutzende Plakate, immer wieder rufen die Menschen den Leitsatz des Widerstands: *Jin, Jiyan, Azadî* – Frau, Leben, Freiheit. Politikerinnen und Politiker von den Grünen, von SPD, Union und der FDP sprechen genauso wie Menschenrechtsaktivistinnen und Journalistinnen. Was mich bei solchen Kundgebungen am meisten bewegt, sind die Ansprachen von Demonstrierenden, die fragen, ob sie spontan etwas beitragen dürfen. Wie an diesem Mittwoch zum Beispiel Amir, ein Geflüchteter, der seit drei Jahren in Deutschland lebt: »Ein Angriff auf die Rechte der Frauen ist ein Angriff auf Menschenrechte«, sagt er. In seiner Stimme liegt so viel Wut.

Egal, ob die Krisen in Afghanistan, in der Ukraine oder in Iran – wir werden immer wieder gefragt: Wie kann geholfen, was kann getan werden?

Das können wir tun: Auf die Straße gehen, demonstrieren, laut sein, uns positionieren und solidarisieren, für mehr Sichtbarkeit sorgen. Wir haben diese Rechte, wir sollten sie nutzen. Welchen Sinn haben sie sonst? Unser Engagement sind wir vor allem denjenigen schuldig, die Strafen und Prügel für derartige Meinungsäußerungen riskieren, oder gar ihr Leben. Zu viele Menschen, vor allem Frauen, werden unterdrückt und können kein selbstbestimmtes Leben führen. Vielleicht klingt das pathetisch, aber meine Schwestern und ich werden mit unserer Arbeit erst aufhören, wenn jede Frau auf dieser Welt frei entscheiden kann, was sie tun oder nicht tun möchte.

Ich bin ein Mädchen aus Hannover-Linden, eines von elf Geschwistern, eine deutsche Frau kurdisch-jesidischer Abstammung. »Aus dir wird sowieso nichts!« – das habe ich als Jugendliche oft genug gehört. Ich bin lange kaum nach draußen gegangen, hatte wenige Freunde. Aber das ist längst vorbei. Ich habe in der Fußball-Bundesliga gespielt, heute bin ich Menschenrechtsaktivistin und Sozialunternehmerin. Meine Reise hat mich bis nach New York zu den Vereinten Nationen gebracht, und sie ist noch lange nicht vorbei.

Das hier ist meine Geschichte. Die Geschichte von einer, der nicht viel zugetraut wurde, die ihr Selbstbewusstsein einst verlor und die es sich zurückgeholt hat. Sie soll all jenen Mut machen, denen der Glaube an sich selbst genommen wird.

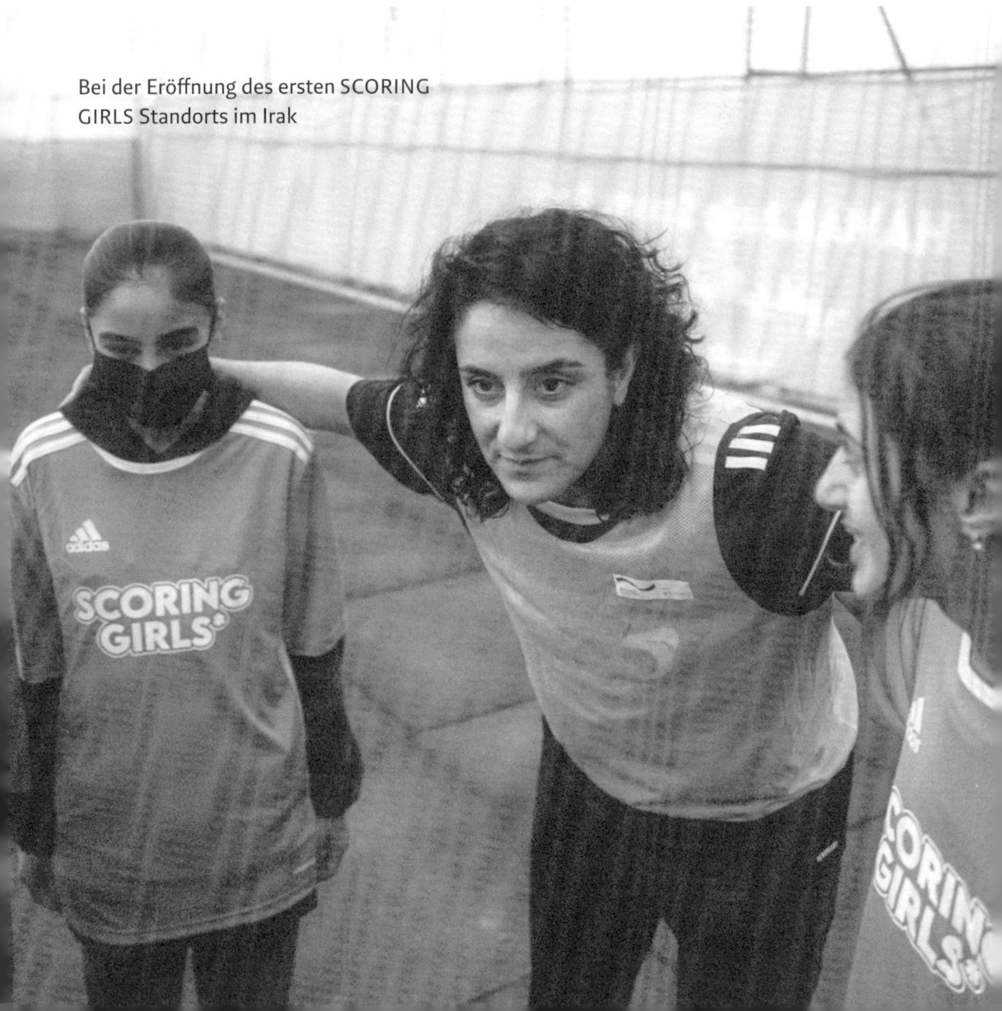

Bei der Eröffnung des ersten SCORING GIRLS Standorts im Irak

1

DAS PARADIES MITTEN IN HANNOVER

Wenn ich an meine Kindheit denke, fällt es mir schwer, diese Zeit in ein einziges Wort zu fassen. War sie nun »schön« oder »frei« oder »wild« oder vielleicht auch »kompliziert« und »schwierig«? Ein einziges Wort reicht nicht aus, weil in mir die unterschiedlichsten Gefühle aufgewirbelt werden, sobald mir in den Kopf kommt, was damals alles los war. Ich denke an unbeschwerte Tage, ganz viel Leichtigkeit, Lachen und Licht. An Tage, an denen ich mit Freunden gespielt habe, sobald es ging und solange es ging. Ich habe Stunden auf dem Bolzplatz, im Jugendzentrum und auf der Straße verbracht, eigentlich war ich ständig draußen, egal ob im Sommer oder Winter. Ich war frech und neugierig. Gleichzeitig denke ich bei der kleinen Tuğba an ein flaues Gefühl im Magen, als hätte ich gewusst, dass all dies einmal enden würde.

Die ersten Jahre meines Lebens haben wir in Hannover-Linden in der Limmerstraße gewohnt. Eine sehr laute Straße, auf der zu jeder Tageszeit die unterschiedlichsten Menschen unterwegs waren. Die Gegend war sicherlich kein typisches Familienviertel, es gab dort keine schönen Häuschen mit gepflegten Vorgärten, stattdessen reihten sich Imbisse an Kioske, Frisöre an Bars und Einkaufsläden. Heute gehört die Straße zu den hippen Ecken der Stadt, und vor allem an warmen Abenden verwandelt sie sich in eine richtige Partymeile, die Leute stehen und sitzen draußen herum und trinken ihr Bierchen, sie unterhalten sich und sind einfach froh, dort zu sein. Es gibt in Hannover sogar ein eigenes Wort dafür: Limmern. Das haben wir gewissermaßen schon als Kinder gemacht, ohne dass es angesagt war.

Die Limmerstraße, Linden – das war unser Abenteuerspielplatz. Wir sind auf dem Gelände der Glocksee herumgelaufen, dem autonomen Jugendzentrum, und wir sind immer wieder zur Faust, eine ehemalige Bettfedernfabrik, in deren Backsteingebäuden seit 1991 ein Kulturzentrum untergebracht ist. In meiner Erinnerung wirkte es dort damals wie ein Schrottplatz mit Skateboard-Halfpipe, auf dem Punks lebten. Manchmal fanden dort Konzerte statt, wir haben uns einfach vor die Bühne gesetzt und zugehört, wobei es uns natürlich in keiner Sekunde um die Musik ging. Wir wollten den Punks mit ihren bunten Frisuren, Nietengürteln und Springerstiefeln zusehen. Unser Adrenalin überdeckte den schrägen Gitarrensound. Manchmal ließen sie uns einfach dort hocken, manchmal waren sie genervt und jagten uns vom Gelände. Auf dem Hof entdeckten wir irgendwann einen Kellerraum, und obwohl das Licht eher schummerig war, sind wir die Treppe hinunter. Es roch nach Kälte, feuchter Luft, Bier, Alkohol, Schweiß, eine ganz komische Mischung. Auch da saßen Leute herum. »Hey, was geeeht?«, so sind wir da aufgetreten, meine Cousins, Cousinen, Geschwister, Freunde und ich. Selbstbewusst, obwohl sich diese Erkundungsgänge anfühlten wie Mutproben. Wir sind allein aufs Schützenfest gegangen, in leerstehende Häuser und auf Baustellen, wir sind in Einkaufswägen über Rampen gerast und gegen Wände und Absperrungen geknallt.

Und die Straßenbahn! Ich höre immer die Straßenbahn, wenn ich an diese Zeit denke. Die Linie 10 fuhr direkt vor unserer Wohnung vorbei, und manchmal klammerten wir uns außen an die Tür und fuhren bis zur nächsten Station mit, oder wir ließen uns auf Inlineskates ein Stückchen ziehen. Um mich herum klangen die Stimmen von unzähligen Menschen, Erwachsene und Kinder, die sich in unterschiedlichen Sprachen unterhielten, ein permanentes Rauschen, das mich irgendwie beruhigte. Meistens redeten die Leute hier Italienisch. In unserem Wohnhaus befand sich unten eine Eisdiele, in der ein paar meiner Geschwister aushalfen, um sich ein Taschengeld zu verdienen. Meine Mutter arbeitete dort ab und an als Reinigungskraft, und ich begleitete sie so oft wie möglich und saß auf einem Hocker, während sie den Boden wischte. Wie es dort gerochen hat, so süß, eine Mischung aus allen Eissorten, an diesen Duft erinnere ich mich heute noch. Gefühlt habe ich dort ständig ein Eis gegessen. Haselnuss. Immer Haselnuss. Das ist bis jetzt mein Favorit.

Von der Schule bin ich langsam nach Hause geschlurft, im Schneckentempo, quasi in Zeitlupe, ich war eine große Träumerin. Wenn ich zur Tür reinkam und meine Mutter zu Hause war, warf sie einen Blick auf die Uhr in der Küche. Das Essen stand längst auf dem Tisch. Es war nicht so, dass ich nicht nach Hause wollte, ich war einfach so fasziniert von dem, was auf den Straßen los war – dass jeden Tag so viele Menschen unterwegs sein konnten! Ich schaute ihnen zu, wie sie gingen, wie sie sich unterhielten, wie sie ihre Ware ordneten, ihre Einkäufe erledigten. Ich blieb stehen und setzte meinen Weg erst fort, wenn ich das Gefühl hatte, alles gesehen zu haben. Die Auslagen in den Schaufenstern waren unendlich spannend, ich stellte mir vor, was ich alles kaufen würde, wenn ich Geld hätte. Heute würde ich für die Strecke wahrscheinlich fünfzehn Minuten brauchen, ganz ohne zu hetzen. Als Kind habe ich mir bestimmt eine Stunde Zeit genommen.

Wenn Mama nicht zu Hause war, gab es trotzdem etwas zu essen, weil eines meiner älteren Geschwister gekocht hatte. Manchmal war auch eine Tante oder eine Cousine da. Nach dem Essen verschwand ich wieder nach draußen – ich wollte mich mit meiner besten Freundin Ramona treffen, mit ihrem Bruder Daniel und Andi und den anderen Kindern aus dem Viertel. Wir waren erst sieben Jahre alt, kamen uns aber enorm cool und erwachsen vor. Wenn wir Hunger hatten, kauften wir uns beim Gemüsehändler Dosenmais und löffelten die Körner auf dem Gehweg. Dosenmais! Wir fühlten uns wie Könige. Ich hatte Freunde aus Akademiker- und aus Arbeiterfamilien. In diesen ersten Jahren spielte das überhaupt keine Rolle für uns. Es war egal, ob jemand Kurde, Türke, Franzose, Italiener, Russe, Pole oder Deutscher war, egal, ob die Familie jeden Cent umdrehen musste oder zweimal im Jahr in den Urlaub flog.

Damals war alles spontan, es gab noch keine Handys. Das besetzte Telefon – wir waren elf Geschwister, und auch mein Vater telefonierte viel – war genauso ein Teil meiner Kindheit wie das Klingeln an der Tür, wenn meine Freundinnen und Freunde mich abholen wollten. Oder sie riefen von der Straße nach oben: »Tuuuuuğba!« Meistens schaute meine Mama aus dem Fenster, dann folgte die Nachfrage: »Ist Tuğba da?« Natürlich war ich da, ich hatte ja nur darauf gewartet, abgeholt zu werden, wenn wir uns nicht eh nach der letzten Unterrichtsstunde verabredet hatten. Ich meine mich zu erinnern, dass es in meiner Kindheit keine feste Zeit gab, zu der ich abends wieder da sein musste. Wir wussten, dass meine Eltern sich irgendwann Sorgen machen würden und wir es nicht übertreiben durften.

Viele unserer Tanten und Onkel lebten mit ihren Kindern in Hannover. Papa hat zwei Geschwister, Mama vierzehn. An schönen, warmen Tagen zogen wir als Großfamilie auf eine Wiese beim Küchengarten in Linden-Limmer. *Spiela Mala Isa* nannten wir diese Zusammenkünfte. *Spiela* für Spielplatz, *Mala* für Haus, und *Isa* nennen wir unsere Vorfahren. Also Spielplatz vom Hause Isa. Wenn Sommerferien waren, gingen wir im Freibad schwimmen, bevor wir auf der Wiese unsere Decken ausbreiteten und grillten. Ich habe es geliebt, mit so vielen Cousinen und Cousins, so vielen Onkeln und Tanten aufzuwachsen. Wir konnten Kurdisch sprechen, jede hat jeden verstanden, wir spielten wild und lachten viel, und die Erwachsenen redeten und redeten und redeten. Ich wusste, wir waren ein bisschen anders als die anderen im Park, anders als die Kleinfamilien und verliebten Paare, die studentischen Gruppen und die älteren Spaziergänger. Aber darauf war ich stolz, ich habe mich unserer Familie so tief verbunden gefühlt, ich habe mich lebendig gefühlt, und ich wusste, dass es allen anderen auch so ging. Und manchmal fiel die Schönheit unseres Zusammenseins auch den Spaziergängern und verliebten Paaren auf, dann kamen sie zu uns herüber, setzten sich dazu und aßen und plauderten mit uns.

Ich verbrachte viel Zeit in einem Jugendzentrum, dem Spielhaus in der Walter-Ballhause-Straße in der Nähe der Ihme, die durch Hannover fließt. Über drei Etagen verteilt hatten wir dort unser eigenes Reich. Wir bekamen etwas zu essen und Hilfe bei den Hausaufgaben. Im Spielhaus habe ich neue Seiten von mir kennengelernt, ich war dort laut, was ich zu Hause nicht war. Ich fühlte mich stark und selbstbewusst, als hätte ich einen neuen Raum betreten, in dem ich mich anders verhalten konnte. Es gibt alte Videos aus dem Spielhaus, wie ich in die Kamera sage: »Ich bin Tuğba, die Coolste hier von allen!« Als hätte dieser Ort mich mit einer besonderen Energie aufgeladen.

Die Betreuerinnen und Betreuer mochte ich sehr, vor allem Renate. Von ihr holte ich mir all die Aufmerksamkeit und Bestätigung, die ich zu Hause meist mit meinen Geschwistern teilen musste. Sie gab mir das Gefühl, etwas Besonderes zu sein. Das war für mich so schön, so wichtig. Renate hatte knallrote Haare, die ich ganz wunderbar fand, und sie war so herzlich und offen – zu allen. Später hat sie mir einmal gesagt, dass sie meine Art sehr mochte, diesen Wirbelwind, der ich im Spielhaus war. Sie wollte mich nie bremsen oder mir Grenzen setzen. Täglich kamen bestimmt um die dreißig Kinder, vielleicht auch mehr, jedenfalls war immer viel los. Unsere Familien stammten alle aus unterschiedlichen Kulturkreisen, aber das spielte wie auf der Limmerstraße keine Rolle. Jede und jeder gehörte dazu. Es war es wie auf den Spiel- oder Bolzplätzen: Egal, wie gut oder wenig gut man sich kannte, alle waren miteinander befreundet. Wer das Spielhaus mochte, den mochte man selbst auch.

Ich habe dort getanzt, wir hatten sogar kleinere Auftritte: Breakdance, Hip-Hop, traditionelle Tänze, und wer wollte, konnte auch vor Publikum rappen. Wir bastelten, unternahmen Ausflüge, später spielte ich viel Fußball und wir nahmen mit der Spielhaus-Mannschaft an kleineren Turnieren teil. Meistens war ich das einzige Mädchen auf dem Platz.

Mein Bruder Timur nahm mich zu dieser Zeit schon mit, wenn er mit Freunden kickte, meine Begeisterung für diesen Sport war längst geweckt. Und wie die Jungs auf dem Bolzplatz hatte auch im Spielhaus niemand etwas dagegen, dass ich Fußball spielte.

Gefühlt habe ich in meinen ersten zehn Lebensjahren mehr erlebt als in den 27 Jahren danach. Ich erinnere mich an viele Szenen und denke: Da muss ich zwischen fünf und zehn Jahre alt gewesen sein. Viele von diesen Bildern stammen aus dem Jugendzentrum, eine bunte und fröhliche Erlebnissammlung. Ich bin dankbar, dass ich diesen Ort für mich entdeckt habe. Ich habe mich oft gefragt, ob ich das so sagen kann, aber ich glaube, das kann ich: Die Zeit im Spielhaus war die schönste meines Lebens.

DREIZEHN LEUTE, VIER ZIMMER

Wenn ich mit dem Schließen der Eingangstür die Geräusche der Limmerstraße hinter mir gelassen hatte, waren es noch ein paar Treppenstufen bis zu unserer Wohnung. Der erste Raum war ein Eingangsbereich, in dem ganz viele Schuhe standen. Dann begann der Flur, der gleichzeitig das Esszimmer war und von dem auf der einen Seite die Küche abging, auf der anderen Seite das Wohnzimmer. Dahinter waren das Kinder-, das Jugend- und das Elternzimmer angedockt sowie das Badezimmer.

Im Wohnzimmer übernachtete mein ältester Bruder Tekin. Jeden Abend wurde eine Matratze mit Bettzeug bereitgelegt, jeden Morgen wieder aufgeräumt. Meine älteste Schwester Muhterem hatte das Jugendzimmer mit einem Schrankbett drin, alles musste praktisch sein. Als die Zwillinge Tülin und Tamer nicht mehr bei meinen Eltern schliefen, bekamen sie jeweils ein Bett in ihrem Zimmer. Alle anderen waren im Kinderzimmer untergebracht, wo es zwei große Stockbetten für uns gab. Ein Kind durfte hin und wieder in die Mitte meiner Eltern. Mich hatten sie nachts besonders gern bei sich, weil ich mich kaum im Schlaf bewegte. Ich bin aufgewacht, wie ich mich hingelegt habe, ich war die unauffällige Tuğba.

Wer sich ein Bett teilte, war füreinander verantwortlich. Mein Partner war Taner, mein fünf Jahre jüngerer Bruder. Ich passte auf ihn auf, wusch und wickelte ihn, und als er keine Windeln mehr brauchte, weckte ich ihn abends zwischendurch, ging mit ihm zur Toilette, half ihm beim Pippi machen, bevor wir uns wieder hinlegten. Ich nahm diese Aufgabe sehr ernst. Was natürlich auch daran lag, dass ich damit verhinderte, nachts in einer Pfütze aufzuwachen. Wir Geschwister kümmerten uns früh umeinander, wir zogen uns gegenseitig groß. Meine Eltern waren für uns da, mussten sich aber auch um Geld und Haushalt kümmern, das kostete viel Kraft und Zeit.

Privatsphäre gab es in einer so großen Familie eher selten. Selbst wenn wir hinter geschlossener Tür auf dem Klo saßen, klopfte meist jemand und rief: »Mach die Tür auf, du willst doch nur deine Ruhe haben!« Wir kämpften um unseren Platz in der Wohnung, um etwas Freiraum und Privatsphäre. Mich als Kind belastete die Situation nur wenig, meine älteren Geschwister dürfe es mehr gestört haben. Die hätten sicher gern ein eigenes Zimmer gehabt, vor allem als Teenager.

Wir haben viel gelacht, viel gestritten, es gab die ein oder andere Rauferei, alles, was bei so einer Rasselbande eben dazugehört. Es war anstrengend und doch schön, immer jemanden um sich zu haben. Uns konnte gar nicht langweilig werden, auch wenn wir nur wenige Spielsachen hatten. Nachdem wir zum Beispiel *Karate Kid* geschaut hatten, wo ein Teenager sich mithilfe des Sports zu verteidigen lernt und sich Respekt erkämpft, dachten wir alle, wir können das auch. Wir hüpften durchs Zimmer, traten in die Luft, fuchtelten mit den Armen und schrien, wie wir es in dem Film gesehen hatten: Hu! Ha! Hayaaa! Bis einer von uns einen Schlag abbekam und weinte. So lief das oft. Erst fanden es alle toll und witzig, dann flossen die Tränen. Meist erwischte es Tezcan. Mir wurde der Lärm oft zu viel, auch wenn ich meine extrovertierten Phasen hatte.

Manchmal baten meine Eltern uns, im Kinderzimmer zu bleiben, weil Besuch bei uns war und die umherwuselnden Kinder gestört hätten. Der Reiz, dennoch in der ganzen Wohnung zu spielen, war enorm – und hin und wieder wurde sie sogar zu unserer Bühne. Der Sohn von Freunden meiner Eltern zum Beispiel war früh begeistert von Kino und Theater. Mit ihm wurden wir groß, er war ungefähr so alt wie Tuna. Er hatte all die Ideen und war gewissermaßen unser Regisseur. Wir fanden es cool, uns in Rollen und Dialoge zu versetzen, die er uns vorgab. Oder wir machten eine Modenschau, bei der wir unsere Klamotten auf wildeste Weise kombinierten und über einen imaginären Laufsteg durchs Wohnzimmer stolzierten, während Musik aus dem Kassettenrekorder dudelte. Wir erzählten Witze, sagten Gedichte auf, ahmten ältere Leute nach. Ich konnte das auf Kurdisch sehr gut und imitierte immer wieder kurdische Großeltern und Eltern mit Sätzen, die ich aufgeschnappt hatte. Die Erwachsenen lachten und gingen richtig mit, sie fanden unsere Einlagen toll, jedes Mal gab es Applaus. An diesen Abenden sagten wir Kinder: »Jetzt seid ihr Erwachsenen ruhig, und wir zeigen euch was!«

Nicht selten wurde die Saz vorgeholt, ein Saiteninstrument mit dickem Klangkörper und langem Hals, es wurde leidenschaftlich gesungen, gelacht und getanzt. So sind wir groß geworden. Die Strenge meiner Eltern – der Versuch, etwas Ruhe in unseren großen Haushalt zu bekommen –, hat die Lebensfreude und Ausgelassenheit niemals ausgeschlossen.

An diesen Abenden waren nicht ausschließlich kurdische oder türkische Freunde da, sondern immer wieder auch Deutsche. Eine Mischung aus Nachbarn, Bekannten, Verwandten. In unserer Wohnung wurde damals noch geraucht, ich erinnere mich gut an diesen Mischgeruch verschiedener Zigarettenmarken. Auch mein Papa rauchte. Die Männer kamen meistens schick angezogen, mit Hemd und Krawatte. Meine Onkel trugen stolz ihren traditionellen Schnurrbart und eine Schiebermütze. So saßen sie dann auf der Couch und auf Hockern vor einer

Schrankwand mit Glasvitrine, in der auf einem feinen, weißen Stoffdeckchen verschiedene Porzellanfiguren standen. Das Zimmer, in dem Muhterem schlief, wurde oft zum Frauenzimmer. Überall wurden Kissen ausgelegt, und die Frauen redeten und diskutierten über ihre eigenen Themen. Hin und wieder sind die Männer vorbeigekommen und lachten: »Na, worüber redet ihr so? Lästert ihr wieder über uns?« Am Ende saßen doch wieder alle zusammen.

Meistens sollten wir früh schlafen gehen. Darauf hatten wir natürlich keine Lust. Wir wollten mitbekommen, was die Erwachsenen zu besprechen hatten, und dass unsere älteren Geschwister länger dabei sein durften, fanden wir unfair. Also standen wir Kleinen leise wieder auf, schlichen aus dem Zimmer und lauschten. Wenn an den Abenden ohne Besuch der Fernseher im Wohnzimmer lief, schauten wir heimlich mit. Wir linsten durch den Türspalt und schliefen währenddessen ein, bis wir entdeckt und ins Bett gebracht wurden.

GERÜCHE DER KINDHEIT

Dieser Duft. Ich liebte ihn – und liebe ihn noch immer. Jeden Sonntag weckte er mich sanft und vertraut. Unsere Wohnung roch fantastisch, nach Linsen, Gewürzen wie Chili und Pfeffer, nach frischen Kräutern und Gemüse. Nichts verbinde ich so sehr mit dem Gefühl von Heimat und Zuhause wie den Geruch von *Şorbe Nisk*. Diese Suppe kommt mit wenigen Zutaten aus, will aber mit viel Hingabe gekocht werden. Dann schmeckt sie unglaublich gut. Meine Mutter beherrscht diese Kunst wie wenige andere, und beglückt uns damit, seit ich denken kann.

Mama stand wie fast jeden Tag vor der Sonne auf. In der Küche band sie sich als Erstes eine Schürze um, immer nur bis zur Hüfte. Wir hatten viele sehr große Töpfe. In einem davon setzte sie heißes Wasser auf, dann wusch sie die roten Linsen. Ich weiß nicht, wie sie das gemacht hat, aber sie wusste immer genau, wie das Verhältnis von Wasser und Linsen im Topf sein musste, ihre Hände waren ihr Messbecher. Die Linsen köchelten eine ganze Weile, bevor ein Löffel Butter, Gewürze und Gemüsebrühe dazugegeben wurden. Wenn ich beim Kochen dabei war, beobachtete ich alles genau. Ich hörte Mama die Melodien kurdischer Klagelieder summen, dieses Gericht erinnerte sie an frühere Zeiten, an ihre Heimat, ihre Familie. Sie war beim Kochen ganz bei sich.

Die Suppe muss wirklich lange auf dem Herd stehen. Und sie muss sehr oft umgerührt werden, damit sie nicht anbrennt oder überkocht. Die wahre Herausforderung liegt darin, dass die Linsen aufplatzen und sich vereinen zu einem Brei. Als ich *Şorbe Nisk* die ersten Male selbst kochte, gelang es mir nicht. Ich machte alles genau so, wie ich es von meiner Mutter gelernt hatte, aber nie lösten sich alle Linsen auf. Irgendwann erinnerte sie mich an das Geheimnis, das ich nicht bedacht hatte: Nach und nach wird Backpulver dazugegeben. Allerdings schließt der Trick zwar die eine Baustelle, öffnet aber eine andere: Das Pulver bringt die Suppe ordentlich in Wallung. Während meine Mama rührte und rührte, musste sie mit einem Holzlöffel immer wieder Schaum wegnehmen. Sie tat das so geschickt, dass keine angeschwemmten Gewürze verloren gingen. Dann kam der Deckel drauf, der dazwischengeschobene Holzlöffel hielt einen Spalt offen.

So ging das über mehrere Stunden. Bis zur nächsten Rührrunde schnitt sie Petersilie, Schnittlauch, Dill, Frühlingszwiebeln, Tomaten, Paprika, Salat, Zwiebeln. Und nie nahm sie dafür ein Brett. Sie hielt das Messer in der einen, das Gemüse in der anderen Hand, drehte und wendete es über einer Schüssel, zack-zack-zack-zack-zack, fertig. So hatte sie das gelernt. Keine jesidische Frau aus dieser Generation, die ich je beobachtet habe, machte es anders. Wenn meine Mutter kochte, zündete sie immer Kerzen an, um schlechte Gerüche aufzunehmen. Ich kann mich nicht erinnern, dass es bei uns mal nach verbranntem Essen oder zu heiß gewordenem Fett roch.

Unsere Küche in der Limmerstraße war nicht besonders groß, und die Schränke und Ablagen eher zusammengewürfelte Einzelteile. Aber alles hatte seine Logik, jeder Handgriff saß. An einer Seite gab es ein großes, freistehendes silbernes Waschbecken mit zwei Wannen. In der einen Wanne wuschen wir Lebensmittel, in der anderen Geschirr. Die Wände waren gefliest, der PVC-Boden konnte leicht abgewischt werden. Überhaupt wurde bei uns viel gewischt, gesaugt, geordnet. Immer gab es etwas zu tun und aufzuräumen, und nicht selten drückte meine Mutter uns einen Lappen in die Hand, damit wir ihr halfen. Wenn sie sich einen Tee eingeschenkt hatte, wischte sie anschließend aus Prinzip die Fläche ab – auch wenn nichts danebengegangen war. Als wir später in das große Haus nach Garbsen-Berenbostel umzogen, gab es dort nach all den Jahren Abwasch endlich eine Spülmaschine. Aber nun soll niemand glauben, dass wir die benutzt hätten, sie hätte ja dreckig werden können! Ich sagte ständig: »Mama, da ist doch eine Spülmaschine!« Und sie: »Ja, aber für diese zwanzig Teller willst du die doch jetzt nicht benutzen.« – »Für wie viele denn dann?« – »Das machen wir, wenn sich so viel angesammelt hat, dass wir sie sofort anstellen können. Wir lassen doch das Geschirr nicht da drinstehen!«

Ich verzweifelte.

Wenn sonntags nicht ohnehin alle vom Geruch der Linsensuppe oder vom Lärm aufgewacht waren und umherwuselten, wurde der Rest geweckt. Zum Abschluss der Woche durfte – bis auf Ausnahmen – niemand anfangen, bis nicht alle bereit waren. Schließlich war es die Linsensuppe, die uns zumindest einmal alle an den Tisch brachte. Neben dem riesigen Topf standen viele Teller, eine Schüssel Salat, die Kräuter und verschiedene Gemüse. Und eine Menge Brot. Davon gab es zu jeder Mahlzeit reichlich. Die Suppe garnierten alle anders. Ein Bruder aß Gewürzgurken dazu, ein anderer streute Zwiebeln und Petersilie oben drauf, eine Schwester zerkleinerte sich akribisch Brot und mischte es unter. Es gab dreizehn verschiedene Varianten. Aber alle saßen wir zusammen und genossen unsere *Şorbe Nisk*.

So vielfältig, wie wir diese Suppe in unserer Kindheit aßen, so unterschiedlich bereiten wir sie heute zu. Manche meiner Geschwister mischen Tomatenmark unter, manche braten vor den anderen Schritten das Gemüse im Topf an, ich mache sie exakt wie meine Mutter, ganz klassisch. Manchmal bitten mich Tülin oder Düzen, *Şorbe Nisk* zu kochen, wenn wir lange nicht bei unseren Eltern waren. Dafür, wie sehr ich dieses Gericht liebe, nehme ich mir viel zu selten die Zeit dafür. Dabei weiß ich inzwischen im Schlaf, wie die Linsensuppe zubereitet wird. Wenn ich sie dann mal mache, habe ich mir trotzdem angewöhnt, meine Mutter anzurufen. »Wie genau noch mal?«, frage ich – und kann durchs Telefon hören, wie sehr sie sich freut, dass ich beim Kochen an sie denke. Manchmal rufe ich sie an, wenn die Suppe schon auf dem Tisch steht, weil es so ungewohnt ist, *Şorbe Nisk* ohne meine Mutter zu essen.

Der Sonntag mit unserem Familienritual kann eigentlich nicht losgelöst betrachtet werden vom Samstag. Denn das war der Tag des Großeinkaufs für meine Eltern. Sonntag war Genießen, Samstag war Stress. Sie fuhren zum Wochenmarkt am Klagesmarkt, so ziemlich in der Mitte von Hannover. Ins Auto hätten theoretisch drei Kinder gepasst, aber um mehr Platz zu haben für all die Tüten und Kisten, konnten meistens nur zwei mit. Wehe, wenn man selbst nicht dran war und zu Hause bleiben musste, was da los war! Jede und jeder von uns war schon dabei gewesen und wusste: Es war etwas Besonderes und Schönes, diese Stunden mit Mama und Papa zu verbringen, die beiden für sich zu haben, dazu die Atmosphäre auf dem Markt, die vielen bunten Stände.

Wenn wir alles im Wagen verstaut hatten, kurbelten wir in den warmen Monaten auf der Rückfahrt die Fenster herunter, hörten kurdische Musik, spürten den Wind in unseren Haaren und aßen *Naan* mit *Pastırma* und *Bexdenûs*, Brot gefüllt mit Rinder-Dörrfleisch, das von einer stark gewürzten Paste ummantelt ist, dazu Petersilie. Den Geschmack werde ich für immer mit diesen Samstagen verbinden. Und manchmal kam ein Höhepunkt dazu, wenn meine Eltern nach dem

Marktbesuch noch Lust hatten, in einem türkischen Restaurant essen zu gehen. Das taten wir sonst nie.

Ich erinnere mich noch ans Bezahlen im Supermarkt, wenn wir freitags all das besorgten, was es auf dem Wochenmarkt nicht gab. Der Einkaufswagen war voll bis oben hin, manchmal brauchten wir einen zweiten für die vielen Sachen: Shampoo, Waschpulver, Putzmittel, alles in XXL-Packungen. Ich erinnere mich, wie der letzte Artikel gescannt wurde und es dann hieß: 300 Mark bitte, 450 Mark bitte, 600 Mark bitte – je nachdem, aber es war immer viel Geld. Dabei achtete meine Mutter darauf, dass wir nur das Nötigste mitnahmen, sie war sehr pragmatisch. Softdrinks zum Beispiel gab es nur für Gäste. Die Flaschen standen auf einem Minibalkon, der zum zusätzlichen Kühlschrank wurde, aber für uns tabu war. Wenn wir etwas Süßes wollten, machte Mama uns einen Granatapfel zurecht, oder wir aßen Mandarinen. Mein Vater tanzte aus der Reihe und brachte nach der Arbeit Schokolade mit, Weintrauben oder Pflaumen. Die Begeisterung unserer Mutter hielt sich in Grenzen: »Wieso hast du mir keine Tomaten gekauft oder Eier? Sachen, mit denen ich die Kinder satt kriege?« Mein Papa kann bis heute an keinem Stand vorbei, ohne sich Trauben mitzunehmen.

In der kurdischen Küche spielt Gemüse eine große Rolle. Meist ist der Tisch gedeckt mit Reis oder Bulgur und viel Grünzeug, das gebraten, eingelegt und eigentlich zu allem auch roh geschnitten wird, dazu als Beilage Fleisch. Letzteres gab es bei uns eher selten. Wenn, dann Hähnchen. Ich selbst koche gern kurdisch, ich empfinde das als meditativ, es beruhigt mich. Ich höre dabei kurdische oder türkische Musik und in keinen anderen Momenten fühle ich mich meiner Familie und meinen Wurzeln so nah. Vom ersten Schneiden bis zum letzten Bissen fühlt es sich an, als fließe die Energie unserer jahrhundertealten Tradition durch meine Adern, als umgebe sie mich.

Seit wir klein waren, wollte Mama, dass wir in die Küche kamen und lernten. Ich hatte lange kaum Interesse daran, erst mit zwölf änderte sich das. Sie kochte, ich schaute ständig zu und half. Zum Schneiden brauchte ich natürlich – im Gegensatz zu ihr – zunächst noch ein Brett.

Als Düzen im selben Alter war, konnte sie schon ein Hähnchen auseinandernehmen und allein Brot backen. Dass ihre Töchter gut kochen, war meiner Mutter wichtig, schließlich war sie selbst mit diesen traditionellen Werten aufgewachsen. Zudem fühlte sie sich verantwortlich für uns, sie wollte uns auf das Leben vorbereiten, und dazu gehörte, dass wir in der Lage waren, für uns und andere ein gutes Essen zuzubereiten. Vor allem bei Muhterem, Düzen und Tuna wurde sehr auf die Kochkünste geachtet, da sie die ältesten waren. Abends kamen viele Leute zu uns, das hätte Mama allein nicht geschafft.

Nach und nach wurde die Küche zu Düzens Reich. Sie durfte nicht in die Disko, also drehte sie in der Küche die Musik auf und tanzte zu Hip-Hop und House, während sie kochte. Wir durften nicht rein, nicht mal, um uns etwas zu trinken zu holen. Und Düzen kochte viel. Sie trug dabei die Schürze unserer Mutter, die sich dann anderen Aufgaben widmete oder für einen Moment im Wohnzimmer saß. Düzen entsprach dem Idealbild und wurde viel gelobt: »Was für eine gute Tochter, sie bringt Tee, sie kocht, sie kümmert sich!« Das gefiel den Gästen, und natürlich waren meine Eltern ein bisschen stolz. Wahrscheinlich kocht Düzen heute am besten von uns – nur sieht die Küche danach immer aus wie ein Schlachtfeld. Sie benutzt riesige Schüsseln für kleine Mengen, wir putzen hinter ihr her und räumen auf. Das ist wohl das Einzige, was sie nicht kann. Dabei heißt *Düzen* übersetzt: Ordnung und Harmonie.

Am Tisch in unserer Familie war immer Platz für andere. Wir erlebten von klein auf, dass Essen Menschen zusammenbringt und verbindet. Dass jemand zu uns kam und nichts zu essen angeboten bekam? Undenkbar! Dass jemand ging und noch Hunger hatte? Eine Blamage! Wenn wir Besuch hatten, legte meine Mutter – oder später Düzen – direkt in der Küche los. Nüsse, Sonnenblumenkerne, Obst und Getränke standen ohnehin auf dem Tisch bereit. Dass der Besuch nach ein, zwei Stunden etwas Warmes serviert bekam, war selbstverständlich. Einmal hat mich meine frühere Mitspielerin beim 1. FC Köln, Nicole Bender, auf dem Weg nach Hamburg in Hannover rausgelassen. Sie wollte nur kurz Hallo sagen, was natürlich nicht funktionierte. Bendi hatte keinen

Hunger, aber meine Eltern bestanden darauf, dass sie zum Essen bleibt. Meine Mutter tischte zehn verschiedene Speisen auf, von Salat über Reis zu verschiedenen Dips, *Menemen*, *Börek* und anderes mehr. Der Teller wurde vollgepackt mit Leckereien. Als sie alles geschafft hatte, bedankte sich Bendi bei Mama, und während sie das Essen lobte, lud Papa ihr die nächste Portion auf. Ich sah ihr an, wie verzweifelt sie war: Pappsatt, aber um Höflichkeit bemüht. Da musste sie jetzt durch, eine Gabel nach der anderen. Als mein Vater wieder zum Nachschlag ansetzte, winkte sie mit beiden Händen ab: »Herr Tekkal, wirklich, ich liebe dieses Essen, aber ich kann nicht mehr, ich kann wirklich nicht mehr, bitte!«

Sie gaben schließlich nach.

Je nachdem, wie viele wir waren, wurde am Esstisch gegessen oder es wurden zwei Wohnzimmertische zusammengestellt. Wenn sehr viel Besuch kam, waren erst die Männer an der Reihe. Danach wechselten sie ins Wohnzimmer, tranken Tee und fingen an zu diskutieren, während die Frauen und Kinder aßen. Meistens saßen jedoch alle zusammen in der ganzen Wohnung verteilt. Die Erwachsenen sprachen über die Heimat, sie erzählten sich Anekdoten und lachten viel. Jedes Mal filmte zumindest kurz jemand und beschrieb für die Liebsten in der Ferne, was zu sehen war: »Wir sind heute bei Fatma und Seyhmus und haben wunderbares Essen bekommen, guckt euch das an!« Dann wurden die verschiedenen Gerichte gezeigt und weiter erklärt: »Wir haben heute das Jahr so und so, wir grüßen unsere Verwandtschaft in diesem und jenem Ort. Wie schön, dass es euch gibt, wie schön, dass es Fatma und Seyhmus gibt! Wir sind ihnen sehr dankbar, Gott hab sie selig, Gott hab uns selig, Gott habe euch selig.« Heute ist das immer noch so bei uns, nur, dass jetzt Handys statt Videorecorder genutzt werden.

Wir haben uns oft um das Essen gestritten, das bleibt nicht aus bei elf Geschwistern. Egal, wie voll der eigene Teller war, niemand wollte am Ende weniger gegessen haben als die anderen. Selbst wenn zehn Jahre zwischen manchen von uns lagen. Die Duelle von uns Jüngeren liefen heimlich ab, unter dem Tisch mit Tritten oder Boxen. Wenn meine Mutter uns anschaute, taten wir, als wäre nichts gewesen. Besonders argwöhnisch ging es zu, wenn wir Pizza bestellten, das absolute Highlight für uns. Einmal setzte ich mich während des Essens neben Tezcan. Mein Teller war schon leer, sie hatte noch zwei Stückchen. »Tezcan, hör zu, ich habe eine Idee. Wir spielen das Spiel Wegnehmen«, sagte ich. Tezcan war gerade in der Grundschule. »Wie geht das?«, fragte sie neugierig. Ich zog ein Pizzastück von ihrem Teller, biss rein und grinste sie mit vollem Mund an: »Weggenommen! Meins! Gewonnen!«

Heute schnappen wir unseren Geschwistern nicht mehr das Essen vom Teller, aber der Lärmpegel ist nach wie vor hoch. Jede und jeder hat etwas zu erzählen. Wer was sagen will, muss laut werden, um sich durchsetzen in unserem Stimmengewirr. Und ein bisschen ist es dann wie ein Flashback in unsere Kindheit, wenn wir gegessen und vor allem, wenn wir getobt haben. Nur, dass heute nur noch selten jemand heult.

AUF DEM RÜCKEN VON FUCHUR

Eine Sache funktionierte immer, wenn mir alles zu viel wurde: Fernsehen. Wir hatten einen großen Fernseher für die Erwachsenen, der stand im Wohnzimmer, und einen kleinen im Kinderzimmer auf einer gelben Kommode mit drei oder vier Schubladen. Ich weiß noch gut, wie dieses Gerät aussah, ich habe oft genug davorgesessen. Ich weiß nicht, wie ich es hinbekam, so oft ein Vorrecht auf den kleinen Kasten zu bekommen, jedenfalls wurde er mein Zufluchtsort.

Was mit mir passierte, sobald der Bildschirm flimmerte, finde ich noch heute faszinierend: Ich war weg, ganz im Tunnel. Ich nahm meine Umgebung kaum noch wahr, reagierte nicht mehr auf Ansprachen. Ich war einfach voll drin. TV an, Umgebung aus. Dabei verfolgte ich manchmal gar nicht wirklich, was gezeigt wurde, sondern träumte mich in andere Welten, die es so nicht gab – oder die es so eben für mich nicht gab. Ich sehnte mich nach dem, was als normal galt: Mama, Papa, zwei Kinder. Ich stellte mir vor, wie es wohl wäre, in einer solchen Familie zu leben. Ich hätte dann auch meinen eigenen Schreibtisch, klar. Den wünschte ich mir so sehr, obwohl ich zu Hause nie Hausaufgaben erledigte. Aber ich wusste, andere Kinder hatten einen, also wollte ich das auch. Für mich war der Schreibtisch ein Statussymbol.

Wenn ich an damals zurückdenke, wird mir bewusst, wie sehr mich meine Familie geprägt hat. In alle Richtungen. Positiv, weil ich mit so vielen starken Charakteren aufgewachsen bin und lernen musste, mich durchzusetzen. Negativ, weil mir meine Familie zu laut war. Und ich fand oftmals, dass meine Geschwister schlauer waren als ich und besser wussten, was sie wollten, selbst die Kleinsten schon. Vor allem forderten meine Schwestern und Brüder ihre Wünsche im Gegensatz zu mir auch ein. In der Folge erhielten sie mehr Aufmerksamkeit. Ich hatte das Gefühl, dass niemand wusste, was ich dachte oder fühlte. Ich war introvertiert und ruhig, anders als die anderen, vielleicht wurde ich deshalb gelegentlich übersehen.

Wenn meine Schwestern, Brüder oder meine Eltern heute beschreiben sollen, wie ich damals so war, können sie sich an meine Kindheit kaum erinnern. Als ich für ein Schulprojekt Baby- und Kinderfotos von mir in den Unterricht mitbringen sollte, fand ich keine Aufnahme von meinen ersten Monaten auf dieser Welt. Wobei man sagen muss, dass insgesamt wenige Bilder von mir und meinen Geschwistern aus dieser Zeit gibt. Meine Mama hat mal gesagt: »Tuğba war immer sehr schnell zufrieden. Als Baby schon. Sie hat kurz gemeckert, wenn ihr etwas nicht gepasst hat, danach war es wieder gut und sie war ruhig.« Vielleicht war ich also anpassungsfähig. Ich ging dem Stress jedenfalls aus dem Weg, statt eine Szene zu riskieren. Oft schienen mir die Bedürfnisse anderer wichtiger als meine eigenen, deshalb fiel es mir leicht, mich zurückzunehmen. Und als Tezcan zwei Jahre nach mir geboren wurde – sie hatte

Kulleraugen und war wirklich unfassbar süß –, schenkten wir alle erst einmal ihr unsere Aufmerksamkeit.

Als ich fünf Jahre alt war, kam ich auf die glorreiche Idee, mich einzucremen, von Kopf bis Fuß. Eine große Nivea-Dose musste dran glauben, ich wollte aussehen wie ein Schneemann. Als mein Werk vollbracht war, dämmerte mir, dass meine Eltern wenig begeistert sein würden, wenn sie mich sahen. Eine Lösung musste her – aber erst einmal hielt ich es für angebracht, mich zu verstecken. Ich legte mich unter das Bett meiner Eltern und schlief ein. Niemand wusste, wo ich war, niemand fand mich. Irgendwann machte sich meine Familie ernsthafte Sorgen, die Straßen wurden abgeklappert, Tuna durfte mit der Polizeistreife durch Linden fahren, Tanten und Onkel waren alarmiert. Als ich aufwachte, hervorkroch und ins Wohnzimmer tapste, saßen dort viele Leute, und alle redeten über mich! Natürlich schlugen meine Eltern die Hände über dem Kopf zusammen, trotzdem war deutlich zu spüren, wie sehr mich alle vermisst hatten. Sie liebten mich also doch!

Irgendwann lief im Fernsehen *Die unendliche Geschichte*, der Film von Wolfgang Petersen nach dem Roman von Michael Ende. Die Bilder sind tief verankert in meinem Kopf. Wie der Junge Bastian von seinen Mitschülern schikaniert wird, wie er sich in den Laden von dem alten Buchhändler Karl rettet und dort auf ein geheimnisvolles Buch über die Welt *Phantásien* stößt. Ich war fasziniert von dem Krieger *Atréju*, der kindlichen Kaiserin und der Bedrohung durch eine unheimliche, dunkle Macht. Am meisten aber zog mich der Glücksdrache *Fuchur* in seinen Bann, der den Krieger immer wieder rettete. Ich wollte auf *Fuchurs* Rücken sitzen und mit ihm überall hinreisen, Abenteuer erleben und selbst zu einer furchtlosen Kriegerin werden. Ich wollte, dass er mein bester Freund wird, weil er weise war und so kuschelig mit seiner glitzernden, großen Mähne. Und, das Beste, dieser Drache konnte fliegen! Ich träumte oft von ihm, tagsüber wie nachts. Wenn Fuchur bei mir war, war das Leben lustig und leicht.

In diesen Jahren konnte ich einen Freund wie *Fuchur* gut gebrauchen. Denn in diesen Jahren fing es an, ich wurde diskriminiert. Einige dieser Erfahrungen sind vergessen – ich neige dazu, negative Erinnerungen und Erlebnisse aus meinem Gedächtnis zu streichen. Wahrscheinlich ist das besser so. Aber manche Sachen kommen immer wieder hoch oder werden präsent, wenn mich jemand darauf anspricht, dieses: »Weißt du noch, als?«. Es waren typische Dinge: Als ich in die zweite oder dritte Klasse ging, bekamen wir ein neues Fahrrad, mit dem ich stolz durch die Gegend fuhr. Ein älterer Mann kam auf mich zu und herrschte mich an: »He, was machst du da? Das Fahrrad hast du doch geklaut, gib es zurück!« Und auch mein Unterarm erinnert mich an ein Erlebnis. Ein Junge machte sich immer wieder über die vielen Haare auf meinem Arm lustig, die man in Schwarz natürlich deutlicher sehen konnte als bei einem blonden Kind. Ich war so verunsichert und traurig und wütend, dass ich mich zu Hause im Bad einsperrte und beschloss, mir die Haare wegzuschneiden. Ich nahm eine Rasierklinge von meinem Vater, hatte aber keine Ahnung, wie ich sie hätte halten sollen, um die feinen Härchen loszuwerden. Der Schnitt ging viel zu tief, das Blut lief, ich erschrak und ließ meinen Arm sofort in Ruhe. Die Narbe habe ich heute noch.

Manche dieser Begegnungen und dummen Sprüche steckte ich gut weg: Mir doch egal, was du denkst – so reagierte ich innerlich darauf. Mir half, dass ich in Hannover-Linden liebe Freunde, Mitschüler und Grundschullehrerinnen hatte. Und natürlich war das Spielhaus mein großer Halt. Nur war all das als Heilsalbe nicht ausnahmslos stark genug, um alle Wunden zu heilen. Als meine Mutter mit mir und meinen jüngeren Geschwistern mit der Bahn fuhr, setzten sich Leute von uns weg oder hielten ihre Taschen fest, wenn wir vorbeigingen. Ich habe mir oft gedacht: Warum macht diese Frau, warum macht dieser Mann das? Was passiert hier gerade? Ich konnte mir ihr Verhalten als Kind nicht wirklich erklären. Aber ich spürte eine große Ungerechtigkeit. Mir war sehr wohl bewusst, dass etwas nicht stimmte. Und es gab einige solcher Momente.

Für meine Mutter müssen Situationen wie diese besonders entwürdigend gewesen sein. Sie wollte nicht unangenehm auffallen, dafür war sie ein viel zu höflicher Mensch. Gleichzeitig war Deutsch für sie noch immer eine Fremdsprache, weshalb sie die Begegnungen nicht durch ihre Freundlichkeit entschärfen konnte. Oftmals schluckte sie nur und entschuldigte sich für etwas, das sie gar nicht gesagt oder gefragt hatte. Ich fand die Welt in diesen Momenten so ungerecht und falsch und hätte die anderen Menschen am liebsten angeschrien. Ich dachte: »Ihr wisst gar nicht, was für eine tolle, starke, schlaue Frau meine Mutter ist, und ihr behandelt sie wie Dreck!« Ich verstand nicht, warum Leute so komisch auf uns reagierten. Wieso spürte ich diese Ablehnung, wenn ich mit meiner Familie unterwegs war? An uns war doch nichts falsch!

Als meine Mutter sich irgendwann sicherer fühlte, wehrte sie sich, wenn andere sie abwertend behandelten oder laut wurden. »Ja, aber Sie müssen mich doch nicht anschreien!«, hat sie dann mit fester Stimme auf Deutsch gesagt. Und ich, tief beeindruckt, sprang ihr bei: »Ja, genau, was soll denn das, he?« Ich war so stolz auf Mama.

FATMA UND SEYHMUS

Meine Eltern, Fatma und Seyhmus, sind im selben Ort aufgewachsen. Und auch wenn der Beginn ihrer Ehe keine typische Liebesgeschichte war, sind die beiden zusammen sehr glücklich geworden. Sie wurden einander versprochen, mussten also heiraten, auch wenn sie selbst sich damals vielleicht jemand ganz anderen ausgesucht hätten – worüber sie heute gerne Witze machen. Meine Eltern hatten einfach Glück. Sie merkten relativ schnell, dass sie gut miteinander können – ihre Zuneigung ist gewachsen. Sie haben sich lieben gelernt, respektieren und schätzen einander. Heute können sie nicht ohne den anderen. Und ich kann mir eigentlich kaum vorstellen, dass es je anders war, so liebevoll, wie sie miteinander umgehen, so herzlich, wie sie zusammen lachen.

Meinen Eltern war es wichtig, dass ihre Kinder wussten, wie ihr Leben in der Türkei war. Sie erzählten uns früh von unserer Kultur – und was es bedeutet, jesidisch zu sein. Sie machten uns dabei immer deutlich, wie wichtig Hoffnung und Lebensfreude inmitten von Anfeindungen und Verfolgung sind.

Lehmhaus an Lehmhaus mit den Verwandten meines Vaters hatten die beiden nach ihrer Heirat in Çınar gewohnt, einem Dorf in der Nähe der Stadt Diyarbakir, mit damals einigen Hundert Einwohnern und vielen jesidischen Familien im Südosten der Türkei. 1993 wurde Diyarbakir zu einer Metropolprovinz erklärt und Çınar eingemeindet. Als meine Eltern noch dort lebten, waren hier viele Kleinbauern ansässig, mit Äckern und Tieren. Es war ein schöner Flecken Erde, es war ihre Heimat, sie besaßen ihr eigenes Land. Es gab eine kleine jesidische Gemeinschaft, deren Zusammenhalt ihnen unendlich viel bedeutete. Diese Menschen waren verfolgt worden, seitdem die Gemeinschaft bestand, und die Verbindung zwischen ihnen war so tiefgreifend wie überlebenswichtig, unzertrennbar und wundervoll. Gleichzeitig war die Lage verzweifelt, weil die Menschen keine Perspektive sahen und die Angst ihr ständiger Begleiter war. Die meisten Bewohner von Çınar waren Kurden. Die Kurden gehören mehrheitlich – auch weltweit betrachtet – der sunnitischen Glaubensrichtung des Islam an. Blickt man in der Geschichte zurück, war das Verhältnis zwischen Kurden und Jesiden keines, das frei von Spannungen war. Viele Kurden sagen, dass ihre Vorfahren einstmals Jesiden waren und »das Kurdische« ein Produkt von Feldzügen, politischen und religiösen Auseinandersetzungen, Verfolgung und auch Zwangskonvertierungen über die Jahrhunderte hinweg ist. Was das Zusammenleben von Kurden und Jesiden in Çınar betrifft, war es von friedlicher Koexistenz geprägt. Die meisten Kurden hier akzeptierten das Jesidentum ihrer Nachbarn, zumal viele von ihnen einst zum Islam konvertiert waren. Für die Gesamt-Türkei gesprochen, hatten und haben die Jesiden keinen leichten Stand, da ihre Religion nicht anerkannt ist – was meine Eltern zu Angehörigen einer Minderheit innerhalb der Minderheit macht: Als Jesiden unter den Kurden und als Kurde unter den Türken. Die Anfeindungen kamen meist von außerhalb, von jenseits der Dorfgrenzen Çınars. Meine Eltern waren gezwungen, sich unauffällig zu verhalten, sie konnten nicht für ihre Rechte kämpfen, nicht offen eine bessere Integration ihrer Gemeinschaft einfordern. Im Weltbild von Islamisten galten Jesiden als quasi vogelfrei. Meine Eltern wussten, wenn ihnen etwas passierte, würde das niemanden außerhalb ihres Kreises wirklich interessieren.

In unserer Kindheit hörten wir viele Geschichten von damals. Wir saßen abends zusammen im Wohnzimmer, der Duft von Tee lag in der Luft, wir aßen Sonnenblumenkerne und Wassermelone, und meine Eltern erzählten. Von Landraub, Morddrohungen und Repressalien. Sie konnten sich unterwegs nicht sicher fühlen, weil ihnen deutlich signalisiert wurde: Ein falscher Schritt, ein schiefer Blick, und es würde zur nächsten Konfrontation kommen. Allein, in der Öffentlichkeit Kurdisch zu sprechen, war viel zu gefährlich. Sie erzählten, dass jesidische Frauen oft entführt, zwangsislamisiert und zwangsverheiratet wurden. Sie verschwanden einfach, die Behörden kümmerten sich nicht darum. In Streitsituationen wurde den Jesiden oftmals zu Unrecht etwas unterstellt – und die Behauptung kaum überprüft.

Es gab zum Glück genauso Menschen, die gut zu ihnen waren. Zu ihnen gehörte das Dorf-Oberhaupt, das zumindest im Ort seine Hand über sie hielt. Ein Muslim. Vielleicht ist meinen Eltern deshalb nie etwas geschehen. Und auch einige der Menschen im Ort setzten sich für sie ein, sodass meine Eltern die muslimischen Nachbarn nicht nur als Gegner, sondern auch als Beschützer kennenlernten.

Die Unterdrückung der Jesiden war einer der Gründe, warum mein Vater nicht auf eine weiterführende Schule gehen durfte. Dafür hätte er in die Stadt gemusst, nach Ankara beispielsweise, wo jedoch die Gefahr zu groß war, dass er als Jeside auffallen und ihm etwas zustoßen könnte. Meinen Papa quälte das, er war sehr wissbegierig, er wollte unbedingt lernen – und durfte es nicht. Wir sollten es einmal besser haben. Wie oft hat er uns das eingetrichtert: Bildung ist wichtig, Schule ist wichtig, Ausbildung ist wichtig! Geht studieren, geht arbeiten, steht für eure Rechte ein! Er unterschied hierbei nicht zwischen Töchtern und Söhnen, ganz im Sinne eines kurdischen Sprichwortes, das trotz einiger patriarchal geprägter Regeln und ungeschriebener Geschlechter-Grundsätze auf unsere Kultur zutrifft: *Sèr Sère ci Jine ci Mère* – Löwe ist Löwe, egal ob Mann oder Frau.

Als junger Mann stand mein Vater Tag für Tag auf, zog sich an, frühstückte und ging dann auf den Acker, um anzubauen, zu pflegen, zu ernten. Inzwischen sind auf diesem Fleck Erde nur noch ein paar Mauern übrig, die erkennen lassen, dass dort einmal jemand gelebt hat. Wenn er sich zwischendurch in seinen Gedanken an jenes Leben verlor, das er sich erträumte, blickte er auf die hügelige Landschaft in der Ferne und nach oben in den Himmel. Immer wieder sah er Flugzeuge vorbeifliegen, und vielleicht kamen ihm dabei ferne Länder in den Sinn, vielleicht dachte er an Europa und Deutschland, wo seine Kinder ein anderes Leben führen könnten.

Gemeinsam mit seinem Bruder machte er sich Ende der Sechziger schließlich auf den Weg. Sie waren zwei Männer unter vielen Millionen Migrantinnen und Migranten, die in der Nachkriegszeit den Arbeitskräftemangel in Deutschland ausgleichen sollten. Mit der Türkei hatte die Bundesrepublik 1961 einen entsprechenden Vertrag abgeschlossen. Mein Onkel wollte später wieder zurückkehren – für meinen Vater hingegen stand fest: Deutschland sollte die neue Heimat seiner Familie werden, wenn er jetzt nicht auswanderte, dann wahrscheinlich nie. Als Gastarbeiter hatte er eine Stelle am Fließband bei Continental bekommen. 1973 konnte meine Mutter mit meinen beiden älteren Geschwistern nachkommen. Nun begann für sie ein neues Leben in Hannover. Mein Vater war seinem inneren Ruf gefolgt – und fand seine Berufung: Kaum jemand wusste in Deutschland damals, wer oder was Jesiden sind. Niemand wusste von der Verfolgung und von dem Leid. Das wollte mein Vater ändern, dabei blieb er hartnäckig und unermüdlich.

Er fing an, Briefe zu schreiben an politische Entscheidungsträger, manchmal sprach er jemanden bei einer Veranstaltung an, auf Parteitagen, bei Kundgebungen, Diskussionsrunden oder Demonstrationen. Er erzählte von unserer Kultur und der Unterdrückung. Er engagierte sich bei Amnesty International, arbeitete ehrenamtlich bei der Gesellschaft für bedrohte Völker und trat in die SPD ein. Sein Parteibuch trägt er bis heute bei sich. Sein Anliegen aber hat er parteiübergreifend vertreten. Er wandte sich genauso an Sozialdemokraten wie an Grüne oder Liberale. Egal, ob auf kommunaler oder Bundesebene. Es gibt sogar noch die Kopie von einem Schreiben an den damaligen Bundeskanzler Helmut Kohl. Es kam auch eine Antwort, 1985, in meinem Geburtsjahr.

Zwei Jahre zuvor hatte Papa einen jesidischen Verein gegründet. Er wollte eine Anlaufstelle schaffen und eine starke Interessensvertretung in Deutschland aufbauen. Mein Vater hatte die besondere Gabe, Menschen zusammen und in einen Austausch zu bringen. Er lud Bürgermeister und andere Politiker in unsere Wohnung ein, sogar den Justizminister Niedersachsens. Papa brachte Hilfsbedürftige und engagierte Bürger mit Entscheidungsträgern zusammen. Daraus wurde nicht selten ein Politikum innerhalb der migrantischen Community um uns herum, da es damals ein großes Thema war, ob jemand Jeside oder Kurde oder Türke war und Asyl bekam oder nicht.Dabei führte mein Vater seinen Kampf für die Jesiden im Sinne aller Migranten. Es ging nicht zuletzt um die Anerkennung und Akzeptanz anderer Kulturkreise. Und dann waren da natürlich noch diejenigen, die grundsätzlich etwas gegen meinungsstarke Ausländer hatten.

Als mein Vater den Anwalt Werner Deckmann und den Religionswissenschaftler Gernot Wießner kennenlernte, bekam sein politisches Engagement neuen Schwung. Die beiden interessierten sich sehr für das Thema. Wießner erstellte nach mehreren Forschungsreisen in die Türkei fundierte Gutachten, die maßgeblich dafür verantwortlich waren, dass deutsche Richter die Verfolgung der Jesiden anerkannten. Als erstes Bundesland erließ Nordrhein-Westfalen 1989 einen Abschiebestopp. Gemeinsam kämpften sie um ein Bleiberecht, gemeinsam hatten sie Anteil daran, dass der jesidischen Glaubensgemeinschaft 1992 nach einem Beschluss des Bundesverfassungsgerichtes schließlich in ganz Deutschland Schutz und Asyl gewährt wurde. Spätestens in diesem Moment war aus Seyhmus Tekkal, dem Jungen aus Südostanatolien, ein Menschenrechtsaktivist geworden.

Ein, zwei Jahre hielt mein Papa es bei Continental aus, dann kündigte er. Die überwiegend monotone Arbeit am Fließband war eine zu große Belastung für ihn. Also suchte er sich etwas anderes und fand eine Stelle als Fliesenleger. Sein neuer Chef wiederum vermittelte ihm die Wohnung in der Limmerstraße. Nach und nach kamen mehr und mehr Verwandte, fast alle nach Hannover, denn dass hier ein Mann anderen zu einem besseren Leben verhalf, sprach sich schnell herum. Diejenigen, denen er in Deutschland geholfen hatte, erzählten es ihren Verwandten und Bekannten in der Heimat: Seyhmus kennt sich aus, Seyhmus weiß, wen man anrufen muss. Wer Hilfe brauchte, rief ihn an, ihm wurde vertraut. Und er versuchte immer zu helfen. Man könnte sagen: Mein Vater behandelte alle wie seine Familie.

Seine Arbeit und vor allem seine herzliche Art öffneten ihm viele Türen, egal, wo. Das spüren wir bis heute. Wenn er zum Frisör geht, bekommt er den Schnitt umsonst, in manchen Cafés geht sein Tee aufs Haus, da kann er noch so oft sagen, er wolle bezahlen. Als ich mit ihm 2022 in den Irak zu einem der Frauenhäuser reiste, die wir mit HÁWAR.help in den IDP Camps aufgebaut haben, kannten ihn die Leute. Ich war perplex. Aber er ist eben tatsächlich sehr bekannt, vor allem unter Jesiden. Irgendjemandem aus dieser oder jener Familie hatte er einst geholfen, viele sind ihm bis heute dafür dankbar. Wenn ich sage, ich bin die Tochter von Seyhmus Tekkal, sind die Leute offen und hilfsbereit.

Manche Menschen vermittelte mein Vater an Asylheime, andere brachte er erst einmal zu uns. Regelmäßig übernachteten geflüchtete Männer, Paare und Familien in unserer Vierzimmerwohnung. Das war für ihn selbstverständlich, für uns Kinder war es ungewöhnlich. Wir waren neugierig, wer da jetzt wieder in unserem Zuhause schlief. Aber wir waren ja ohnehin schon eine große Familie, und nun kamen noch mehr und durften sogar in unseren Betten schlafen, während wir auf dem Sofa oder auf einer extra bereitgestellten Matratze lagen. Mama stand unermüdlich in der Küche, während im Wohnzimmer geraucht, Obst gegessen, Çay und Cola getrunken, laut und intensiv diskutiert wurde: Wie machen wir dies, wie machen wir das? Die Leute gingen ein und aus – bei uns war immer viel los.

Mein Vater ist sehr selbstlos. Das ist bis heute so, selbst wenn er im Krankenhaus liegt, kümmert er sich noch um andere. Manche Leute bekamen das mit und begannen ihn stärker zu bedrängen. Ob er nicht auch noch dem Onkel und der Tante oder dem Sohn von dieser einen Großcousine helfen könne? Das waren dann die Momente, in denen meine Mama einschritt und ihn vor seiner Gutherzigkeit schützte. Hinzukam: Geld verlangte Papa nie, egal, wie sehr er sich für andere reinkniete, ihm ging es immer um die Sache. Das war oft ein Reibungspunkt zwischen meinen Eltern. Aber unser Vater sagte: »Ich kann mit reinem Gewissen in den Spiegel schauen. Solange sich die Menschen daran erinnern, dass ich ihnen geholfen habe, führe ich ein reiches Leben. Mein Reichtum sind meine Familie und mein gesellschaftliches Engagement.«

Ich fand bemerkenswert, wie Mama damit umging. Sie hielt ihren Mann nicht davon ab, bremste ihn lediglich zwischendurch. Die beiden ergänzten sich gut. Ich sah sie viel in der Küche und im Haushalt ackern. Trotzdem erhob sie das Wort gegenüber Männern. Sie war eine der wenigen Frauen dieser Generation, die sich das traute und mitdiskutierte. Und wenn es ihr zu viel wurde, weil überall in unserer Wohnung Männer herumsaßen und Forderungen an meinen Vater stellten, dann trat sie mit dem Fuß auf und sagte: »Genug jetzt! So redet ihr nicht mit meinem Mann! Raus mit euch!« Ich habe das geliebt, ihre Kraft hat mich tief beeindruckt. Als Frau für die eigenen Rechte einstehen, laut und auch mal aufmüpfig zu sein – darin war sie uns ein Vorbild.

Mein Vater vergötterte meine Mutter natürlich auch deshalb so sehr, weil sie war, wie sie war. So stark und eigensinnig. In dieser Hinsicht war sie wie meine Oma Nesime, die Mama von meinem Papa. Die beiden (später dann auch Düzen) waren die einzigen Frauen, die in den Männerrunden dabeisitzen durften, die toleriert, akzeptiert und respektiert wurden. Meine Oma ließ sich nie den Mund verbieten, sie war immer laut und sehr selbstbestimmt. Als sie drei Kinder zur Welt gebracht hatte, verlangte die Verwandtschaft von ihr, sie solle noch mehr kriegen, aber sie sagte: Drei reichen, mehr gibt's nicht, keine Diskussion! Sie wusste genau, was sie wollte, und ist für ihre Rechte eingestanden. Als sie in ihrem Häuschen in der Türkei lebte, trug sie immer ein Gewehr auf dem Rücken, um die Familie und ihren Besitz zu verteidigen. Das war ein klares Statement. Meine Oma ist eine wirklich wichtige Frau für mich, ein Vorbild, im Herzen begleitet sie mich überallhin.

Als wir von der Wohnung in Hannover-Linden nach Garbsen-Berenbostel in ein Haus umzogen, holten wir meine Oma zu uns. Sie saß jeden Tag viele Stunden auf einem großen Stein oder einem Stuhl vor unserem Eingang, so, wie sie früher vor ihrem eigenen Haus gesessen hatte. Nur mit Gehstock statt Gewehr. Das war ihr wichtig. Kam jemand vorbei, guckte sie sich die Person ganz genau an, und wenn ihr jemand nicht passte, auch von unseren Freundinnen und Freunden, sagte sie: »Der oder die ist nicht gut für dich!« Ich verdrehte meist die Augen und sagte: »Mensch, jetzt hör doch mal auf damit!« Im Nachhinein lag sie mit ihrer Menschenkenntnis aber immer richtig.

Meine Oma sah so einzigartig, so schön aus. Ihre Haare waren knallrot, und sie hatte sehr viele Tätowierungen auf den Händen und im Gesicht, wie es Tradition ist für kurdische und jesidische Frauen. Auch meine Mutter trägt einige *Dêq*. Sie sollen vor Bösem schützen, Stärke und Fruchtbarkeit verleihen. Vor allem aber stehen die Motive für eine tiefe Verbundenheit zu unserer Geschichte, zu unserem Volk: Ich bin Jesidin und stolz auf meine Wurzeln, das sagen diese Tattoos. Was, das darf man nicht vergessen, in ihrer Heimat sehr gefährlich gewesen ist – damit gab sich eine Frau direkt als Jesidin zu erkennen. Meine Oma wurde 107 Jahre alt.

Mama wird von mir und meinen Geschwistern liebevoll »die Regierung« genannt, bis heute. Weil sie immer weiterweiß, immer stark ist, immer klare Ansagen macht. Zugleich erlebten wir Kinder, wie offen der Austausch zwischen meinen Eltern war. Sie waren oft unterschiedlicher Meinung, aber einer von ihnen ging einen Schritt auf den anderen zu, und irgendwie fanden sie eine Lösung. Es ging um unsere eigenen Familienangelegenheiten, Probleme mit den Geschwistern, aber auch um die von anderen, wenn Papa wieder einmal Streitigkeiten klären sollte. Manchmal stellte meine Mutter ihn vor eine Wahl. Sie sagte: »Hör zu, wir machen das entweder so oder so.« Und ich weiß noch, wie ich in solchen Situationen zuhörte und dachte: Wow! Ihre Direktheit und Entschlossenheit faszinierten mich. Wenn Papa noch hin und her überlegte und nach einer Lösung suchte, hatte sie die Wege längst ausgemacht. Sie stupste ihn in die richtige Richtung. Er brauchte das, einen Kompass. Sie war schon immer die Menschenkennerin und er der Freigeist, der selbstlos half – bis über seine Grenzen hinaus.

Wir Geschwister wussten immer, dass all das, was wir in Deutschland haben, nicht selbstverständlich ist. Eine gewisse Dankbarkeit und Demut waren allgegenwertig. Andere zu respektieren und sie zu unterstützen, egal, welches Geschlecht, welche Hautfarbe, welche Nationalität, welche Religion – diese Werte vermittelten unsere Eltern uns früh. Vor allem mein Vater hat uns stets angetrieben. Wir sollten heranwachsen zu mündigen, integrierten Bürgern. Alle seine Töchter und Söhne nahm er mit auf Demonstrationen. Ich kann mich noch gut an die im Wind zappelnden roten Flaggen der Gewerkschaft erinnern, an die Bratwurst, die es zu essen gab, und wie ich an der Hand meines Vaters die Straße entlanglief. Ich fand alles wahnsinnig aufregend, obwohl ich nicht verstand, worum es eigentlich ging.

Düzen als in Deutschland Erstgeborene bekam das Streben unseres Vaters besonders zu spüren. Sie ging noch nicht zur Schule, da legte er ihr bereits Zeitungen hin, die sie lesen sollte. Papa ging mit Düzen in den niedersächsischen Landtag und erzählte ihr vom Wert der Demokratie. Er wollte unbedingt, dass sie Journalistin oder Politikerin würde, damit sie die Geschichte der Jesiden bekannt machen konnte. Sie durfte neben ihm bei den ganzen Männerrunden im Wohnzimmer dabeisitzen, was ungewöhnlich war. Düzen bekam früh viele politische Diskussionen mit. Sie hörte von den Integrations-Schwierigkeiten, von Zwangsheirat und Gewalt. Vieles davon hatte so gar nichts zu tun mit unserer Welt in Hannover, und Düzen erzählte, dass sie sich bei den Debatten im Wohnzimmer vorkam wie in Kurdistan. Als würden wir in einem Dorf an der türkisch-syrischen Grenze leben. Sobald die Wohnung von den Gästen verlassen wurde, war man wieder in Deutschland.

Wenn ich an meine Eltern denke, kommen mir einzelne Szenen in den Sinn. Wie Mama mir die Haare kämmt oder mir ein Brot schmiert und es in eine Tupperdose für die Schule packt. Oder mein Vater, wie er mit uns an manchen Geburtstagen heimlich zu McDonalds fährt. Meine Mutter durfte nichts davon wissen, sie mochte Fastfood nicht. Er fand, wir sollten die gleichen Rechte haben wie die anderen, also durften wir Geschwister zwei, drei Freunde mitnehmen und dort eine kleine Party feiern. Wenn wir von der Schule kamen, sagte Papa, er würde mit uns Eis essen gehen. Sie weiß wahrscheinlich bis heute nicht, dass es an diesen Mittagen kein Eis, sondern Burger mit Pommes und Cola für uns gab. Alle haben eisern geschwiegen.

Unsere Eltern hatten viel zu tun, sie mussten genug Geld verdienen, uns im Zaum halten und wollten sich um die Bedürfnisse jener Menschen kümmern, die sie außerhalb der Familie ansprachen. Wenn es um Zuwendung, ums Kuscheln geht, tauchen meine älteren Schwestern und Brüder viel präsenter in meinen Erinnerungen auf. Als ich einmal bei einer Freundin übernachtete, kam deren Mutter morgens herein, weckte uns mit sanfter Stimme und streichelte uns über die Wange. Diese Art von körperlicher Nähe war ich nicht gewöhnt. Ich dachte, dass meine Freundin in einer ganz anderen Familie groß wurde, dass ihre Mutter viel mehr Zeit hatte und anders mit ihr umgehen konnte. Die Zuneigung unserer Mutter drückte sich eher darin aus, dass sie den Laden schmiss und dafür sorgte, dass es uns gut ging und es uns an nichts fehlte. Es gab wenige Momente, in denen sie sich eine Pause gönnen konnte. Heute weiß ich: Die Liebe meiner Eltern war immer da. Aber ich habe das erst spät wirklich begriffen. Was wir früher nicht direkt spüren konnten, holen wir uns heute. Ganz viel davon! Umarmungen, Küsschen, Gespräche, Zeit. Wir Kinder nehmen uns das von Mama und Papa, sie nehmen sich das von uns.

So richtig kennengelernt habe ich meine Eltern erst in den vergangenen Jahren, vor allem meine Mutter, bei meinem Vater fing das schon eher an. Mama und ich reden jetzt viel miteinander. Vielleicht ist das auch normal, vielleicht geht das vielen so: Wenn man erwachsen ist, sind die Gesprächsthemen und der Umgang mit den Eltern plötzlich anders. Als Jugendliche erzählt man nicht viel, wir hatten immer unsere Geheimnisse. Irgendwann ist das aufgebrochen. Je älter wir wurden, desto mehr Ratschläge und Liebe gab Mama uns mit auf den Weg: Manchmal reicht ein Blick, ein Streicheln, eine Umarmung von ihr für ein besseres Gefühl, für dieses Alles-wird-gut, das einen nur eine Mutter so spüren lassen kann.

Es gibt eine Sache, da verstehe ich wirklich nicht, wie sie das macht. Sie kann noch so viele Kilometer von einem entfernt sein, sie weiß genau, wenn es einem von uns nicht gut geht. Dann ruft sie an, einmal, zweimal, dreimal, und wenn der- oder diejenige nicht ans Handy geht, klappert sie eben alle Geschwister ab und fragt: Was ist mit ihr oder ihm? Erst, wenn sie Bescheid weiß, lässt sie locker.

Vergangenen Sommer war Mama zu Besuch in Berlin, bei Tülin und mir. Sie saß auf der Couch, wir wollten einen türkischen Film gucken. Tülin und ich hatten gerade Tee gemacht und kamen aus der Küche zurück. Unsere Mutter hatte ein großes, schweres Buch vom Wohnzimmertisch genommen. Ganz behutsam. So ein Coffee Table Book, eigentlich mehr Wohnaccessoire als Lektüre. Sie legte es auf ihren Schoß, schaute es an, strich über die Titelseite und sagte dann, wie schade sie es finde, dass sie sich nie etwas beigebracht, nie lesen und schreiben gelernt habe. Als sie klein war, wurde das bei einem Mädchen nicht als wichtig angesehen – Kochen zu können, den Haushalt zu führen, solche Dinge hingegen schon. Sie schaute das schwere Buch an, als würde ihr gerade bewusst, welche Welten ihr verschlossen und welche Möglichkeiten ihr verwehrt geblieben waren. Für mich war das ein unglaublich berührender Moment, diese Offenheit, diese Traurigkeit zu spüren.

Ich habe meine Mutter mal gefragt, ob sie es bereue, ihr Leben den elf Kindern gewidmet und so wenig Raum für ihre eigenen Bedürfnisse gelassen zu haben. Sie musste nicht lange nachdenken: »Nicht eine Minute. Weil ihr jetzt diejenigen seid, die lesen und schreiben, die arbeiten und alles machen können, was sie wollen. Weil ihr frei seid!« Sie strahlte so sehr, als sie das sagte, dass mir ganz warm ums Herz wurde.

So, wie unsere Eltern unsere ersten Jahre prägten, so haben wir Kinder ihre spätere Phase beeinflusst. Wir nahmen sie mit auf unsere Reise, nach dem Motto: Wir haben uns lange an eure Regeln gehalten, jetzt müsst ihr nach unseren spielen. Wir waren immer sehr weltoffen, so haben sie uns ja letztlich erzogen. Sie hatten oft genug mitbekommen, was passierte, wenn sich die Lebensvorstellungen von Kindern und Eltern unterschieden, wenn diese nicht den Traditionen entsprachen und der Kontakt abgebrochen wurde. Der Wunsch nach einem Studium, einer freien Partnerwahl oder nach den gleichen Rechten wie die Söhne der Familie – damit war für die ältere Generation oft eine Grenze überschritten. Mama und Papa hingegen ließen sich auf uns ein – was wir nicht zuletzt dem Freiheitskampf von Düzen zu verdanken haben. Sie räumte für die nachfolgenden acht Tekkals den Weg frei, der zwei Welten miteinander verband: Das Streben nach erfolgreicher Integration und die Einhaltung jesidischer Wertevorstellungen.

Wir wurden oft »die Almans« genannt, weil meine Eltern so offen waren. Das war nicht immer nett gemeint, manchmal wurden sie geradezu beschimpft. Anfangs waren die Kommentare selten, aber sie gingen schon zu Linden-Zeiten los. Als Düzen nach dem Abitur zum Studieren auszog und später ich zum Fußballspielen nach Hamburg ging – beide unverheiratet – häuften die Bemerkungen sich. Papa war ein angesehener Mann, weshalb entsprechende Erwartungen nun auch für seine Kinder galten. Bekannte und Verwandte sagten Sätze wie: »Wisst ihr überhaupt, was eure Töchter dort machen? Was lasst ihr euren Kindern für Freiheiten, was soll das? Zeigt mehr Strenge, ihr habt die Kontrolle verloren!« Sie hatten vor allem Angst, dass ihre eigenen Kinder wie wir aus den traditionellen Lebensbildern ausbrechen würden. Für sie waren wir keine Vorbilder. Und tatsächlich hörten wir von den Jüngeren oft: »Ihr dürft voll viel, wir wünschten, unsere Eltern wären auch so.«

Mama und Papa fanden ihren eigenen Weg. Anfangs rechtfertigten sie sich gegenüber denjenigen, die sie kritisierten. Irgendwann aber wurden sie sehr bestimmt. Ich bekam mit, wie meine Eltern sagten: »Jetzt hört mal, was soll denn das? Wir wissen, was unsere Töchter machen und vertrauen ihnen zu hundert Prozent.« Nach außen sind sie für uns eingestanden. Aber es war nicht so, dass diese Bemerkungen sie kalt ließen. Wir mussten uns ganz schön viel anhören, vor allem von Mama: »Wieso tut ihr uns das an? Überall muss ich mich rechtfertigen für euch! Ihr bringt Schande über uns!« Düzen bekam einige Male die ganze Enttäuschung unserer Mutter ab, die sich im Kern um die Frage drehte, wieso sie nicht die liebe, vorbildliche Tochter geblieben war, die kochte und sich um ihre Geschwister kümmerte.

Die Deutschen hingegen fragten: »Warum sind eure Eltern so streng?« Wir befanden uns zwischen diesen beiden Polen und versuchten, unseren eigenen Weg zu finden. Meine Sicht war sowieso eine andere. Selbstverständlich wurden uns im Vergleich zu anderen viele Einschränkungen auferlegt. Aber irgendwann erlaubten uns Mama und Papa auch viel. Ich konnte ihre Zerrissenheit nachvollziehen, die große Verantwortung, die sie für ihre elf Kinder hatten, die Sorge, dass niemandem etwas geschehen sollte. Heute sage ich Danke, dass sie sich gegen die traditionellen Begrenzungen entschieden und die Kritik der kurdisch-jesidischen Gemeinschaft ausgehalten haben und uns zugleich die Freiheit ließen, unseren Weg zu gehen.

Längst betrachten unsere Eltern die Welt durch unsere Augen, sie leben mit uns und machen ganz neue Erfahrungen. Wer hätte zum Beispiel gedacht, dass sie sich in die TV-Sendung *ANDAZ* von Tülin setzen würden, als Sidekick ihrer Show, in Hausschlappen? Sie verstanden, dass wir nicht den alten Rollenbildern entsprechen müssen, um anständig und aufrecht durchs Leben zu gehen. Ihnen ist es jetzt nicht mehr so wichtig, was die eine Schwester oder der eine Nachbar oder die eine Bekannte wohl denkt, wenn wir dieses oder jenes machen. Sie sind stolz auf uns. Nicht nur, weil wir viel erreicht haben, sondern auch weil sie wissen, dass viele zu uns als Vorbilder aufschauen, auch aus der jesidisch-kurdischen Community. Wenn wir darüber reden, lachen Mama und Papa und sagen: »Jaaa, ihr könnt froh sein, dass ihr uns als Eltern habt. Weil wir euch all die Sachen erlaubt haben. Weil wir immer gesagt haben, geht zur Schule und seid fleißig.«

Sie sind belohnt worden für den Mut, ihre Heimat zu verlassen, sich auf eine andere Kultur einzulassen und uns Freiheiten zu geben. Und wir sind stolz auf unsere Eltern, stolz und dankbar, weil sie so starke Vorbilder für uns waren und es weiterhin sind.

EIN EIGENER GLAUBE

Meine Geschwister und ich sind nicht sehr religiös erzogen worden. Wir hielten uns nicht an die fünf Hauptgebete *Dua Fecrê* (zum Sonnenaufgang), *Dua Sibê* (morgens), *Dua Nîvro* (mittags), *Dua Êvarê* (abends oder bei Sonnenuntergang) und *Dua Ser Belgî* (vor dem Schlafengehen). Meine Mutter hingegen betete regelmäßig. Ihr Morgen begann damit, dass sie nach dem Aufstehen jesidische Gebetssprüche rezitierte. Der vielleicht Bekannteste geht so: »Lieber Gott, schütze erst die 72 Völker und dann uns.« Damit sind alle Völker und Nationen der Welt gemeint. Das sagt schon viel über die Ausrichtung unseres Glaubens aus. Bis heute gehört man dieser Religionsgemeinschaft nur an, wenn Mutter und Vater jesidisch sind. Man kann nicht zu diesem Glauben konvertieren. Dadurch verschließen wir uns anderen, das stimmt. Wenn man sich aber die Verfolgungsgeschichte der Jesiden ansieht, war diese Regel auch immer ein Schutz. Sie hat dafür gesorgt, dass das Jesidentum als eigenständige Religion überleben konnte. Und auch von einer anderen Seite betrachtet, kann ich dieser Exklusivität etwas abgewinnen: Jesiden missionieren niemanden. Sie bringen keine Gewalt und kein Leid im Namen ihrer Religion über andere. Sie zwingen niemandem ihren Glauben auf, weil sie meinen, es sei der einzig wahre Glaube.

Diese Toleranz gegenüber anderen Religionen finde ich etwas Wunderbares. Auch, dass uns unser Glaube dazu ermutigt, Dinge zu hinterfragen und nicht alles als gottgegeben hinzunehmen. Wir legen unser Schicksal nicht uneingeschränkt in die Hände einer höheren Macht. Das entspricht meiner eigenen Weltanschauung: Für das, was du tust, bist du verantwortlich. Das eigene Handeln bestimmt im Jesidentum auch unser Dasein im nächsten Leben. In Bezug auf die Seelenwanderung gibt es Ähnlichkeiten zum Buddhismus. Tust du Gutes, wird dir nach deiner Wiedergeburt Gutes widerfahren.

Obwohl meine Eltern früh mit uns über unsere Herkunft redeten und uns erzählten, wie sie und unsere Großeltern früher in der Türkei gelebt hatten, fiel es mir als Kind schwer, diese Geschichten auf mein eigenes Leben zu beziehen. Das lag sicher auch an den Reaktionen. Im Unterricht wurden alle Religionen besprochen, nur nicht meine. Die Lehrer wussten oft nicht, um was es beim Jesidentum ging. Wenn ich in der Schule oder in einer anderen Situation erzählte, dass ich Jesidin war, wurde ich nicht selten gefragt, was das denn sei. »Hat das Jesidentum mit dem Christentum zu tun?« – »Seid ihr also Teil des muslimischen Glaubens?« Oft erklärte ich dann geduldig, dass es sich beim Jesidentum um eine eigenständige Religion handelt. Aber manchmal wurde es mir auch zu viel und ich ging nicht groß darauf ein. Was nicht hieß, dass mir die Sache egal war.

Das Jesidentum ist eine sehr alte Religion mit Wurzeln, die weit vor die Entstehung des Christentums zurückreichen. Jeder Jeside muss einmal in Lalish gewesen sein, unserer Heiligenstätte in der Nähe von Mossul. Zudem existiert im Jesidentum kein Teufel – wir glauben nicht an einen bösen Gegenspieler von Gott. Es gibt sieben Erzengel, die Gott als seine Helfer aus seinem Licht geschaffen hat; der wichtigste von ihnen ist *Melek Taus*, der als stolzer Pfau dargestellt wird. Ihm widmen wir das Neujahrfest im April, das wichtigste Familienfest der Jesiden. Wenn mich andere Kinder früher fragten, was wir da feiern, sagte ich: Unser eigenes Ostern, denn wir bemalten Eier bunt. Das verstanden alle. Unser wichtigster Feiertag aber ist *Îda Êzî*, ein Fest zu Ehren Gottes und zur

Erschaffung der Erde, das im Dezember nach der dreiwöchigen Fastenzeit begangen wird.

Als wir noch in der Limmerstraße wohnten und alle jünger waren, übte die Fastenzeit eine große Faszination auf mich aus. Zum ersten Mal machte ich die Tradition mit, als ich zwölf war. Es war schön, mit meinen Eltern am Tisch zu sitzen und ganz früh am Morgen, noch vor Sonnenaufgang, zu essen. Ein gemeinsames Frühstück gab es sonst bei uns nicht – jeder schmierte sich morgens in der Küche sein Brot und eilte aus dem Haus, wir hatten ja alle unterschiedliche Stundenpläne und Arbeitszeiten. Timur hat manchmal mitgefastet, ansonsten saß ich mit meinen Eltern, meinem ältesten Bruder und seiner Frau am Tisch. In der Luft lag der Duft von frischem Tee. Es gab warmes Brot, gebratenes Gemüse, Käse, Wurst, Marmelade, Honig und gekochte Eier. Wir benutzten sogar den Eierkocher, dabei fand meine Mutter Hilfsgeräte in der Küche immer furchtbar. Aber während der Fastenzeit hat sie dieses surrende Gerät akzeptiert. Wir nahmen uns viel Zeit für das Frühstück, alles war ganz friedlich. Im Haus war es so ruhig, allein das hat einen Unterschied gemacht, drei Wochen lang, Dienstag bis Donnerstag. Jeden Freitag wurde gefeiert: Am ersten Freitag zu Ehren unseres Heiligen *Şêşims*, dann zu Ehren der Familienheiligen und schließlich zu Ehren Gottes.

An *Îda Êzî* weckte uns meine Mutter ganz sanft, sie sprach leise und vorsichtig, und wir durften langsam wach werden. Vielleicht bekam der Tag dadurch ein anderes, besonderes Gefühl. Manchmal weckte uns auch die Stimme meines Vaters, die durch die Wohnung hallte, wenn er laut telefonierte. Das ging früh los. »JA, JA, DANKE, EUCH AUCH, FROHES ÎDA ÊZÎ, MACHT'S GUT UND GRÜSST ALLE! JA, GRÜSSE AN ALLE!« Ständig klingelte das Telefon. Meine Eltern telefonierten mit Freunden und Verwandten in der Türkei, im Irak und in Deutschland. Alle wünschten sich gegenseitig einen schönen *Îda*, die Jüngeren riefen die Älteren an: »Alles Gute, ich wünsche dir und noch ganz viele *Îda Êzî*, viel Gesundheit!« Meine Mutter hat vierzehn Geschwister, mein Vater zwei. Mit allen sprachen wir kurz an *Îda Êzî*, niemand wurde vergessen.

Wahrscheinlich waren wir nie im Jahr so schön angezogen wie an diesem Dezembertag. Mein Vater hatte entweder einen kompletten Anzug an oder eine feine Hose, Hemd, Krawatte und darüber einen Pullover. Meine Mutter trug einen eleganten Rock, ein Strickjäckchen und ihr bestes Halstuch. An diesem speziellen Tag durften alle die Schuhe anbehalten in der Wohnung. Wenn wir Kinder zurechtgemacht aus unserem Zimmer kamen, sahen wir schon die ganzen Süßigkeiten auf den Tischen. Weingummis, Bonbons, Schokolade, Nüsse und ganz viel Obst auf verschiedene Schüsseln verteilt. Daneben standen Kerzen und frische Blumen. Wenn meine Eltern nicht gerade telefonierten, saßen sie auf dem Sofa, und wir küssten sie zur Begrüßung auf die Wange und beglückwünschten sie zum Ende ihrer Fastenzeit. Ich hatte an diesem Tag immer dieses schöne Gefühl: Heute ist die Welt in Ordnung.

Auch die Hauptspeisen waren alle schon fertig. Für den Feiertag wurde zwei Tage zuvor mit dem Kochen begonnen, damit kein Stress aufkommen oder etwas schiefgehen konnte. Nun standen die Gerichte mit Tüchern bedeckt bereit und dufteten lecker. Zum Frühstück gab es eine kalte Suppe mit Rosinen und Aprikosen, dazu *Baklava* und selbst gemachtes süßes Brot, eine Art Teigschnecke mit Sesam. Ich mag diese Suppe bis heute nicht, aber keine Ausrede zählte, das Frühstück musste gegessen werden. Irgendwann kamen die Gäste. Es gab keine festgelegte Besuchszeit, manche schauten um neun vorbei, manche um elf, andere erst am Nachmittag – und zwischendurch statteten wir selbst unsere Besuche ab. Überall, wo wir hingingen, gab es Gebäck, Süßigkeiten und für uns Kinder Geld. Eine Mark hier, drei Mark da. Wir wussten natürlich vorher schon genau, in was wir dieses kleine Vermögen investieren würden: Süßes! Meine Geschwister, Cousinen, Cousins und ich liefen zum Kiosk und gaben alles aus für Katzenpfötchen, Esspapier, Brausestäbchen, saure Schlangen – obwohl wir den ganzen Tag umsonst versorgt wurden mit Leckereien!

Es gab an diesem Tag überhaupt nur das Beste vom Besten und alles auf einmal. Abends wurde in der Kernfamilie zusammen gegessen. Vorher sprach meine Mutter einige Worte und Gebete, um das Fasten offiziell zu beenden. Ein paar Jahre lang mieteten wir mit der ganzen Verwandtschaft einen Saal an und zelebrierten *Îde Êzî* ausgiebig, mit Musikern, bunter Dekoration und, na klar, sehr viel Essen. Alle waren gut drauf, glücklich und herzlich. Der älteren Generation brachte dieser Tag ein Stück Heimat zurück, ein Stück Tradition. Meine Eltern erinnerten sich an früher: Wie Trommler und Flötenspieler den Rhythmus vorgaben und alle Jesiden des Dorfes zusammen von früh bis spät tanzten.

Für sie ging nichts über *Îde Êzî*, aber Weihnachten ignorierten wir trotzdem nicht. Weihnachten war der wichtigste Feiertag in unserer neuen Heimat, und damit wurde er auch zu einem Teil unseres eigenen Lebens. In unserer Großfamilie waren wir die Ersten und sicherlich lange auch die Einzigen, die einen Baum aufstellten. In der Wohnung war es ein kleiner aus Plastik. Meine Mutter zündete Kerzen an, weil sie die über alles liebte. In der Schule erzählten die anderen Kinder von den tollen Sachen, die sie bekommen hatten, also erfand ich irgendwelche Geschenke, um mitreden zu können. So richtig Weihnachten feierten wir erst, weil Tülin, Tamer und Taner das wollten. Im Haus stand dann auch eine echte Tanne, die von Jahr zu Jahr größer und aufwändiger geschmückt wurde. Als unsere drei Jüngsten noch in der Grundschule waren, hatten sie ein bisschen Geld angespart, und wie sie das nun als Brauch kennengelernt hatten, zogen sie los, um für uns alle Geschenke zu kaufen: Kaugummi, Shampoo, Stifte. Sie verpackten alles und überreichten es uns ganz stolz an Heiligabend. Wir waren alle tief gerührt und beschlossen, das künftig immer so zu machen.

Wenn ich mit anderen Menschen über das Jesidentum sprach und meine Gegenüber sich bereits etwas mit dem Thema beschäftigt hatten, bekam ich sehr oft zu hören: »Ihr habt doch diese Heiratsregel, ihr dürft nur mit Jesiden zusammen sein.« Das stimmte. Diese Regel war auch in meiner Familie sehr präsent. Und hätten sich die Jesiden nicht schon Jahrzehnte und Jahrhunderte an diese Regeln gehalten, würde es unsere Glaubensgemeinschaft wohl nicht mehr geben. Wir sind nur noch eine Million weltweit, und davon befinden sich Hunderttausende auf der Flucht. Auch die Heiratsregel soll also den Erhalt der Kultur und des

Glaubens sichern – und den Zusammenhalt stärken. In der Diaspora bringt sie allerdings erhebliche Spannungen mit sich. Wir bekamen immer wieder mit, dass Familien auseinanderbrachen, wenn die Eltern auf der Regel bestanden und die Kinder sich davon befreiten. Zwischenzeitlich haben sich religiöse Oberhäupter bereit für Reformen gezeigt – bevor sie aus den eigenen Reihen angefeindet wurden und einen Rückzieher machten. Als meine Schwestern und ich älter wurden, hatten meine Eltern Angst, dass etwas passierte oder wir die gleichen Bedürfnisse entwickelten wie unsere deutschen Freundinnen. Wir sollten deshalb abends nicht zu lange unterwegs sein, nicht auf Partys oder in Clubs zum Tanzen gehen.

Meinen deutschen Gesprächspartnern erklärte ich auf ihren Einwand manchmal den Hintergrund der Heiratsregel. Manchmal wies ich auch nur darauf hin, dass es bei den anderen Religionen früher auch nicht anders war: »Es ist ja gar nicht so lange her, dass bei den Christen die Katholiken ein Problem mit Protestanten hatten und umgekehrt. Auch die meisten Muslime wünschen sich, dass untereinander geheiratet wird, und im Judentum gilt diese Regel bis heute.«

Dass wir überhaupt derart rigoros seit Anbeginn verfolgt werden, hat viel damit zu tun, dass wir keine Schriftbesitzer sind. Die Christen haben ihre Bibel, die Muslime ihren Koran – wir haben Erzählungen. Unsere Religion wird mündlich überliefert. Wie man sich vorstellen kann, gibt es von manchen Geschichten zu den Bräuchen und dem Ursprung unseres Glaubens mehrere Versionen, der Kern aber bleibt – und der ist wichtig. Deshalb waren und sind wir in den Augen radikaler Islamisten »Ungläubige« oder gleich »Teufelsanbeter« (wie ironisch, oder? Wo wir doch gar nicht an das Böse glauben). Und mit diesen Zuschreibungen galt und gilt es traurigerweise noch immer als »heilige Pflicht«, uns von unserer Religion abzubringen und auf den »richtigen« Weg zu führen – der in den Augen einiger Muslime ihre Version des Islams ist. Zwangskonvertierungen sind die Folge. Oder Ermordungen. Nach einer bestimmten islamischen Rechtsauslegung ist unser Leben nicht geschützt. Zusätzlich sind wir einer ethnischen Verfolgung ausgesetzt, da die meisten Jesiden Kurden sind. Vor allem in der Türkei werden kurdische Traditionen, unsere Sprache und unsere Kultur unterdrückt.

In der Geschichte der Jesiden kam es sehr oft zu Massakern. Wir Jesiden werden verfolgt, seit es uns gibt. Dieses Leid, das Menschen jesidischen Glaubens seit jeher widerfahren ist, gehört fest zu unserer Identität. So viele Erzählungen drehen sich darum, in so vielen Klageliedern wird davon gesungen. Wir haben einen eigenen Begriff dafür: *Ferman*. Wir Jesiden sprechen von 72 *Fermanen*, die wir bereits erleiden mussten. Wobei die Zahl »72« eine besondere Bedeutung hat: Sie steht für »unendlich«. Das jüngste Massaker in dieser schmerzhaften Chronik entfachte die Angst, auszusterben, besonders vehement: Der Genozid durch den IS-Terror, der am 3. August 2014 im irakischen Hauptsiedlungsgebiet Sindschar begann.

Wieder einmal war die Luft erfüllt vom verzweifelten Hilferuf der Jesiden, der grundsätzlich während eines *Fermans* laut wird: *Háwar!* – *Ferman* und *Háwar*. Ein Wortpaar, das miteinander eng verknüpft ist und Völkermord und Verfolgung vor dem geistigen Auge heraufbeschwört. Uns alle haben die Ereignisse des Jahres 2014 stark erschüttert und verändert. Das waren schließlich unsere Leute, die vom IS – auch wenn es noch so brutal klingen mag – abgeschlachtet und erniedrigt wurden. Ich bete noch immer nicht jeden Morgen, wie es meine Mama tut. Und doch fühle ich eine gewachsene spirituelle Verbundenheit zu unserer Religion, ich fühle mich unserer Glaubensgemeinschaft sehr zugehörig. Wenn du bislang nicht sonderlich gläubig warst, aber plötzlich verfolgt wirst für einen Glauben, in den du hinein geboren wurdest, wirst du gläubig. Ich wertschätze meine Wurzeln und bin froh, dass ich mit zwei Kulturen aufgewachsen bin. Daraus ziehe ich viel Energie und Kraft. Wenn mich jemand fragt, sage ich mittlerweile voller Stolz: Ich bin Jesidin.

So wie jede jesidische Familie, haben auch wir damals viel über den Genozid gesprochen. Es war wie ein Schatten, der über uns allen hing. Bis heute reden wir darüber, wie wir helfen können und was für politische Forderungen es braucht, um das Leid der Jesiden endlich zu beenden. Die Grausamkeit ist noch nicht vorbei. Was im Irak passiert, ist ein fortwährender Völkermord, noch immer sind Tausende Frauen in IS-Gefangenschaft, noch immer werden Kinder zu Soldaten ausgebildet und Männer umgebracht, wenn sie sich und dem Jesidentum treu bleiben, statt sich zum Islam zu bekennen. Meine Eltern und Geschwister erlebe ich in diesen Gesprächen voller Schmerz. Gleichzeitig ist aus unseren Unterhaltungen viel Positives entstanden – nicht zuletzt die Reise von meinem Vater und Düzen in den Irak sowie die Gründung der Nichtregierungsorganisation HÁWAR.help, mit der wir uns für Frauen, Kinder und Minderheiten einsetzen, die religiöser, ethnischer oder geschlechterspezifischer Verfolgung ausgesetzt sind.

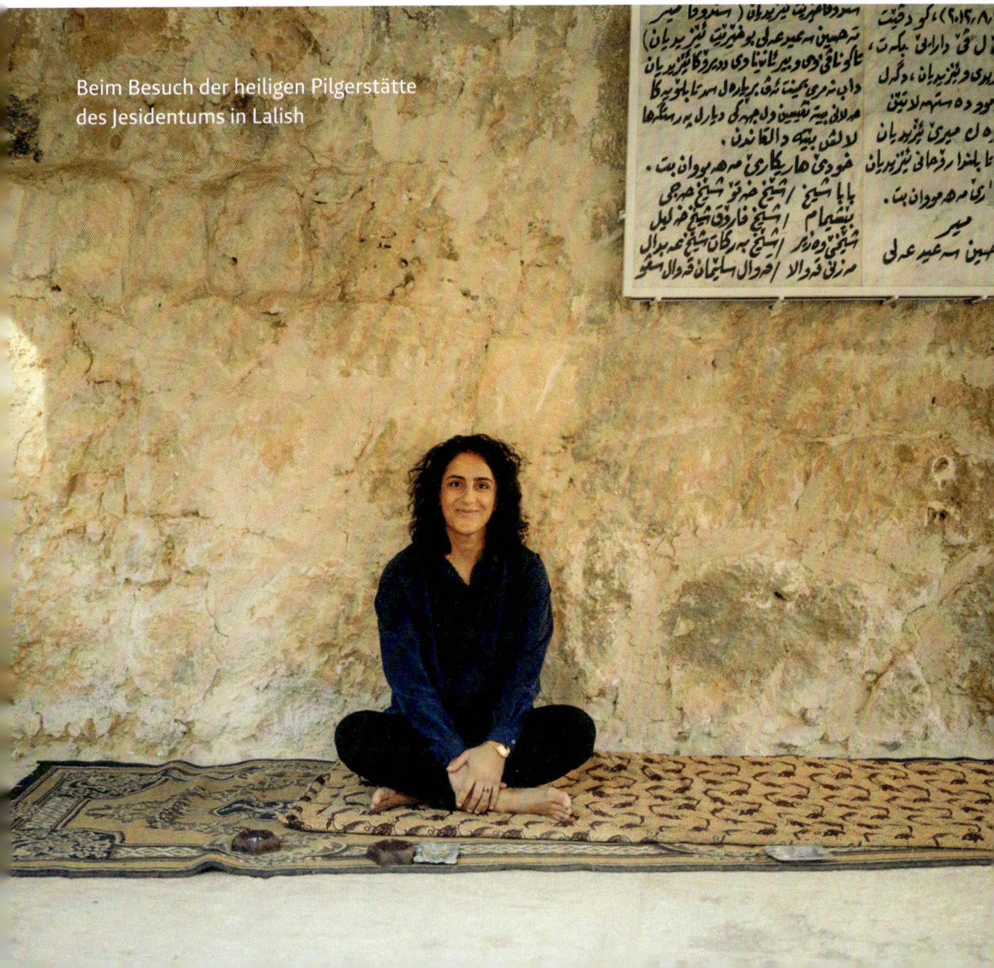

Beim Besuch der heiligen Pilgerstätte des Jesidentums in Lalish

2

ALLES ANDERS

In der Limmerstraße hätte ich mit geschlossenen Augen im Zickzack die Bordsteine entlanglaufen können, ohne gegen einen Laternenpfahl zu stoßen oder zu stolpern. Hier hatte ich meinen Platz gefunden, mir mein Universum zum Glücklichsein erschaffen mit den wichtigsten Planeten: Wohnung, Spielhaus, Straße. Wie jedes Kind, das meint, seinen Platz gefunden zu haben, wollte ich auf keinen Fall weg aus diesem Viertel und erst recht nicht von meinen Freundinnen und Freunden. Keiner von uns wollte dort weg – und doch stand unser Aufbruch unmittelbar bevor.

Es gab nicht diesen einen Tag, an dem uns mitgeteilt wurde: Wir ziehen um. Irgendwann war einfach klar, dass es eine große Veränderung geben würde. Mama und Papa hatten immer wieder darüber gesprochen. Unsere Wohnung war klein, und wir wurden größer, gefühlt platzte alles aus den Nähten, so streng meine Mutter auch Ordnung hielt. Sie träumte seit Jahren von einem eigenen Garten mit Obstbäumen, Gemüse- und Kräuterbeeten, wie sie ihn in der Türkei einst gepflegt hatte. Gemeinsam mit Muhterem und Tekin gingen unsere Eltern in der Zeitung Inserat für Inserat durch, jeden Samstag, bis sie schließlich ein geeignetes Haus gefunden hatten, das groß genug war für dreizehn Personen. Wir zogen nach Garbsen-Berenbostel. Deutlicher hätte der Schnitt kaum sein können.

In Hannover hatten wir in einer Ecke der Stadt gewohnt, wo das Leben draußen stattfand und die Leute sich schon aus der Ferne grüßten. Der Gemüsehändler kannte die Frisörin, der Kioskbesitzer den Mann vom Imbiss, und uns Kinder kannten eh fast alle, wir wuselten ständig überall herum. Spätestens als Düzen im Alter von neun oder zehn Jahren im knallgrünen Badeanzug und Cowboystiefeln durch die Straße rannte und wir anderen im hochsommerlichen Outfit hinterherzuckelten, hatten wir es zu lokaler Berühmtheit geschafft. Beste Unterhaltung für die Nachbarn, ein Affront für die Familie, quasi ein erster Akt öffentlicher Rebellion. Wenn ich unterwegs war, traf ich immer jemanden, der mich oder meine Familie kannte, eine Nachbarin oder den Freund eines Bruders oder die Freundin einer Schwester: »Hey, Tuğba, was geht, was machst du gerade? Komm mit!« Die Jugendlichen und Erwachsenen gaben mir ein Eis aus oder ein Stück Pizza oder eine Limo. Mit den Kindern spielte ich, wir hatten unendlich viel Zeit. Und nun sollten wir in diesem Industriegebiet leben, wo man selten Kinder auf der Straße sah, spielend schon gleich gar nicht. Das hier war ein Dorf, in dem die Leute unter sich bleiben wollten. Berenbostel war ein anderes Pflaster, das begriff ich auch als Zehnjährige schnell. Meine Eltern dachten, dass es für uns alle besser werden könnte. Wir hatten nun ein Haus, mehr Platz für uns alle. Aber ich vermisste das Spielhaus und die Limmerstraße so unendlich, ich vermisste Renate und meine Freunde. Was mich stark gemacht hatte, war weg. Für mich begann eine schlimme Phase, eine Zeit voll neuer Probleme und Erfahrungen.

Als der Tag des Umzugs gekommen war, hatte jeder von uns Tränen in den Augen, wir Kleinen ließen sie hemmungslos über die Wangen laufen. Düzen und Tuna zeigten ihre Wut über die Entscheidung unserer Eltern am deutlichsten: Sie stellten sich vor den Umzugswagen und riefen: »Wir gehen hier nicht weg, niemals!« Aber meine Eltern zeigten sich von dieser Theatralik wenig beeindruckt. Es war ohnehin schon alles unterschrieben, und nach einigen Minuten mussten sich meine Schwestern geschlagen geben. Wir hatten einen Transporter mit Ladefläche gemietet, in dem es fünf Sitze gab; die Autos unserer Onkel und von Tekins Freunden waren ebenfalls vollgestopft mit Paketen und Passagieren. Und so wurde ich mit zwei, drei älteren Geschwistern kurzerhand auf die Ladefläche zwischen die Möbel und Kisten gesetzt. Wir hielten uns an einem Spanngurt fest, der rauschende Wind trocknete zum Abschied unsere Tränen.

Wir fuhren über die B6, bogen auf die Langenhagener Straße ab, ein paar Meter über die Wreschener Allee, Blinker an, die erste links ab, dann kamen wir nach zwölf Kilometern in Richtung Nordwesten an – in der Porschestraße. Ich kannte das Haus schon. Mama und Papa hatten ein paar von uns Kindern mitgenommen, als sie es sich vor dem Kauf anschauten, und ein weiteres Mal, als es schon uns gehörte. Für meine Eltern war klar, hier würden sie, wenn möglich, für immer bleiben – also steckten sie viel Arbeit und Zeit in die Renovierung. Meine Mutter wollte mehr Platz in der Küche, Tekin schlug mit einem großen Hammer eine Wand ein, die Ziegelsteine lagen verstreut um ihn herum, die Luft war staubig, ich musste ständig husten. Das Haus hatte einige Jahre leer gestanden, das Gras im Garten war lange nicht mehr gemäht worden, die Tapeten waren vergilbt. Alles wirkte etwas heruntergekommen, aber wir hauchten hier neues Leben ein. Tezcan und ich rannten überwältigt durch jeden Raum, die Treppe hinauf, noch eine Treppe, wir konnten gar nicht aufhören, alles zu erkunden. So viel Platz, so unendlich viel Platz – und alles für uns! Aber wieso nur konnte dieses Haus nicht in Linden stehen?

Die Porschestraße trennte das Industrie- vom Wohngebiet. Hier reihten sich Familienhäuser zwischen die Firmengebäude ein, während die Parallelstraße Scheelenkamp schon in ein reines Wohngebiet eingebettet war. Auf den ersten Metern der Porschestraße lag auf der rechten Seite ein schlichtes Hotel, auf der linken eine Werkstatt. Unser Haus stand fast am Ende. Neben uns wohnte Familie Hentschel, direkt neben ihrem eigenen Fischgeschäft. Der Laden bildete das Ende der Sackgasse, wo häufig

LKW-Fahrer wendeten, um dann entlang der Straße zu parken oder zu schlafen. Schräg gegenüber gab es die große Filiale eines Discounters. Nach und nach siedelten sich immer mehr Firmen an, wir hörten oft Baulärm. Hier zu wohnen war alles andere als idyllisch. An unser Haus angedockt waren eine Garage, ein Carport und eine kleine Anliegerwohnung. Im Erdgeschoss befanden sich die Küche, ein Bad, Wohn-, Ess-, Fernseh-, Elternschlaf- und noch ein Zimmer. Keiner von uns kam auf die Idee, den Fernsehraum einzufordern. Wir teilten uns lieber die anderen Zimmer, als auf einen Bereich nur für uns Kinder mit zwei gemütlichen Sofas, einem Tisch und einer witzigen, bunten Tapete und eben dem Fernseher zu verzichten. Das hier war unser gemütliches Reich.

Vom Eingangsflur ging es in den ersten Stock und von dort ins Dachgeschoss. Meine Eltern legten die Aufteilung fest. Anfangs wohnten Tina, Tezcan und ich im Erdgeschoss in dem Zimmer gegenüber von meinen Eltern, später zog Oma dort ein, sodass alle Kinder in den oberen Stockwerken versammelt waren. Mama musste von unten rufen, wenn sie etwas wollte. Tezcan, Tuğba, Tülin, Tamer, Taner, Tuna – so ratterte sie die Liste herunter. Über die Jahre wanderten wir in den Zimmern umher. Timur zum Beispiel wechselte irgendwann in die Anliegerwohnung – und Düzen zog aus. Der Kampf um ihre Freiheit stand weit oben auf der Tagesordnung. Sie stritt sich viel und laut mit unserer Mutter, der es noch immer schwerfiel, ihre Tochter unverheiratet zum Studium in eine andere Stadt gehen zu lassen. Seit wir nach Berenbostel gezogen waren, sah Düzen sich endgültig in ihrem Uni-Vorhaben bestätigt. Sie wollte hier nicht festsitzen. So empfand sie das, und so sagte sie es immer wieder. »Warum habt ihr uns das angetan? Warum sind wir hierhergezogen? Das war das Schlimmste, was ihr tun konntet!« Düzen konnte unglaublich stur sein und gab permanent Contra. Aber ihre Beharrlichkeit half, sie setzte sich durch, und nach einem Jahr war sie weg.

Einige meiner Geschwister akzeptierten den Umzug nie. Düzen löste das Problem auf ihre Weise, Tuna wäre auch gern gegangen, konnte sich aber nicht durchringen, mit den Vorstellungen unserer Eltern zu brechen. Sie blieb in Berenbostel, bis sie mit 26 heiratete und auszog.

Meine älteren Geschwister fuhren so oft es ging nach Hannover, um dort zumindest für einen Nachmittag oder Abend ihr früheres Leben fortführen zu können. »Wir wissen ja, dass ihr Linden vermisst«, sagten meine Eltern. »Aber jetzt bleibt doch mal zu Hause, ihr müsst doch nicht jeden Tag weg!«

Nachdem Tekin geheiratet hatte, blieb er mit seiner Frau im großen Zimmer im ersten Stock. Er war als Hotelmanager viel unterwegs und seine Frau sehr in unsere Familie integriert. Als mein Neffe, der Erstgeborene der nächsten Tekkal-Generation, nicht mehr bei ihr schlief, teilte ich vorübergehend ein Zimmer mit ihm. Tuna war im Dachgeschoss untergebracht, und später zog ich mit Tezcan auch nach oben, in das zweite Zimmer. Ich gestaltete meine Seite ganz nach meinem Geschmack. Timur und ich teilten die Poster aus der *Bravo Sport* unter uns auf. Er bekam alle Basketball-, ich alle Fußball-Poster. Am Kopfende meines Bettes hing übergroß David Beckham im roten Trikot von Manchester United.

Im Garten pflanzte meine Mutter Johannisbeersträucher, einen Kirschbaum, viele Kräuter und Gemüsesorten in einem Beet an, das am Ende des lang gezogenen Gartens an das Nachbargrundstück grenzte. Wir hatten eine Grillstelle aus Lehm neben der Terrasse und auf dem Rasen einen Brunnen, der zunächst verschlossen blieb, damit kein Kind hineinfiel; später kam eine Wasserpumpe rein. Wir verbrachten viel Zeit in diesem Garten, wobei wir zumindest unterhalb der Woche jetzt eher unter uns blieben. Schon in den letzten Monaten in der Wohnung in Hannover-Linden waren die täglichen Besuche weniger geworden, den Hilfesuchenden hatte Papa seltener einen Schlafplatz angeboten, die Treffen zwischen Bürgern und Politikern in unserem Wohnzimmer hatten abgenommen. Er arbeitete nach wie vor viel ehrenamtlich, lagerte seine Tätigkeit aber stärker aus. Mein Vater fuhr jetzt zu den Leuten oder vereinbarte Termine mit ihnen, zum Beispiel in einem Café. Nach dem Umzug kamen eigentlich nur noch Verwandte, Freunde und Bekannte. Und dennoch ging es um die gleichen Themen.

Eine Schwester und ein Bruder von meiner Mutter zogen kurze Zeit nach uns in die Porschestraße und schauten oft vorbei. Später folgten ihrem Beispiel noch andere Verwandte und wohnten somit im gleichen Eck der Stadt. Das war schön für meine Eltern, so waren sie nicht mehr allein in der Gegend. Mama ging nur noch zweimal die Woche zum Putzen, nicht mehr täglich. Und wir Kinder hatten unsere Cousinen und Cousins zum Spielen in der Nähe. Vorher hatten wir mit unseren Verwandten nicht allzu viel zu tun gehabt, durch die Nachbarschaft in Berenbostel entstand jedoch eine enge Freundschaft. Es war, als wäre unsere dreizehnköpfige Familie um noch weitere Mitglieder erweitert worden. Was unverändert blieb: Treffpunkt war das Zuhause von Fatma und Seyhmus. Größere Besuche verlagerten sich aufs Wochenende. Meistens klingelte es gegen 14 Uhr, oft ohne Ankündigung, irgendwie war das Teil der Gastkultur geworden: Einfach vorbeikommen. Wir Kinder freuten uns, gleichzeitig waren wir genervt, wenn wir uns auf einen Filmnachmittag gefreut hatten und wussten: Jetzt sollen wir in der Küche helfen und uns an den Tisch setzen. Oder wir sonnten uns gemütlich auf Liegestühlen im Garten und mussten ins Haus kommen, weil unsere Onkel und Tanten plötzlich vor der Tür standen.

Kurz nach dem Umzug hatte Tuna Geburtstag, es war warm, und wir feierten draußen ein fröhliches Fest mit vielen Leuten. Freunde meiner Geschwister und Verwandte kamen, wir Kinder spielten im Hof, im Garten wurde gegrillt. Die Frauen bereiteten in der Küche Salate und Beilagen vor, während die Männer sich um das Fleisch kümmerten. Dieser Geburtstag wurde zu einer großen Einweihungsparty. Wir holten Linden nach Berenbostel und zeigten: Hier wohnen wir jetzt. Ich war stolz und glücklich, dass wir so ein Fest feiern konnten, in unserem eigenen Haus. In Momenten wie diesen dachte ich: Vielleicht ist es doch ganz gut, dass wir umgezogen sind. Selbst wenn viel los war, konnten wir uns zwischendurch zurückziehen. Das war purer Luxus.

Für unsere Nachbarn war es eine große Umstellung, dass in der Porschestraße nun eine Großfamilie lebte, bei der am Wochenende viele Gäste fröhlich ein und aus gingen. Hier hielten sich nun Menschen im Freien auf und waren noch dazu deutlich zu hören. Als wir beim Einzug unsere Sachen ausluden, standen auf der gegenüberliegenden

Straßenseite ein paar Leute und schauten skeptisch zu. Niemand kam näher oder grüßte uns. Es war dann mein Vater, der zu ihnen ging und uns mit seiner freundlichen, offenen Art vorstellte. Aber die Kälte blieb. Wenn wir draußen waren, schob jemand in einem der wenigen anderen Wohnhäuser eine Gardine zur Seite und begutachtete uns. Machten wir etwas kaputt? Hielten wir auch alles sauber? Trennten wir den Müll? Ich zumindest hatte das starke Gefühl, ständig kontrolliert zu werden. Meinen Eltern merkte ich an, dass sie als »die Neuen« möglichst keine Fehler machen und nicht auffallen wollten. Sie stellten keine besonderen Benimmregeln auf, aber sie erklärten uns, das sei jetzt unser Haus, da müssten wir ein bisschen aufpassen und alles schön sauber halten. Als ob Wollmäuse unter Mamas Regiment je eine Überlebenschance gehabt hätten!

Unauffällig zu bleiben war trotzdem schwierig. Wir waren immerhin elf lebhafte Kinder, die im Jahr 1995 viel kurdische Energie nach Garbsen-Berenbostel brachten. Die Leute dort mussten sich zunächst an uns gewöhnen, was ich damals überhaupt nicht verstand. Auf den Mauern der Nachbarn zu balancieren zum Beispiel war nicht erlaubt. Wir wagten es ein paar Mal, ließen uns dann aber von den argwöhnischen Blicken einschüchtern. Meinen endgültigen Einstand in die berenbostelische Realität erlebte ich, als ich den Gehweg entlangging und eine Mandarine aß. Die Schale warf ich auf den Boden, was ich natürlich hätte bleiben lassen sollen. Aber macht man so etwas nicht als gedankenverlorenes Kind? Von einem Balkon herab schrie mich ein Mann an, was mir denn einfalle. Ich guckte hoch – und rannte weg.

Wenn wir im Garten Fußball spielten, flog leider der Ball häufig über den Zaun und die Thuja-Hecke auf den Rasen des anderen Grundstücks. »Hallo? Haaaalloooo?«, riefen wir dann. »Unser Ball liegt bei Ihnen, können wir den bitte wiederhaben?« Ich kann mich nicht erinnern, ob der Ball jemals ohne Murren zurückgeworfen wurde, aber sagen wir mal so: Die Geduld dieser Nachbarn wurde auf die Probe gestellt. Irgendwann lautete die Antwort schließlich Nein und: »Was soll das denn jetzt wieder? Spielt woanders, verdammt!« Wir konnten das

Gesicht des Mannes nie sehen, weil die Büsche im Weg waren, aber was wir sehen konnten, waren seine Hände. Und die ließen die Luft aus dem Ventil entweichen, bevor wir unseren eingedellten Ball zurückbekamen. Bis heute weiß ich nicht, wer das war.

Die Nachbarn von der Porschestraße, und das war das Schöne, wurden irgendwann freundlicher. Das dauerte zwar eine Weile, aber es passierte. Ich bin mir sicher, dass meine Eltern großen Anteil daran hatten, weil sie sich nicht von der unterkühlten Begrüßung entmutigen ließen. Sie blieben aufgeschlossen und gingen immer wieder auf die Nachbarn zu. Wenn wir mit vielen Leuten grillten oder unsere jesidischen Feste feierten, brachte Mama ab und zu etwas von ihrem leckeren Essen bei den anderen Leuten in der Straße vorbei. Meine jüngeren Geschwister freundeten sich mit den Kindern an, vor allem Tezcan. Die Nachbarn merkten, dass wir eine ganz normale Familie waren, und so wurde Monat für Monat eine Brücke gebaut. Über die Jahre sind Freundschaften entstanden, die auch hielten, nachdem meine Eltern vor ein paar Jahren auszogen. Papa hat heute noch Kontakt zu manchen der früheren Nachbarn.

Der Umzug veränderte viel. Wir wurden aus unserem alten Leben gerissen, in dem wir uns wohlgefühlt hatten. Im Nachhinein hat uns der Wechsel auch gutgetan – und es war ganz sicher nicht so, dass wir in Berenbostel keine schöne Zeit hatten. Tezcan, Taner, Tülin, Tamer und ich, manchmal auch Tina und Timur, fuhren im Winter zusammen Schlitten auf den Hügeln am Anfang der Porschestraße, wir machten Schneeballschlachten, spielten Räuber und Gendarm oder Verstecken. Wir guckten Filme zusammen im Fernsehzimmer. Die teils gezwungene Nähe in der alten Wohnung wandelte sich in erwünschte Nähe. Wir gaben einander Halt. Das Gefühl der Freiheit und der Gemeinschaft mit den Menschen in Linden aber ging verloren.

VERGIFTETE GLAUBENSSÄTZE

Die Sommerferien 1995 teilten mein Leben in ein Vorher und ein Nachher. Ich freute mich eigentlich auf die neue Schule, weil ich mit dem Eintritt in die Orientierungsstufe zu den Großen gehören würde. Andere Fächer, neue Lehrer, neue Freunde, das könnte spannend werden, dachte ich. Aber als die Abfahrt am ersten Schultag in Berenbostel näher rückte, weinte ich doch. Auch im Auto heulte ich, obwohl ein Freund von Tekin am Steuer saß, weil uns niemand aus der Familie fahren konnte – sollte er meine Tränen ruhig sehen! Tina, die auf dieselbe Schule in die sechste Klasse gehen sollte, heulte mit mir. Wieso hatten wir nicht einfach in Linden bleiben können?

Auf dem Hinweg standen wir im Stau, und als wir an der Schule ankamen, rannten Tina und ich so schnell wir konnten vom Parkplatz zum Eingang. Das Gebäude wirkte riesig, ich fühlte mich völlig verloren, erst recht als meine Schwester in einen anderen Gang abbog, um ihr Klassenzimmer zu suchen. Ich fand meins nicht. Ich war ohnehin schon nervös – und kam nun auch noch deutlich zu spät. Ausgerechnet am allerersten Tag. Es war wie ein Vorzeichen für das, was kommen sollte. Da halfen auch meine Lieblingsklamotten nicht, die ich mir wie einen Superheldenanzug angezogen hatte: Sneaker von Fila, meine coolste Hose und ein T-Shirt mit Aufdruck.

Als ich endlich vor dem richtigen Raum ankam, klopfte und eintrat, gab es von der Klassenlehrerin direkt Ärger. Was das denn für ein Einstand sei! Ich versuchte zu erklären, dass der Verkehr uns aufgehalten und ich mich nicht zurechtgefunden hatte, doch das interessierte sie nicht. Ein paar meiner Mitschüler fingen an zu tuscheln und zu kichern. Ich wäre am liebsten sofort gegangen, stattdessen trottete ich zu einem freien Platz in der hinteren Reihe und setzte mich zu drei Jungs. Kurzes, freundliches Hallo, die schienen in Ordnung zu sein. An der Art, wie sich die Mädchen und Jungen aus den anderen Reihen unterhielten und verhielten, merkte ich schnell, dass sie sich alle aus der Grundschule kannten. Ich war die Einzige, die neu in diese Gruppe gekommen war. Wie sich später herausstellte, kannte auch Tina niemanden in ihrer neuen Klasse, aber sie hatte Glück und schloss gleich Freundschaften. Ihr Start an der neuen Schule war das komplette Gegenteil von meinem. Auf der Rückfahrt erzählte sie ganz aufgeregt von ihrem Tag, ich hörte ihr gar nicht richtig zu. Meine Gedanken kreisten allein darum, dass ich diesen Umzug ungeschehen machen wollte.

Alles an der Orientierungsstufe war anders, als es an der Albert-Schweizer-Grundschule gewesen war. Dort hatten wir viele schöne Sachen gemacht, und Frau Klöffel war eine tolle Klassenlehrerin gewesen. Ich schrieb meinen Vornamen damals immer ohne G, so, wie man ihn eben ausspricht: T-U-B-A. Ich dachte, dass die anderen Kinder die tatsächliche Schreibweise, noch dazu mit diesem kleinen Kringel über dem G komisch finden könnten, und das wollte ich nicht. Als Frau Klöffel das sah, setzte sie sich zu mir und sagte: »Dein Name ist wunderschön, genau so, wie er geschrieben wird, und es ist schön, dass du so heißt. Du weißt doch, was er bedeutet: Künstlerin, Schöpferin.« Sie bestärkte jede und jeden von uns und vertrieb alle Zweifel, die Grundschüler so haben. Ich freute mich auf die Schule und ging gern hin. Schule war durch Frau Klöffel und meine Mitschüler immer positiv für mich besetzt. Von der ersten bis zur fünften Stufe.

In Berenbostel kam ich mit der Grüppchenbildung nicht klar. Mädchen hatten mit Jungs nichts zu tun, das kannte ich so nicht. Auf der Grundschule waren wir einfach alle ein Team gewesen. Ich kam von einer umarmenden, herzlichen Schule. In der Orientierungsstufe gab es verschiedene Fraktionen: Die Mädchen, die deutschen Jungs und die Jungs mit Zuwanderungsgeschichte. Ich bewegte mich dazwischen. Zwei andere Mädchen passten auch nicht ins Schema, aber die wollten in Ruhe gelassen werden. Mir wurde ziemlich schnell signalisiert, dass ich nicht willkommen war. Die Mädchen-Gruppe war verschworen und redete nicht mit mir, beide Jungs-Gruppen tobten auf dem Hof, mitzumachen traute ich mich nicht. In meinem Kopf setzte sich die vermeintliche Erkenntnis fest: Du bist hier nicht gewollt! Daraus konnte ich mich nicht befreien. Ich vermisste das Alte so sehr, dass ich schüchtern wurde und still. Nach dem missglückten Start redete ich mit niemandem, sofern ich nicht angesprochen wurde. Über Wochen ging das so, und schon bald fingen die Sprüche an.

Irgendwie war durchgesickert, dass ich zehn Geschwister hatte. In den Pausen kamen die ersten Fragen: »Kriegt ihr überhaupt genug zu essen?«, »Du hast ja nicht mal richtige Klamotten, die gehören doch bestimmt deinen Geschwistern!«, »Schlaft ihr alle in einem Bett?« Wenn die Mädchengruppe zusammenstand und ich vorbeilief, sagten sie so laut, dass ich es ganz sicher hörte: »Iiiih, da läuft wieder die mit den Rückenhaaren vorbei!« Oder: »Achtung, hier kommt die Asoziale!« Es gab vier gehässige Anführerinnen, die anderen machten mit oder schritten nicht ein, was letztlich das gleiche ist. Als eine beliebte Mitschülerin ihren Geburtstag feierte, kam sie auf mich zu, lächelte mich an und sagte: »Ich wollte dir nur sagen, ich feiere am Wochenende Geburtstag.« Kurz Stille. »Und du bist nicht eingeladen!« Es gab Beleidigungen auf dem Weg zum Unterricht, in den Pausen, als Botschaft geschrieben auf Zettelchen und im Unterricht zu mir durchgereicht. Es gab fiese Blicke und kalte Ignoranz. Irgendwann hatte ich allen Mut verloren, auf die anderen zuzugehen, und auch alle Hoffnung, aufgenommen oder zumindest akzeptiert zu werden.

So ging das viele Monate. Ich fühlte mich so allein, dass ich es nicht in Worte fassen kann. Zu Hause versuchte ich, mir nichts anmerken zu lassen. Ich hörte nicht auf zu lachen oder mit meinen Geschwistern Spaß zu haben. Aber natürlich fiel es auf, dass ich mich oft zurückzog und viel fernsah und das Haus nur verließ, wenn ich mit Tina oder Tezcan ihre neuen Freundinnen traf. Ich behauptete, ich hätte selbst viele Freundinnen, und erfand Gründe, warum ich sie nicht treffen könnte.

Ich weiß, dass es Tuna ähnlich schwer hatte. Sie sah zwar noch oft ihre Freundinnen aus Linden, aber auch für sie wurde die neue Schule zu einem heftigen Kulissenwechsel. Vorher war sie beliebt gewesen und zur Schulsprecherin gewählt worden. In Garbsen-Berenbostel bekam sie zum Start in die zehnte Stufe mit, wie eine Lehrerin über sie lästerte: »Ja, die Neue tut sich noch schwer, aber sie kommt ja auch aus dem Ghetto.« In den Kreis der anderen Schüler wurde Tuna nicht wirklich aufgenommen. Das belastete sie sehr, und irgendwann gab sie auf. Als ihre Schulpflicht nach einem halben Jahr endete, ging sie von der Schule ab.

Die Jungs, zu denen ich mich am ersten Schultag gesetzt hatte, hießen Erdal, Hassan und Enver. Nach den Winterferien kamen sie auf mich zu: »Ey, bist du eigentlich Kurdin?« Ich nickte und erwartete den üblichen verbalen Schlag, wie ich es aus anderen Situationen kannte. Stattdessen machte mein Herz einen kleinen Sprung. Die Jungs waren auch Kurden, sie waren sogar Jesiden! Ich war so dankbar. Die drei konnten die Grüppchenbildung in der Klasse so wenig leiden wie ich, aber sie bildeten immerhin selbst eine. »Zu uns kannst du gern kommen, wenn du magst«, sagten sie. Und wie ich das wollte! Ich wusste, dass die Mitschüler und Lehrer nicht viel von Erdal, Hassan und Enver hielten. Sie waren abgestempelt als faule Draufgänger, Chaoten. Dabei waren das ganz liebe Kerle. Und ich war nun eine von ihnen. Sie akzeptierten mich so, wie ich war.

Die Sprüche ließen deshalb noch lange nicht nach. Die anderen konnten mich nicht zuordnen. Ich war ein Mädchen, das gern Hosen und T-Shirts mit einem weiten Schnitt trug statt figurbetonte Jeans und bauchfreie Blusen. Ich interessierte mich für Fußball. Und ich stammte aus einem für sie fremden Kulturkreis. Mein ganzes Sein passte ihnen nicht. Ich wurde als Zwitter, Junge oder Mannsweib bezeichnet und gefragt, ob ich einen Penis hätte und mir bald einen Bart wachsen lassen würde. »Guck doch mal, wie behaart du an den Armen bist!«, »So asozial, deine Familie!«, »Deine Eltern machen das alles nur für Kindergeld!«, »Elf Kinder, was ist los bei euch? Das ist doch nicht normal!« Immer wieder diese Nadelstiche. Ich hinterfragte das irgendwann gar nicht mehr. Ich ging in die Schule und wurde beleidigt. Das war mein Alltag.

Auch die deutschen Jungs stiegen ein. Es war ein bisschen seltsam, manchmal verstanden sie sich wie beste Freunde mit Erdal, Hassan und Enver, manchmal gab es richtig Ärger. Und ich gehörte nun ja eindeutig zum Lager der Jungs mit Zuwanderungsgeschichte. Ich hatte viel geschluckt in den vorherigen Monaten in der fünften Klasse, aber je mehr Zeit ich mit den dreien verbrachte, desto mehr lernte ich von ihnen, mir die Provokationen nicht mehr gefallen zu lassen.

Der ganze Schmerz der ersten Monate wummerte noch in meinem Kopf und bahnte sich nun mit scharfen Sätzen einen Weg ans Licht. Im Unterricht saß ich nicht mehr nur in mich gekehrt da, sondern quatschte mit Erdal, Hassan und Enver. Als Schutzschild packte ich mir diese Null-Bock-Attitüde drauf. Was hatte ich schon zu verlieren? An mich, das wurde mir vermittelt und davon war ich inzwischen auch selbst überzeugt, glaubte niemand mehr. Mir wurde nichts zugetraut.

Meine Eltern waren enttäuscht, gerade mein Vater legte viel Wert auf Bildung – und ich brachte nun regelmäßig schlechte Tests und Klassenarbeiten nach Hause. Dafür bekam ich jedes Mal etwas zu hören, da sie mich kaum noch Hausaufgaben machen oder lernen sahen. Ich versuchte, das aufzuwiegen, indem ich die brave, unauffällige Tochter blieb, die stets half, öfter putzte, häufiger kochte, mehr abwusch. Ich bin keine gute Schülerin, aber noch immer eure treue Tochter – das war mein Signal. Wenn ich mir abends etwas zu trinken holte und sie im Wohnzimmer saßen, lief ich manchmal vorbei und lauschte. Mein Name fiel oft verbunden mit der sorgenvollen Frage: »Was ist los mit Tuğba? Was machen wir nur mit ihr?«

Ich wurde zum Sorgenkind unserer Familie.

Was die Schule anging, war ich ehrlich gesagt oft lustlos und merkte zunehmend, dass mir niemand beigebracht hatte, wie man richtig lernt. Für mich war es hart, nach der Grundschule so viele neue Fächer zu haben. Anfangs gab ich mir noch Mühe, allerdings mit mäßigem Erfolg. Das galt auch für Fächer, die ich eigentlich ganz gern mochte, wie Deutsch und Musik. In einem Fach allerdings war ich ausnahmslos gut: Sport. Besser als die meisten in meiner Stufe. Das brachte mir zwar keine spürbare Anerkennung, aber zumindest zwischendurch Selbstbewusstsein und Kraft. Wenn ich ein Spiel gewann oder Lob nach einer Übung bekam, fand ich hier die Gewissheit, dass ich eben doch etwas draufhatte. Und noch viel mehr: Ich konnte die Beste sein. In diesen Momenten vergaß ich jeglichen Ärger. Manchmal ballte ich die Siegerfaust. In meinem Kopf und manchmal auch laut ausgesprochen bündelten sich alle Emotionen zu einem »Jaaaaaaa!«, voller Energie und Überzeugung.

Wahrscheinlich wäre alles leichter für mich gewesen, wenn ich auch in den anderen Fächern geglänzt hätte. Tezcan und Düzen zum Beispiel waren sehr gut in der Schule, und manchmal dachte ich, sie hätten allein dadurch keine Probleme. Aber Geschichte, Rechtschreibung, Biologie, Physik, Mathe und all die anderen Bereiche fielen mir nun mal nicht so leicht. Und mit jedem beleidigenden Spruch ließ meine Motivation nach.

Es half auch nicht, wie einige Lehrerinnen und Lehrer auftraten. Einmal sollten wir den Stammbaum unserer Familie aufmalen. Ich hatte mich schon so darauf gefreut, ich war stolz darauf, so viele Namen auflisten zu können. Die Lehrerin verteilte die Blätter. Allen gab sie eines, nur mir nicht. »Tuğba, deine Familie lassen wir besser aus, das wird ja viel zu viel, da sitzen wir morgen noch hier, und wir wollen schließlich alle heute noch heimkommen.« In der Klasse: Großes Gelächter. In Mathe, wenn die Klassenarbeiten ausgeteilt wurden, sagte mein Lehrer: »Wir können uns ja alle denken, wer die 5 hat, nicht wahr?« Oder: »Na, Tuğba, wieder nichts gelernt?« Wie die Mädchen dann kicherten und zu mir schauten! Sie fühlten sich in ihrer Abweisung mir gegenüber bestätigt, vor allem, wenn ich mit den drei Jungs oder auch mal allein vors Klassenzimmer musste, weil wir in der letzten Reihe zu laut gewesen waren.

Ein Gespräch aber werde ich niemals vergessen. Ich kann mich nicht mehr erinnern, was genau der Grund dafür war, dass ich wieder rauszitiert wurde. Ich erwartete die üblichen Wortketten: *Reißteuchdochmalzusammen. Daskannsonichtweitergehen. WennihreuchnichtbenehmtgehenwirzumDirektor.* Aber diesmal waren die Sätze anders. Meine Lehrerin schloss die Tür hinter sich, wir gingen ein paar Meter und blieben vor einer Wand stehen. »Hör zu, Tuğba«, sagte sie, »du wirst genauso Putzfrau werden wie deine Mutter. Du wirst niemals irgendetwas erreichen in deinem Leben. Du kannst dich noch so anstrengen.« Den Rest der Stunde sollte ich draußen bleiben. »Mir doch egal!«, blaffte ich meine Lehrerin an, cool, wie ich wirken wollte.

Sie ging zurück. Die Tür fiel zu. Ich rannte zur Toilette. Am Waschbecken starrte ich in den Spiegel. Vielleicht hatte sie recht? Vielleicht hatten auch alle anderen die ganze Zeit recht? Vielleicht würde ich es nie zu etwas bringen?

Schau dich doch mal an!

SCHAU DICH DOCH MAL AN!

Ich weinte vor Wut und vor Schmerz. Ich hasste mich dafür, dass ich mir diese Fragen stellte und dafür, dass meine Lehrerin mit ihren Worten so viel Macht über mich hatte. Und doch wurde ich das Gefühl nicht los, dass sie richtiglag. Sie erlebte mich jeden Tag, sie kannte meine Schwächen, sie gab mir Noten. Und ausgerechnet diese Frau hatte mich aufgegeben und erklärte mir so eindringlich wie bisher kaum jemand, dass aus mir nichts werden würde. Das tat sie doch nicht ohne Grund, oder? Sie war Lehrerin, eine kluge Person mit Menschenkenntnis, oder nicht?

Was blieb, war Chaos in meinem Kopf. Ich dachte, ich sitze fest und komme nicht mehr raus. Ich war tieftraurig. Mit jeder weiteren schlechten Note, mit jedem weiteren Spruch fand ich mich mehr mit meiner Situation und meiner vermeintlichen Perspektivlosigkeit ab. Zu Hause versuchte ich zu funktionieren. Ich verlor mich in Tagträumen. Schauspielerin wollte ich werden, einfach jemand anderes sein, eine Heldin, ein Superstar. In der Schule störte ich den Unterricht jetzt seltener, die Frechheit wich einer Lethargie. Ich hörte nicht auf, mich gegen meine Mitschüler zu wehren. Aber ich übernahm immer mehr die Aussagen der anderen, sie wurden zu meinen Glaubenssätzen.

Ich gehöre nicht dazu. Aus mir wird nichts. Alles an mir ist falsch.

Ich bin nichts wert.

Morgens liefen Tina, Timur und ich oft zusammen zur Bushaltestelle, die B6 entlang. Die LKWs rauschten mit einem lauten Donnern dicht an uns vorbei. Tina ging normal weiter mit ein paar Metern Abstand zu uns, aber Timur und ich fingen an zu singen oder zu schreien: »Aaaaaaaaaaahhhh!!« Immer wieder. »Aaaaahhh!!« Ich schrie meinen ganzen Frust in die Welt und lachte mit Timur, während ich eigentlich weinen wollte. So viel Müll hatte sich in mir angesammelt. So viel Frust, den ich mit mir herumschleppen musste. Ich wollte es einfach nur durch die Orientierungsstufe schaffen, irgendwie über die Ziellinie kommen. Zum Abschied erhielt ich völlig zurecht eine Empfehlung für die Hauptschule. Vor allem mein Vater hatte sich mehr erhofft. Ich selbst war erleichtert, denn die sechste Stufe endete mit einer guten Nachricht für mich: Ich würde mit Erdal, Hassan und Enver zusammenbleiben. Zwei schlimme Jahre waren endlich vorbei.

***

Meine Eltern fuhren selten in den Urlaub und wenn, dann nahmen sie nur ein paar von uns Kindern mit – anders ging es einfach nicht. Um die anderen Geschwister kümmerten sich Cousinen und Tanten. Als wir noch in Linden wohnten, verreisten sie mit Tekin, Muhterem, Düzen und Tuna in einem Sommer für zwei Wochen in die Türkei. Der nächste Urlaub ging nach Syrien, mit Timur und Tezcan. Es gab keine feste Reihenfolge, wer mitkommen durfte. Vielleicht wäre ich im Sommer 1997 in Hannover geblieben, wenn ich in der Orientierungsstufe nicht solche Probleme gehabt hätte. Aber Mama und Papa wollten mich dabeihaben, damit ich mal rauskomme, etwas erlebe und sie mir ihre Aufmerksamkeit widmen konnten. »Das wird ihr guttun«, war ihr Gedanke. Tamer und Taner fuhren ebenfalls mit.

Zu fünft ging es zehn Tage nach Istanbul und Adana. Ich war so aufgeregt. Mein erster Urlaub, mein erster Flug! In der Schule hatte ich immer Geschichten erfunden, was ich in den Ferien für Abenteuer bestanden und welche Länder ich besucht hätte. Nun erlebte ich wirklich etwas! Im Flugzeug über den Wolken fühlte ich mich besonders und erhaben – die Welt da unten war so klein, und von Hannover war bald nichts mehr zu sehen. Als wir später aus dem Terminal des Istanbuler Flughafens traten, waren dort so viele Menschen, wie ich sie noch nie gesehen hatte. Alle sprachen Türkisch. Angestellte unseres Hotels warteten auf uns und nahmen uns das Gepäck ab.

Unsere Eltern in dieser großen, lauten Stadt zu erleben, war etwas Besonderes. Sie bewegten sich so sicher in der fremden Umgebung und sprachen begeistert Türkisch oder Kurdisch mit den Händlern oder Kellnern und mit den Menschen auf der Straße. Ich merkte, wie wohl sie sich in Istanbul fühlten und was für eine Erleichterung es für sie war, endlich nicht mehr aufzufallen. Sie konnten ganz uneingeschränkt sie selbst sein.

In einer der Nächte dort hatten wir Kinder Hunger und wurden unruhig. Wir lagen kichernd und plappernd zusammen. Auf einmal klopfte es an unserer Tür, und wir dachten schon, dass wir jetzt ermahnt werden würden, wir sollten endlich still sein und schlafen. »Was macht ihr denn hier?«, fragte Papa stattdessen. »Nichts, gar nichts«, antworteten wir. Er schaute uns an: »Kommt, wir gehen Suppe essen!«

Draußen war es dunkel, der Tag war längst in die Nacht übergegangen. Aber wir waren im Urlaub, da galten andere Regeln. Mama blieb im Hotelzimmer, während wir auf der Suche nach Suppe durch die Stadt liefen. Die Luft war etwas abgekühlt, aber wir spürten noch die Sommerwärme, die sich zwischen den Gebäuden gestaut hatte. Überall war etwas los. Die Gespräche der Menschen, die Gerüche, die vielen Lichter, ich sog alles auf. Wir liefen durch die Straßen, mit großen Augen, bis wir an einem Restaurant ankamen, das unserem Vater gefiel. Und dann löffelten wir vier zufrieden und lachend unsere *Şorbe Nisk*.

In Adana, einer Provinz im Süden der Türkei, war das Leben ganz anders. Unsere Verwandten wohnten in recht einfachen Verhältnissen. Wir saßen oft beim Tee zusammen und hörten, wie schwer sie es hier als Kurden hatten.

Als wir zurück in Hannover waren, zehrten wir noch lange von diesen Tagen in der Türkei. Wir hatten einen Koffer voller Süßigkeiten mitgebracht, all die Dinge, die es in Deutschland nicht zu kaufen gab. In unserer Kultur ist es üblich, dass Rückkehrer einer Reise besucht werden, um sie willkommen zu heißen. Und so kamen in den ersten Tagen viele Verwandte und Bekannte vorbei. Wir saßen im Wohnzimmer, der Tisch war gedeckt mit vielen Leckereien, und meine Eltern erzählten, was wir alles erlebt hatten und wie es den Verwandten ging. Ich saß da, hörte zu und wusste: All das hatte ich miterlebt, in meinem ersten Urlaub. Taner, Tamer und ich waren stolz, dazuzugehören, wir genossen es, diese Dinge zu haben, die wir in diesem Sommer mit meinen Eltern teilten. Ab jetzt, so hoffte ich, würde mein Leben schöner werden.

NEUE FREIHEIT MIT SCHUTZPANZER

Mein erster Schultag auf der Hauptschule lief ganz anders ab als der erste Tag zwei Jahre zuvor. Ich war genauso nervös, und wieder zog ich meine Lieblingsklamotten wie einen Superheldenanzug an, um gut vorbereitet zu sein für alles, was kommen mochte. Aber ich war nicht zu spät, meine Klassenlehrerin wirkte sympathisch, ich kannte Erdal, Hassan und Enver – und alle gingen offen aufeinander zu. »Hi, ich bin Tuğba, wer bist du?«, so begann es. Hier waren so viele Mädchen und Jungen, die tickten wie ich, die sich abgehängt und überfordert fühlten. Wir hatten ähnliche Probleme, allein das verband uns. Und wir teilten ein Schicksal: Wir waren diejenigen, von denen niemand große Taten erwartete. In uns sah niemand Menschen, die eines Tages die Welt verändern würden. Hier musste ich niemandem etwas beweisen. Vom ersten Tag an gehörte ich in meiner Klasse dazu. Ein Neuanfang – mit diesem guten Gefühl ging ich in das Schuljahr.

Die Jungs und ich blieben in einer Klasse zusammen. Und eigentlich war schon vom ersten Tag an klar, dass wir Angelina, Nil und Monika in unsere Clique aufnehmen würden. Angelina kam aus Russland, Monika war Deutsche, und die Eltern von Nil stammten aus der Türkei. Wir vertrauten uns, mit Nil war ich am engsten befreundet. Wir lachten viel zusammen. Das gab mir Kraft. Die Selbstzweifel rückten allmählich in den Hintergrund.

Meine Clique ermutigte mich, mehr ich selbst zu sein. Ich traute mich, offener und witziger aufzutreten. Wenn wir zusammen waren, ließ ich ständig Sprüche los, und so wie bei ihnen traute ich mich das irgendwann auch gegenüber manchen Lehrerinnen und Lehrern. Da kamen keine schiefen Blicke, im Gegenteil, die konterten mit eigenen Sprüchen! Die Stimmung auf der Hauptschule war lockerer, das gefiel mir. Die Lehrer wussten besser mit uns umzugehen. Weniger von oben herab, mehr auf Augenhöhe. Wenn sie merkten, dass wir schlecht drauf waren, fragten sie uns auch mal, was denn los sei. Bei Misserfolg unterstützten sie uns. Auf die erste Mathe-Arbeit hatte ich kaum gelernt, diese Einstellung hatte ich von der Orientierungsstufe übernommen. Natürlich war das Ergebnis schlecht, ich hatte eine 5. Aber der Lehrer posaunte das nicht herum. Er kam an meinen Tisch, legte mir die getackerten Blätter hin und sagte: »Tuğba, ich möchte, dass du weißt: Ich stecke dich in keine Schublade, deine nächste Arbeit wird bestimmt besser.« Und tatsächlich, sie wurde besser.

Dass ich tief vergraben doch noch meine Motivation zum Lernen fand, hat viel mit meiner Klassenlehrerin zu tun. Sie lud uns auch mal zu sich nach Hause zum Grillen ein und unterstützte uns. Sie hatte mich eine Weile beobachtet und sich meine Noten angeschaut, dann kam sie auf mich zu und sagte: »Du kannst doch so viel mehr, als du gerade zeigst, was ist denn los, Tuğba? Wenn ich sehe, was du für Geschichten in deinen Aufsätzen schreibst … Warum versaust du dir die gute Note, nur, weil du unkonzentriert bist oder die Aufgabe schnell erledigt haben willst und nicht auf deine Rechtschreibung achtest? Setz dich doch zu Hause in Ruhe hin, wenigstens eine Stunde!« Sie wollte mir helfen – und tat es auch. Wie sie mit mir gesprochen hatte, triggerte meinen Ehrgeiz. Ich fing an, zu lernen. Immer wieder motivierte sie mich. Dank ihr bekam ich richtig Lust auf Schule.

Ich fühlte mich auch deshalb so gut aufgehoben, weil der Fußball wieder in mein Leben zurückgekehrt war. Erdal, Hassan und Enver kickten fast jeden Tag auf einem Bolzplatz in Kronsberg, und irgendwann ging ich einfach mit. Sie machten keinen Unterschied und verteidigten mich, wenn andere fragten: »Ein Mädchen? Was will die denn hier?« Mit jedem Sprint über den kieselsteinbedeckten Betonboden, mit jedem Schuss aufs Tor war es, als würde ein Stoß Selbstvertrauen in mich gepumpt. Ich fuhr zur Schule und ging danach auf den Bolzplatz. Zu Hause erzählte ich, wir würden in einer Gruppe Hausaufgaben machen oder ich würde mich mit Freundinnen treffen. Meine Eltern waren erleichtert. Daheim war ich weiter die brave Tochter, die sie kannten, nun aber etwas aufgeschlossener und selbstbewusster.

Ganz ohne blöde Kommentare und Beleidigungen von den Mitschülern verging auch die Hauptschulzeit nicht. Aber ich hatte meine Freunde im Rücken und fühlte mich wohl in meiner Klasse, das machte einen großen Unterschied. Mal wurde jemand nicht versetzt, aber ansonsten blieben wir von der siebten bis zur zehnten Stufe zusammen. Ein Gemeinschaftsgefühl entstand, das ich so sehr vermisst hatte. Wenn ich oder auch wir als Clique nun Ärger hatten, dann weil wir uns als Hauptschüler gegen die Schüler von der Realschule oder vom Gymnasium behaupten mussten, von denen einige sich als etwas Besseres fühlten. Von denjenigen, die mich in der Orientierungsstufe fertiggemacht hatten, gingen die meisten auf diese Schulen. Den Gymnasiasten begegneten wir nicht so oft, die Realschüler aber waren unsere direkten Nachbarn, wir teilten uns einen Hof und wurden häufig provoziert. Wenn ich sah, dass jemand von uns blöd angemacht wurde, ging ich dazwischen.

Ich war noch immer ein sehr unsicherer Mensch und hinterfragte mich ständig. Wenn die anderen erzählten, was sie alles zu Weihnachten bekommen hatten, traute ich mich nicht, die Wahrheit zu sagen: Wenig, nur Kleinigkeiten. Also erfand ich teure Uhren und Designer-Schuhe, tausende Sachen, die ich nur leider nicht in der Schule tragen dürfe, weil sie zu wertvoll seien. Wahrscheinlich war allen von der ersten Sekunde an klar, dass ich log.

Die Monate und Jahre in der Orientierungsstufe hatte ich nicht vergessen, geschweige denn verarbeitet. Aber ich zeigte es nicht. Ich trat auf, als hätte ich inzwischen ein enormes Selbstbewusstsein. Ich wollte nicht mehr verletzlich sein. Und mein Verhalten zeigte ja den gewünschten Effekt: Trat ich so auf, kamen mir die anderen Schüler weniger dumm. Damals sagte ich mir: Jetzt musst du stark sein, lass dir nichts gefallen. Ich hatte noch immer viel Wut im Bauch. Unsere ganze Clique umgab diese Aura, dieser Schutzpanzer: Leg dich lieber nicht mit uns an. Dabei waren meine Mädels und Jungs alles herzensgute Menschen. Wenn einer von uns eine gute Note hatte, feierten wir uns gegenseitig. Als ich immer besser wurde, sagten sie zu mir, während sie mich freundschaftlich boxten: »Tuğba, was ist los, bist du jetzt eine Streberin, oder was?« Da war Freude, keine Missgunst, kein Neid.

Daheim erzählte ich immer noch nichts von dem, was gelegentlich auf dem Schulhof vorfiel. Eigentlich war ich ja glücklich. Ich wollte niemanden beunruhigen. Wenn wir Geschwister zusammen waren, fühlten wir uns stark und sicher, es entwickelte sich eine ganz eigene Dynamik, auch wenn manche von uns eher ruhig und zurückhaltend sind. Um meine Gedanken aus dem Kopf zu bekommen, schrieb ich sie auf einzelne Blätter, die ich danach verbrannte oder zerriss. Das war meine Art der Verarbeitung. Wie es wirklich in mir aussah, wussten nur mein Gehirn und das Papier.

Tezcan war diejenige, die am meisten von mir mitbekam. Wir teilten uns ein Zimmer, und abends, wenn im Haus Ruhe eingekehrt war und wir in den Betten lagen, redeten wir. Über Dinge, die in der Schule passiert waren, aber auch außerhalb. Viel sagte ich nicht, weil es für mich normal geworden war, ungerecht behandelt oder beleidigt zu werden. Einiges erzählte ich nebenbei. Wenn mich jemand für etwas verantwortlich machte, das ich gar nicht getan hatte zum Beispiel. Tezcan wurde oft richtig wütend und stand dann auf einmal stramm mitten im Zimmer:

»Aber ich hoffe, du hast das aufgeklärt!« Ich schüttelte meist den Kopf. Ich war stärker geworden, aber nicht stark genug, um konsequent Kontra zu geben. Manchmal endeten solche Gespräche damit, dass ich weinen musste und Tezcan mich in den Arm nahm.

Es gab noch genug Schülerinnen und Schüler, die schlecht über mich redeten, inzwischen auch per Handy und in Chatprogrammen wie ICQ. Meine Geschwister und ich hatten weder das eine noch das andere. Aber ich bekam mit, dass andere dort über mich lästerten. Derselbe Mist wie immer: Meine Familie sei asozial, meine Eltern hätten es aufs Kindergeld abgesehen, ich sei eigentlich ein Junge. Freunde erzählten mir auch mal davon, während Tezcan dabeistand, der-und-die-haben-das-und-dies-über-dich-verbreitet. Ich reagierte unbeeindruckt: »Ja, ich weiß, das haben sie mir auch schon ins Gesicht gesagt.« Meine Schwester war fassungslos. »Tuğba, spinnst du? Wie kannst du dir das gefallen lassen? Wie die über dich reden, das geht nicht!«

Wenn ich mich stritt, konnte ich mich nicht gut ausdrücken. Ich reagierte aggressiv und wütend, das war nicht gut. Tezcan war anders. Sie ratterte mit Worten los wie ein Maschinengewehr, und sie wirkte dabei immer überlegt. Wenn sie von Unrecht mir gegenüber erfuhr, nahm sie sich ein Telefon, rief bei dem Mädchen oder dem Jungen an und mit jedem Satz, den sie sagte, spürte ich, wie die Mitschüler am anderen Ende der Leitung kleiner und stiller wurden. Tezcan war meine jüngere, große Schwester, die mich so gut verteidigte, wie ich es nie gekonnt hätte. Ich liebte sie dafür.

WER BIN ICH?

Ich wollte nicht länger diejenige sein, der kaum jemand etwas zutraute. Der Fußball zeigte mir, wie viel ich draufhatte. Auf dem Bolzplatz mit Erdal, Hassan und Enver sowie bei Schulturnieren, an denen wir mit einer Mannschaft teilnahmen, fühlte ich mich wohl. Ich nahm mir eine Sache vor: Ich wollte zeigen, was in mir steckt.

Ich klemmte mich öfter und länger hinter die Schulaufgaben. Und ich verstand, wie ich auftreten musste, um weniger anzuecken und mit den anderen zurechtzukommen. Ich war nicht so hübsch wie Angelina oder Nil, ich kam nicht aus besseren Verhältnissen wie Monika, ich hatte nicht die Ausstrahlung der Jungs. Aber ich war witzig, und ich konnte gut Geschichten erzählen. Ausgerechnet ich, die früher den Mund nicht aufbekommen hatte, schmückte Erlebnisse aus dem Unterricht, den Pausen oder vom Bolzplatz inzwischen besonders kreativ aus. Ich wusste, dass ich übertreibe, die anderen wussten, dass ich übertreibe, aber das war egal. Alle lachten. »Tuuuğba, wie du immer drüber bist, so war das doch gar nicht«, sagte Erdal dann, der oft beides erlebte, Original und Erzählung. Ich imitierte Lehrer wie Mitschüler; meine Interpretation von Angelinas lustigen Lachanfällen zum Beispiel war sehr gefragt. Ich war ein Clown, der ernstgenommen und schließlich zur Klassensprecherin gewählt wurde.

Ich fühlte mich wieder mehr wie das kleine Mädchen vom Spielhaus. Es war die ganze Zeit bei mir gewesen, ich hatte es nur aus den Augen verloren. Meine Clique und der Bolzplatz hatten mich verändert und befreit. Ich konnte mein unbeschwertes Ich wiederfinden. Gemeinsam mit der Spielhaus-Tuğba setzte ich mir große Ziele: Ich wollte den Realschulabschluss schaffen. Meine Freundinnen und Freunde wunderten sich, aber davon ließ ich mich nicht bremsen. Auf einmal stimmte das ganze Paket. Meine Noten verbesserten sich weiter, ich wurde auch außerhalb meiner Klasse von den meisten meiner Stufe akzeptiert und musste mir weniger Sprüche anhören. Ich spürte jene Anerkennung, nach der ich mich so lange gesehnt hatte.

In der neunten Stufe stand die Wahl des Schulsprechers an. Wer Klassensprecher war, konnte sich aufstellen lassen. Ich traute mir das nicht zu und wollte erst nicht. Aber die anderen unterstützten mich. »Du musst, Tuğba! Du kannst doch auch am besten reden von uns«, sagten sie. »Du hast dann voll die Möglichkeiten, manchmal musst du wegen Besprechungen dann nicht am Unterricht teilnehmen!« Und, klar, es ging auch um Forderungen: Die Haupt- und die Realschule teilten sich zwar den Hof, nicht aber den Kiosk – da gab es zwei unterschiedliche. Die Realschüler konnten sich an ihrem zum Beispiel Kakao und Waffeln kaufen, die Hauptschüler nicht. Die Realschüler feierten ihre Zeugnisübergabe zum Abschied mit einem Fest, wir nicht. Sie machten Ausflüge, wir nicht. Das wollten wir auch. Ich besprach mit den Leuten aus meiner Klasse, was sich alles verändern musste. Abgesehen von »jeden Tag schulfrei!« kamen auch konstruktive Vorschläge. Mein Programm stand also bald, und ich fasste vor den anderen noch einmal zusammen, was ich erreichen wollte. Alle Schülerinnen und Schüler unserer Schule gaben ihre Stimmzettel in einer großen Pause ab. Anschließend werteten die Lehrer die Wahl aus. Ich gewann. Ich. Gewann.

Als das Ergebnis in einer Pause ausgehängt wurde, schüttelte ich den Kopf und konnte nicht aufhören zu grinsen. Meine Jungs boxten mich in die Schulter, meine Mädels umarmten mich. Ich wusste nicht, wie mir geschah. In dieser Phase war ich so selbstbewusst, wie ich es mir all die Jahre gewünscht hatte. Zuhause erzählte ich mehr von dem, was ich erlebte. Natürlich auch, dass ich zur Schulsprecherin gewählt worden war, wie vor mir Düzen und Tuna in Hannover-Linden. Meine Eltern freuten sich sehr.

Bei der ersten Besprechung mit den Lehrern war ich sehr nervös. Wieder hatte ich vorab mit Leuten aus allen Klassen besprochen, was uns gerade wichtig war. Aber jetzt musste ich unsere Anliegen auch wirklich vertreten, im Lehrerzimmer. Ich übernahm, was ich beim Fußballspielen gelernt hatte: Wenn du gut bist, kann keiner auf dich verzichten, dann sitzt du nicht auf der Bank, du spielst. Meine Klassenlehrerin war wahrscheinlich am meisten stolz auf mich, mit ihr war ich ständig im Austausch, sie gab mir Tipps und beriet mich, wie ich am geschicktesten Themen ansprechen könnte. Ich kam häufig über emotionale Zusammenhänge. Wenn mir Argumente fehlten, fing ich damit an, welche Bedeutung und Anerkennung es für jeden einzelnen Hauptschüler hätte, wenn wir uns besser behandelt fühlen würden. Angefangen mit dem Kakao am Kiosk.

Ich hatte endlich verstanden, dass ich viel Gutes in mir hatte. Und ich wusste, wem ich diese Erkenntnis zu verdanken hatte. Als ich während der neunten Klasse das Angebot bekam, auf die Realschule zu wechseln, tat ich es nicht. Es fühlte sich falsch an, meine Mädels zu verlassen, vor allem fühlte es sich falsch an, Hassan, Erdal und Enver zu verlassen. Ich hatte das Gefühl, ich würde sie im Stich lassen. Sie waren in der Orientierungsstufe meine einzigen Freunde gewesen. Sie hatten mich mit auf den Bolzplatz in Kronsberg genommen und damit den Fußball zurück in mein Leben gebracht. Sie hatten mich so angenommen, wie ich war. Und welche Aussichten hatte ich, wenn ich auf die Realschule ging? Ich würde womöglich abermals ausgegrenzt werden. Alles würde noch einmal von vorn losgehen. Also blieb ich.

Auf der Hauptschule ging es nicht mehr darum, ob jemand Ausländer oder Deutscher war. Hier waren die Schülerinnen und Schüler mit Zuwanderungsgeschichte schließlich in der Überzahl. Allerdings war es in den ersten Jahren auf der Hauptschule auf einmal Thema, dass ich Kurdin war. In der siebten Klasse sollten wir in Erdkunde auf einer Weltkarte eine Stecknadel dorthin setzen, wo unsere Familie herkam. Ich pinnte sie in den Südosten der Türkei und sagte: »Hier, aus Kurdistan.« Ich weiß nicht mehr, ob es türkische Klassenkameraden oder andere waren, die Reaktion jedenfalls war: »Das Land existiert doch gar nicht, was redest du da?«

Andere Male bekam ich auf dem Schulhof in Pausen zu hören: »Du bist doch keine Kurdin, du bist Türkin, Berg-Türkin, määääh!« Wenn Kurden und Kurdistan vermeintlich nicht existierten, wollte ich mit dem Jesidentum erst gar nicht anfangen – sondern am liebsten ein deutsches

Mädchen sein, das sein konnte, wer sie war, und das nicht eingespannt war zwischen zwei Kulturen. Was ist richtig, was ist falsch, muss ich mich endgültig für eine Seite entscheiden? Tuna erzählte mir, dass es ihr ähnlich erging seit dem Umzug nach Berenbostel. Es begann eine Ausgrenzung, die sie in Linden nie gespürt hatte. Sie konnte nicht verstehen, warum sie von einigen Schülerinnen und Schülern nicht gemocht wurde.

Ich hätte mehr darauf bestehen können, dass es diese Völkergruppe sehr wohl gab, hätte erklären können, dass sie unterdrückt wurde und die jesidische Glaubensgemeinschaft noch dazu verfolgt. Aber ich hatte nicht das Gefühl, dass sich jemand für das Thema interessierte. Meine Jungs wussten als Kurden und Jesiden natürlich Bescheid, aber auch mit ihnen sprach ich nicht darüber. Wir fragten uns nicht groß, wie es denn beim anderen zu Hause war, welche Feste wir feierten, was Familie für uns bedeutete. Dabei hätte ich gern erzählt, wie schön ich es finde, dass wir so viele waren, wie lecker kurdisches Essen schmeckte, wie sehr Gastfreundschaft unsere Kultur prägte, wie schlau Düzen war, wie cool meine Brüder waren und wie witzig meine Eltern sein konnten. Vor allem hätte ich gern denjenigen meine Welt gezeigt, die mich als asozial und meine Familie als Schmarotzer beleidigten, obwohl sie uns gar nicht kannten. Doch ich präsentierte diesen Teil meiner Identität nur in sehr kleinen Auszügen der Öffentlichkeit.

In der Schule war ich die coole und witzige Tuğba, zu Hause die treue Tochter, die alles für ihre Eltern tat und dafür geschätzt wurde, auf dem Bolzplatz ganz und gar unerschrocken. Ich wollte die gleichen Privilegien wie meine Freundinnen und später Teamkolleginnen und die gleichen Rechte wie die Jungs genießen. Ich wusste, wie ich mich in welcher Gruppe verhalten musste, um akzeptiert zu werden. Wenn ich meinem damaligen Ich heute gegenüberstehen würde, lautete meine wichtigste Botschaft an mich selbst: »Du bist okay so, wie du bist. Steh für deine Wünsche ein, kämpfe für deine Bedürfnisse. Es geht nicht darum, was andere denken, sondern darum, was du willst und fühlst.« Ich war wie ein Chamäleon, das sich anpasste, um nicht gefressen zu werden. Für den Moment fühlte sich das gut an, so kam ich wunderbar durch. Abends im

Bett aber fing ich an, darüber nachzudenken, wieso ich nicht sein konnte, wie ich war: Eine Mischung aus allen drei Tuğbas. Ich hatte das Gefühl, dass niemand diese wahre Tuğba wollte, dass sie zu gutherzig und zu lieb war, zu schwach, um durchs Leben zu kommen. Zu oft hatten mich die Leute beleidigt und waren auf meinen Gefühlen herumgetrampelt.

Die Frage danach, wer ich bin, war allgegenwärtig. Und sie kam nach meinem zwischenzeitigen Gefühlshoch als Schulsprecherin wieder stärker auf, als sich die Schulzeit dem Ende näherte. Viele um mich herum wussten genau, was sie für eine Ausbildung machen oder auf welche Schule sie im Anschluss gehen wollten. Ich war mir nicht sicher. Profifußballerin war mein Traum, klar, aber das war so weit weg für mich wie eine Reise auf den Mond. Und da bahnten sich die Gedanken wieder in meinen Kopf: Du bist zu nichts zu gebrauchen. Was kannst du eigentlich? Alle wissen, wie es weitergeht, nur du nicht! Es reichte ein blöder Spruch auf dem Pausenhof, der mir sonst nichts mehr ausgemacht hätte, um mich wieder aus dem Gleichgewicht zu bringen. Ich war gleichzeitig die beliebte Schulsprecherin und die eingeschüchterte Fünftklässlerin aus der Orientierungsstufe.

Zum Ende der zehnten Stufe wurden wir von der Hauptschule Berenbostel verabschiedet, wie wir es uns gewünscht hatten: Mit einem Fest. Als Schulsprecherin hielt ich eine Rede. Ich hatte mir alles fein säuberlich aufgeschrieben und war meine Sätze dutzende Male vor dem Spiegel durchgegangen. Niemand sollte an meinem Auftritt etwas zu mäkeln haben. Ich sprach über die vergangenen Jahre, über gewonnene Fußballturniere, über ein verändertes Kioskangebot, über Ausflüge und Konflikte. Dieser Rückblick sollte zeigen, was wir alles erreicht und erlebt hatten – und verdeutlichte mir selbst, dass das auch für mich ganz persönlich galt.

Ich hatte meinen erweiterten Abschluss geschafft, mich aber nicht um einen Ausbildungsplatz gekümmert, weil ich eben nicht wusste, was ich werden wollte – und, weil ich das nächste Ziel anvisiert hatte: Ich wollte auf eine Wirtschaftsschule gehen, mein Abitur machen und mich dann an einer Universität einschreiben, wobei ich mich für die Fachrichtung noch nicht entschieden hatte. Düzen hatte durch die Uni ihre Freiheit gefunden,

Papa hatte uns jahrelang eingetrichtert, wie wichtig Bildung sei, und er fand, dass alle seine Kinder so lang wie möglich auf die Schule gehen und im Idealfall studieren sollten. Der Gedanke hatte sich festgesetzt. Ich wollte herausfinden, was mir wirklich gefiel. Ich wollte endlich ich sein.

ELF FREUNDE

Was ich in all diesen Jahren immer gespürt habe, ist ein Urvertrauen. Diese Liebe zwischen mir und meinen Geschwistern und meinen Eltern. Auch wenn es an einigen Tagen Streit gab und davon dann nur wenig zu merken war. Auch wenn ich manchmal das Gefühl hatte, dass meine Probleme nicht verstanden würden. Aber spätestens, als ich Fußball im Verein spielen wollte und in meinen Geschwistern Verbündete bei der Umsetzung dieses Wunsches fand, wusste ich, wie stark das Band zwischen uns war. Wir waren füreinander da: Muhterem, Tekin, Düzen, Tuna, Timur, Tina, Tuğba, Tezcan, Taner, Tamer und Tülin, wir waren immer ein Team.

Ich begriff als Jugendliche erstmals so wirklich, was ich an meinen Geschwistern hatte. Von den Älteren wurde ich ernst genommen, sie unterhielten sich mit mir, nahmen sich Zeit für mich. Die Jüngeren gaben mir das Gefühl, dass sie mich als große Schwester brauchten. Wir wohnten im Industriegebiet und je älter wir alle wurden, desto lauter war es an unserem Tisch, weil Mama weniger einschritt. Früher hatte ich mich oft gefragt, was meine Freunde wohl denken würden, wenn sie zu uns kamen, und nun, wo ich sie tatsächlich einlud, erfuhr ich es: »Boah, das ist aber laut bei euch, wie hältst du das aus?« Meine Stimmbänder quetschten ein verlegenes Lachen hervor und dazu die entschuldigende Erklärung: »Es ist nicht immer so laut bei uns!«, was natürlich nicht stimmte. Aber es war eben auch so: Manche Freunde von meinen Geschwistern waren ständig bei uns, weil sie diese Lautstärke, diese Gemeinschaft liebten. Der Trubel gefiel ihnen; mehr als ein oder zwei Schwestern und Brüder zu haben, war für sie beeindruckend.

Es gibt aus der Zeit von damals kein einziges Bild, auf dem wir alle gemeinsam zu sehen wären. Überhaupt gibt es nur ein solches Foto. Nach der Hochzeit von Tamer im Sommer 2022 – ein riesiges, wunderschönes Fest – konnte ich meine Geschwister dazu überreden. Wir trafen uns am nächsten Tag zum Essen, und ich versammelte alle auf einem Spielplatz. Natürlich wollten sie nicht. Die eine war verkatert, der andere hatte ein Shirt an, das ihm nicht gefiel, die nächste hatte sich nicht geschminkt. Aber ich blieb beharrlich. »Ihr seid selbst schuld, gestern auf der Hochzeit wolltet ihr nicht, als wir so schöne Kleider und so schicke Anzüge anhatten«, sagte ich. »Stattdessen laufen wir heute rum wie die Lumpis, aber es gibt keinen Notausgang!« Das Foto ist wirklich nichts Besonderes geworden. Aber wenigstens haben wir jetzt eines, wo wir alle dreizehn drauf sind.

Muhterem ist die Erstgeborene. Zwischen uns liegen vierzehn Sommer, und viele Jahre lang war sie mehr Mama als Schwester für mich. Mein Respekt vor ihr war groß. Wenn Muhterem etwas sagte, hörten wir alle auf sie, ihr war immer eine Mischung aus Durchsetzungskraft und Liebe zu eigen, mit der sie sich um uns kümmerte. Bis heute macht sie das, sich kümmern. Sie war stets die treue, jesidische Tochter und dabei immer die Verbündete jener Geschwister, denen diese Rolle nicht passte – was auf alle zutraf, die in Deutschland geboren worden waren. Auf Muhterem war und ist immer Verlass. Sie arbeitete viele Jahre als Arzthelferin und war damit quasi unsere Gesundheitsmanagerin, die Termine vereinbarte und uns daran erinnerte, auf die eigene Gesundheit zu achten.

Auch *Tekin* war der verlängerte Arm unserer Eltern. Und für mich war er immer ein Förderer. Er sorgte dafür, dass ich Fußball spielen konnte. Erst, indem er mich zum Hallentraining seiner Rugby-Jungs mitnahm; für ihn war das völlig normal, auch er unterschied nicht zwischen Mädchen und Jungen. Dann, indem er nach einem Verein für mich suchte, mich ohne Wissen unserer Eltern anmeldete und den Mitgliedsbeitrag zahlte. Tekin und Düzen überzeugten Mama und Papa, er wollte alles auf seine Kappe nehmen, sollte etwas schiefgehen. Er sah mein Talent. Wäre er nicht so beharrlich gewesen, hätte ich mich vielleicht nie so sehr befreien können von meiner Unsicherheit und wäre nie die geworden, die ich heute bin. Ohne Tekin hätte ich nicht zum TSV Havelse gefunden. Mein ältester Bruder war Rugby-Nationalspieler, er konnte meine Sport-Faszination bestens nachvollziehen. Wenn wir abends gemeinsam Filme schauten, verschwand Tekin oft kurz nach draußen zu seinem Auto und kam mit Schokolade, Weingummi oder Chips zurück. Er verwöhnte uns mit Süßigkeiten – und mit Umarmungen. So oft wie von Tekin wurde ich in meiner Jugend von niemandem gedrückt.

Düzen, unsere Inspirationsquelle, unser Duracell-Hase. Seit ich sie kenne, strahlt sie eine besondere Kraft und Energie aus. Sie fordert uns ununterbrochen, was manchmal auch anstrengend sein kann – aber für unsere Entwicklung sehr wichtig war. Sie wollte immer, dass wir unser Potenzial ausschöpfen und ließ es uns mit großer Ehrlichkeit und Direktheit wissen, wenn wir das ihrer Meinung nach nicht taten. Du brauchst einen Rat? Sie gibt dir den Besten! Alle meine Geschwister gaben mir Selbstbewusstsein. Aber ohne Düzen würde ich niemals mein heutiges Leben leben. Sie ist bis heute eine Mutmacherin. Sie findet die richtigen Worte, egal, in welchem Moment. Das ist eine echte Kunst. Wir hingen immer an ihren Lippen. Sie erzählte uns, was sie zuvor in der Zeitung gelesen oder in Gesprächen mitbekommen hatte und teilte ihre Träume und Visionen mit uns. Sie wollte uns klarmachen, dass so viel mehr möglich ist, als es uns traditionelle Vorstellungen weismachen wollten.

Dafür bekam sie eine Menge Groll ab: Düzen ist zu Deutsch, Düzen ist zu freiheitsliebend, wieso kann Düzen nicht sein wie alle anderen? Aber sie wollte einfach nur frei sein. Dieser Wunsch stärkte ihren Willen – und wir konnten uns an ihr orientieren. Sie war die Erste von uns Tekkals, die studierte, und die Erste, die unverheiratet auszog. Unsere Eltern wollten gebildete, weltoffene Kinder, gleichzeitig waren ihnen Tradition und Bräuche wichtig. Dass sie sich durchsetzte, als sie nach Bielefeld an die Universität durfte, war eine große Sache. Aber Mama und Papa sahen schließlich ein, dass sie ihre in Deutschland Erstgeborene nicht würden aufhalten können.

Tuna holt uns alle runter. Ohne sie würde uns Schwestern in Berlin die gute Seele fehlen. Wahrscheinlich wären wir auch längst verhungert, denn sie ist es, die uns umsorgt und für uns alle kocht. Wie Muhterem ist auch Tuna in abgeschwächter Form Schwester und Mutterfigur in einem. Mit einer ruhigen, unaufgeregten, toleranten, liebevollen Art. Tuna bewertet nicht. Ich kann mich ganz bei ihr fallen lassen, wenn ich ihr erzähle, was ich erlebt habe und welche Gedanken durch meinen Kopf jagen. Ich habe keine Angst, ihr zu offenbaren, was ich vor anderen verberge. Wir ähneln uns sehr in unserem Wesen. Sie ist unglaublich stark, ohne zu wissen, dass sie unglaublich stark ist.

Mit *Timur* verbinde ich meine Kindheit, er hat mich überallhin mitgenommen. Ich musste dann alles mitmachen, was die Jungs taten, aber das war ja genau das, was ich wollte. In einem Haufen quirliger Kinder war er der geordnete. Wenn wir geweckt werden mussten, war er schon wach. Wenn wir unsere Sachen packten, stand er schon bereit. Seine Aufgaben erledigte Timur immer sofort, ich kann mich nicht daran erinnern, dass er Hausarbeit oder Hausaufgaben nicht ohne Umweg fertiggemacht hätte. Als er seine erste Freundin hatte, war ich total eifersüchtig, weil ich dachte, ich würde nun meinen Bruder als besten Freund verlieren. Seit sechs Jahren pflegen wir ein Ritual: Tülin und ich reisen mit Timur, seiner Frau und seinem Sohn in den Urlaub. Und dann ist es ein bisschen wie früher, wenn wir zusammen losgezogen sind.

In der Mitte von uns elf Geschwistern steht *Tina*. Mehr als wir alle ist sie eine Weltenbummlerin. Ihr Freiheitsdrang ist noch größer als der von Düzen. Sie hat in London und Paris gelebt, nun ist Lissabon ihr Zuhause. Bräuche, familiäre Gewohnheiten, kulturelle Regeln hinterfragte sie früh. Wieso? Weshalb? Warum? Sie wollte es immer genau wissen und eine gute Begründung geliefert bekommen, wenn sie sich an etwas halten sollte. Sie war viel schlauer als wir alle. Ich verbinde Wärme und Unbeschwertheit mit ihr, gemeinsam erlebten wir das Spielhaus. Wir tanzten, hatten ähnliche Freunde, die Zeit dort schweißte uns zusammen.

Von *Tezcan* gibt es ein Foto als Dreijährige, auf dem sie breitbeinig dasteht, fordernd in die Kamera blickt, die Hände hat sie in die Hüfte gestemmt. Diese entschlossene Position fängt ganz gut ihr Wesen ein, das sie von klein auf hatte. Tezcan bekam alles, was sie wollte, ohne, dass sie groß darum streiten musste. Sie hatte nicht viel Mühe, das war ihre Magie, ich wäre gern hinter ihr Geheimnis gekommen. Mit den Jahren wich die Eifersucht einer Freundschaft. Wir teilten uns als Teenies ein Zimmer. Ich erlebte es mit, wenn sie Probleme hatte, sie war bei meinen dabei – und wurde zu einem großen Halt für mich. Aus meiner Familie kannte mich damals niemand besser als sie. Wenn ich etwas erzählen wollte, dann erfuhr Tezcan es. Da die Geschichten meist so abliefen, dass mir ein Unrecht widerfahren war und ich nicht konsequent für mich einstand, schüttelte sie mich dann – und forderte Gerechtigkeit für mich ein. Sie ist drei Jahre jünger, passte aber auf mich auf, als wäre sie drei Jahre älter.

Können Windeln zur Grundlage einer Beziehung werden? Bei *Taner* werde ich jedenfalls immer daran denken, dass ich ihn wickelte und mir mit ihm das Bett teilte, als wir Kinder waren. Seine Meinung ist mir sehr wichtig. Er denkt groß. Er ist schlau. Nach außen wirkt er oft sehr hart und verschlossen, aber er hat den weichsten Kern von uns allen. Timur, Taner und Tamer besitzen drei Dean-und-David-Filialen in Hannover, und die Mitarbeiter mögen ihn sehr. Er hat ein riesengroßes Herz unter seiner coolen Hülle. Taner würde definitiv sein Leben für die Familie geben. Als Mama im Krankenhaus lag zu Corona-Zeiten und wir nicht zu ihr aufs Zimmer durften, wäre er am liebsten reingestürmt, weil er sie unterstützen wollte. Er ist uns allen so verbunden, dass er sich für jede und jeden von uns aufopfern würde, ohne zu zögern. Es gibt nicht viele Menschen, die so sind.

Ich wusste viele Jahre nicht, was es heißt, das Leben zu genießen. Ich wurde diesen schweren Rucksack einfach nicht endgültig los, den ich seit der fünften Klasse trug, und lange auch nicht die Zweifel in meinem Kopf. Ich hinterfragte mich permanent und wäre der Fußball nicht gewesen, ich hätte mich wohl nie davon befreit. *Tülin* brauchte keine Hilfe von außen. Sie wurde während der Schulzeit ähnlich wie ich diskriminiert, weil manche eine Schublade suchten und keine fanden für ein Mädchen, das sich lässig anzieht und nicht auftritt, wie das typischerweise erwartet wird. Aber sie ließ so etwas gar nicht erst an sich ran. Sie hat früh ihre eigene Formel gefunden: Die Leute, die wichtig sind in meinem Leben, sind nicht überfordert von mir.

Sie ist ein Quell von purer Freude, der Inbegriff von Spaß, ein Genussmensch durch und durch. Tülin verliert keine Zeit, sie lebt im Hier und Jetzt, ich kenne niemanden, der so konsequent und selbstverständlich seinen Bedürfnissen folgt. Das bewundere ich, und ich hätte gern selbst mehr davon, statt es ständig allen Recht machen zu wollen und am Ende überfordert damit zu sein. Und so, wie Tezcan mich verteidigte, nahm Tülin mich an die Hand, damit ich mich amüsierte. Mit ihr war ich so viel unterwegs, auf so vielen Veranstaltungen. Eigentlich wäre das meine Aufgabe gewesen, sie ist schließlich sieben Jahre jünger. Ich erinnerte sie oft daran, dass doch ich ihre große Schwester sei, aber wie Tezcan wird auch Tülin das Gefühl nicht los, auf mich aufpassen zu müssen.

Keine Tülin ohne *Tamer*. Unsere Zwillinge. Mama war bei der Geburt 42 Jahre alt, die Ärzte rieten ihr davon ab, das werde nicht gut gehen, das Risiko für die Gesundheit der Kinder und der Mutter sei zu groß. Aber sie sagte: »Ich kenne meinen Körper. Ich werde zwei gesunde Kinder auf die Welt bringen, ich weiß das.« Die beiden haben viel Stimmung, Liebe und Freude in unsere Familie gebracht, das blühende Leben. Beide sind so zuckersüß und so unterschiedlich. Tamer ist der Jüngste, unser Nesthäkchen. Genauso behandeln wir ihn alle. Er ist sehr laut, sehr witzig, sehr frech, schon als Kind war er das. Wenn ich auf ihn aufpasste, band ich eine Schnur um seinen Arm, damit ich ihn festhalten konnte, er wäre sonst überall hingelaufen und verschwunden. Tamer ist immer gut drauf. Wirklich immer. Davon hätte ich auch gern mehr, aber ich habe noch nicht herausgefunden, wie er das macht!

Unser großer Traum ist es, einmal alle gemeinsam in den Urlaub zu fahren. Unsere Eltern, wir Geschwister, die Kinder meiner Geschwister. Wir wollen mehr Zeit miteinander verbringen. So wirklich kommen wir nämlich nur an Weihnachten alle zusammen. Unsere Eltern leben inzwischen in einer Wohnung, auch mit der nächsten Generation von Tekkals passen wir noch alle hinein, aber es ist sehr eng. An den Weihnachtstagen fühle ich mich so sehr als Kind, wie ich es sonst vielleicht nie tue. Es ist immer sehr viel los, sehr laut. Wir sind so froh, uns zu sehen und diskutieren dabei ständig: Ich will in diesem Bett schlafen, ich will aber da schlafen, ich kann aber nicht auf der Matratze liegen, ich hab‘ Rücken, ich hab dies, ich hab das. So geht das ständig. Inzwischen teilen wir uns auf, Tekin, Timur und Taner leben ja in Hannover, jeder schläft wo anders. Und an einem Weihnachtsfeiertag wird bei einem unserer Brüder gegrillt.

An Heiligabend steht Düzen in der Küche und kocht. Traditionelle, deutsche Gerichte. Einen Braten, dazu Rotkohl und Kartoffeln zum Beispiel. Tuna bereitet Salate zu, Tezcan den Nachtisch und ich helfe, wo ich kann. Am Tisch das gleiche Spiel wie früher: Alle wollen auf einmal erzählen, zwischendurch wird geschrien, dann wird gestritten, zwischendurch gegessen, irgendjemand ist beleidigt und verlässt den Raum, dann haben sich wieder alle lieb. Den Abwasch erledigen meist Tezcan, Tülin und ich, dann gehen wir ins Wohnzimmer für die Bescherung, während wir Nachtisch essen. Früher haben wir uns alle gegenseitig etwas geschenkt. Aber das war einfach zu viel Aufwand, zu viel Chaos, außerdem hat es viel zu lange gedauert, bis alles ausgepackt war und sich jeder ausgiebig bedankt hatte für seine Geschenke. Deshalb Wichteln wir – aber wir haben uns noch nie an die Regeln gehalten, alle bekommen trotzdem immer mehr als ein Geschenk.

Weihnachten ist immer auch eine einzige große Familientherapie. Während der Bescherung werden nicht nur Geschenke ausgepackt, sondern auch Rückblicke geteilt. Was lief gut, was weniger gut, was hat einen besonders aufgeregt? Wir sind da sehr ehrlich und direkt zueinander. Es geht auch um Wünsche, um Ziele für das nächste Jahr. Wollen wir als Familie alles beibehalten, wie bisher? Wie können wir uns gegenseitige besser unterstützen? Das ist anstrengend, manchmal fließen Tränen, aber wir würden niemals darauf verzichten. Die Meinung der anderen ist uns viel zu wichtig.

Überhaupt reden und reden und reden wir. Bis drei oder vier Uhr morgens. Und selbst dann sind wir noch nicht alle Wörter losgeworden, am nächsten Morgen reden und reden und reden wir wieder. Es gibt immer zwei, drei Kandidaten, die schlafen wollen und natürlich sind es ausgerechnet die, die im Wohnzimmer übernachten, wo wir gerade alle sitzen. Es ist immer das gleiche, es wiederholt sich alles, ich fühle mich wie in einem Sketch von Loriot: »Jetzt ist doch mal genug, ich will schlafen!« Keine Reaktion. »Ich bin müde, ich will schlafen! Wir können doch morgen weiterreden.« Dann reagiert jemand: »Also jetzt stell dich doch nicht so an, wenn wir schon mal alle zusammenkommen!« So geht das hin und her, bis eine Seite sich durchsetzt, wir noch eine halbe Stunde reden und dann doch alle zu müde sind und wir uns hinlegen.

Zu unserer Tradition zählt inzwischen auch, den Film *Der Pate* anzuschauen. Wir tun jedes Mal so, als wäre es eine Premiere. Dabei können wir alle die Dialoge mitsprechen. Wir verteilen die Trilogie immer auf drei Tage. Jedes Mal unterbricht Tuna den Film, weil sie spazieren gehen möchte. Also gehen wir spazieren. Zehn Minuten. Dann wollen alle anderen wieder zurück, um den Film fortzusetzen. Wenn wir bei der Szene angekommen sind, in der Don Corleone Spaghetti isst, drücken wir auf Pause. Taner stellt sich an den Herd und kocht uns Nudeln mit Tomatensoße. Erst wenn alle einen Teller haben, schauen wir weiter. Sogar Mama und Papa, mit denen wir ansonsten lieber kurdische Dokumentationen oder türkische Serien und Filme anschauen.

So, wie Düzen an Heiligabend für alle kocht, verfalle auch ich in meine frühere Rolle. Vielleicht habe ich sie im Familienkreis auch nie wirklich abgelegt. Jedenfalls bin ich meistens diejenige, die ständig in Bewegung ist. Bevor Mama etwas macht, mache ich es. Ich kümmere mich gern, ich möchte, dass sich alle wohlfühlen. Nach diesen Tagen bin ich dann jedoch oft wie erschlagen und beschwere mich: »Alles habe wieder ich gemacht!«, was inzwischen quasi auch schon zur Tradition gehört. Und in den Tagen nach dem Abschied vermissen wir uns alle so furchtbar, dass wir uns wünschten, nächste Woche wäre wieder Weihnachten.

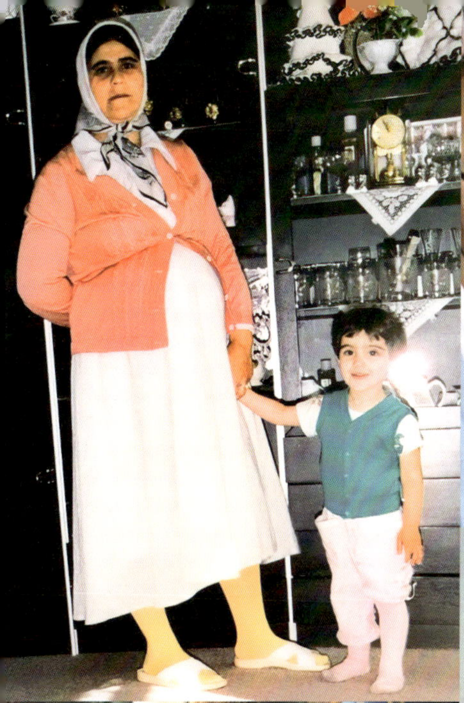

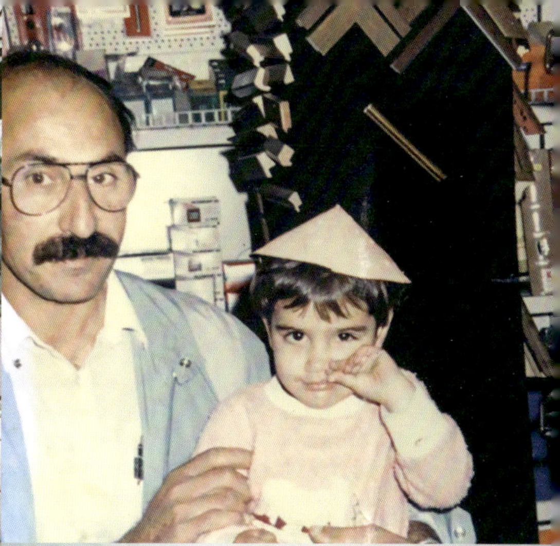

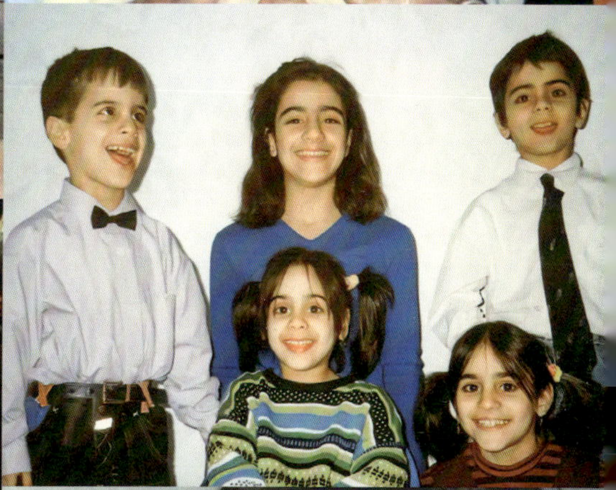

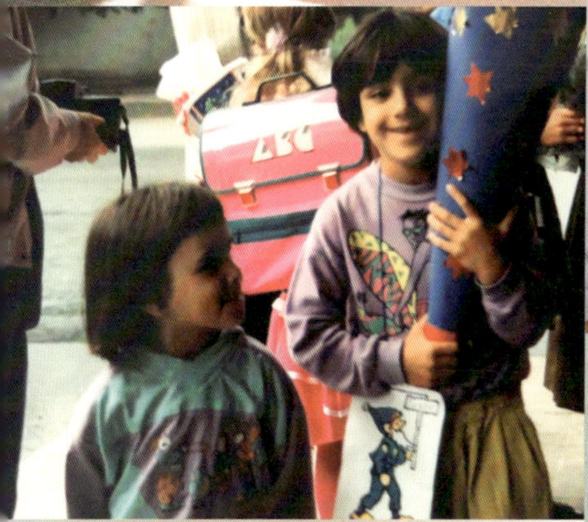

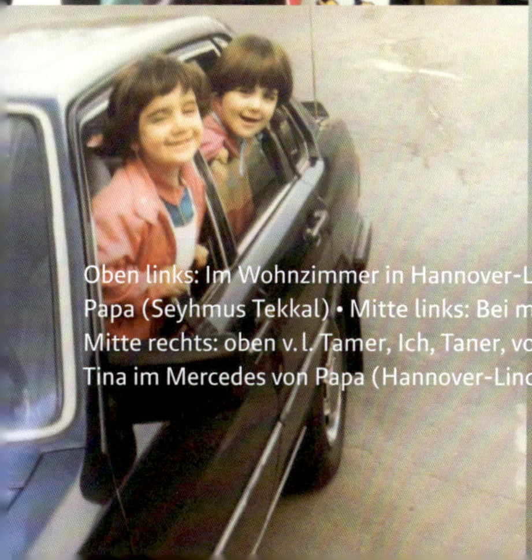

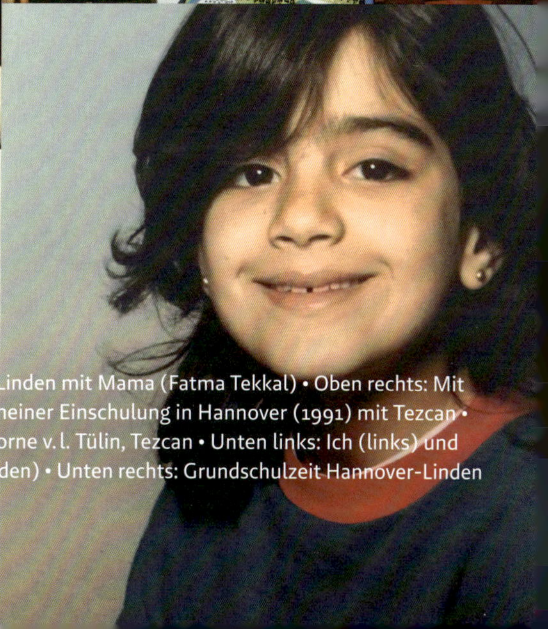

Oben links: Im Wohnzimmer in Hannover-Linden mit Mama (Fatma Tekkal) • Oben rechts: Mit Papa (Seyhmus Tekkal) • Mitte links: Bei meiner Einschulung in Hannover (1991) mit Tezcan • Mitte rechts: oben v. l. Tamer, Ich, Taner, vorne v. l. Tülin, Tezcan • Unten links: Ich (links) und Tina im Mercedes von Papa (Hannover-Linden) • Unten rechts: Grundschulzeit Hannover-Linden

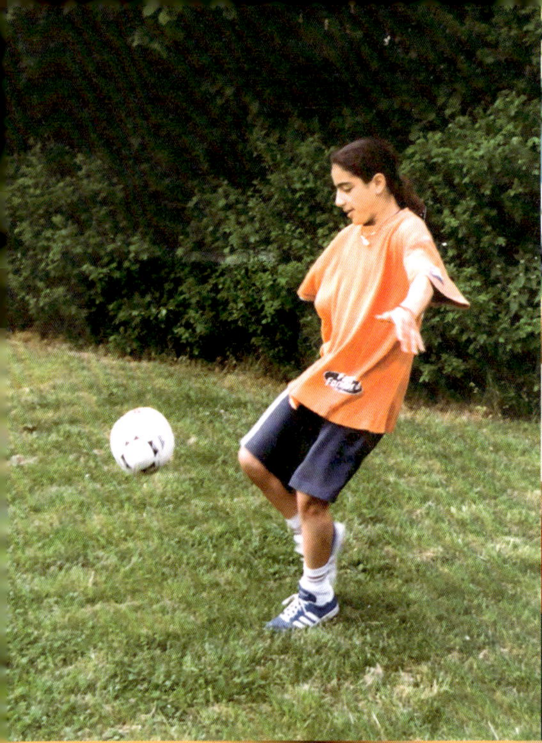

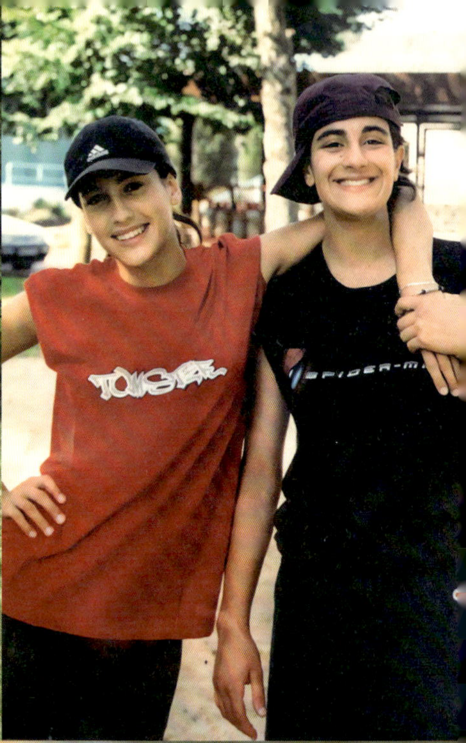

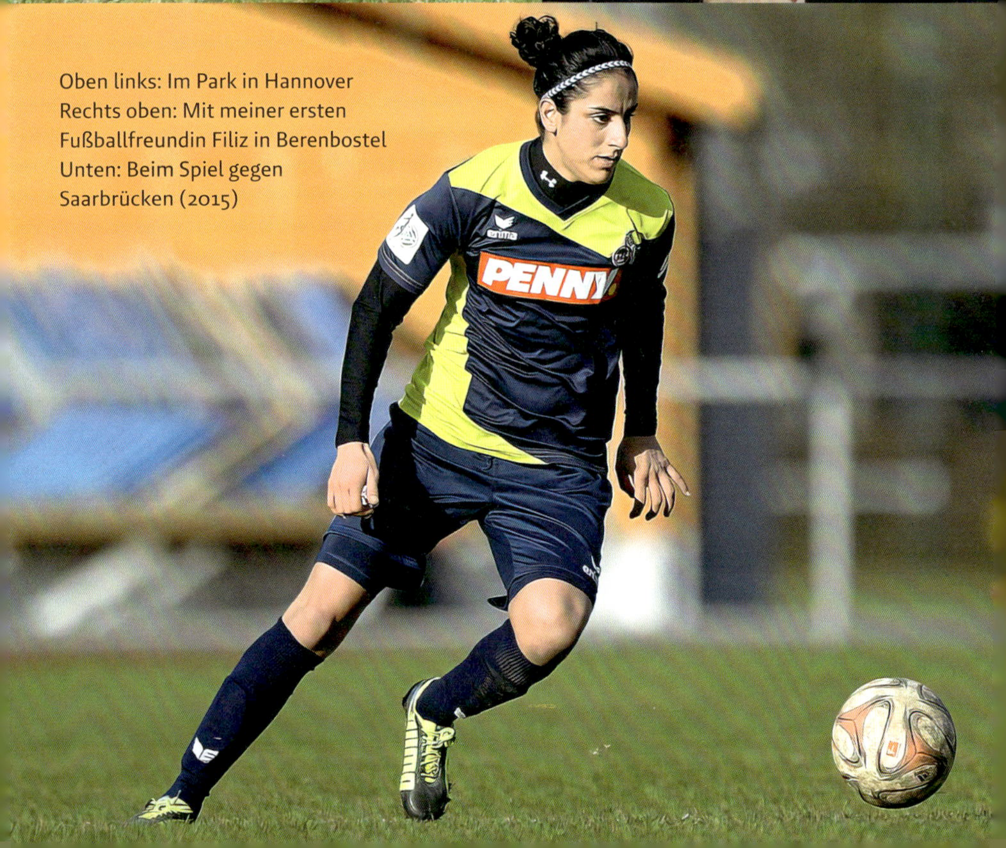

Oben links: Im Park in Hannover
Rechts oben: Mit meiner ersten Fußballfreundin Filiz in Berenbostel
Unten: Beim Spiel gegen Saarbrücken (2015)

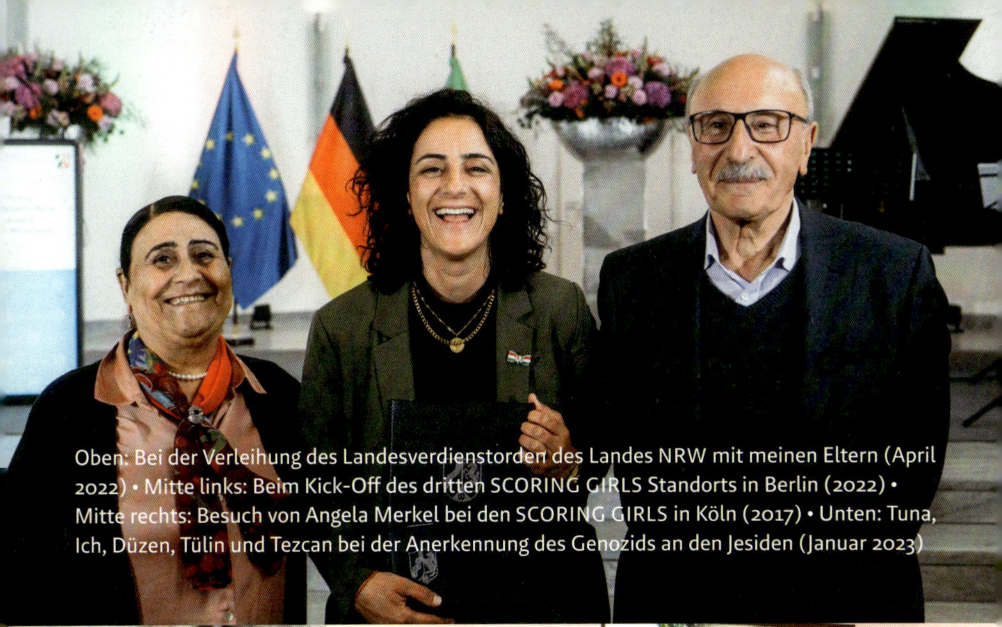

Oben: Bei der Verleihung des Landesverdienstorden des Landes NRW mit meinen Eltern (April 2022) • Mitte links: Beim Kick-Off des dritten SCORING GIRLS Standorts in Berlin (2022) • Mitte rechts: Besuch von Angela Merkel bei den SCORING GIRLS in Köln (2017) • Unten: Tuna, Ich, Düzen, Tülin und Tezcan bei der Anerkennung des Genozids an den Jesiden (Januar 2023)

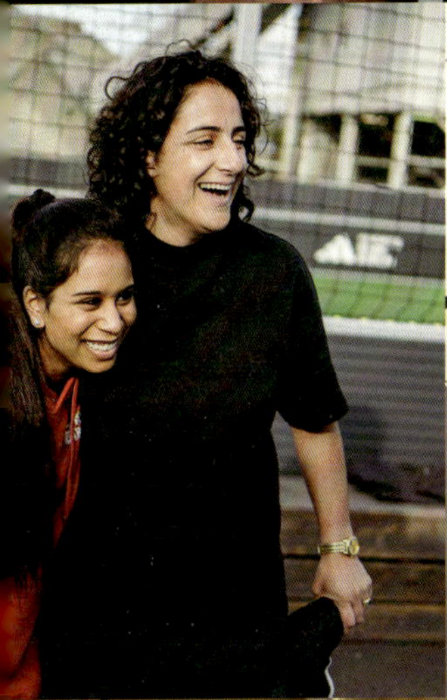

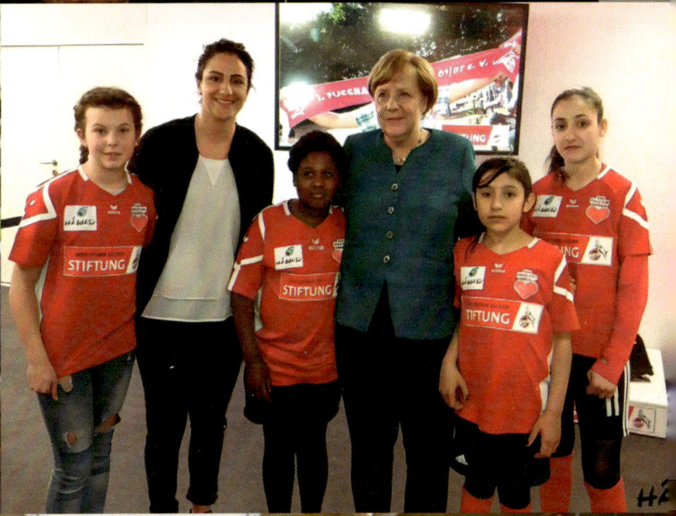

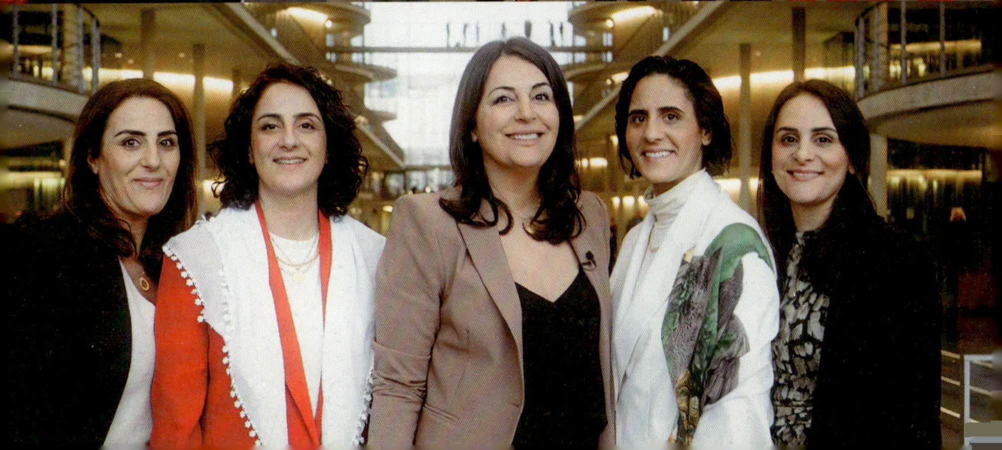

3

BOLZPLATZ-BRÜDER

Das erste Fußball-Erlebnis, an das ich mich bewusst erinnere, ist die Weltmeisterschaft 1990 in Italien. Erst fünf Jahre war ich damals alt, aber dieses Turnier ist hängengeblieben in meinem Gedächtnis. Ich könnte nicht mehr auswendig sagen, ob das deutsche Team das Eröffnungsspiel gegen Jugoslawien 4:1 oder 2:1 gewonnen hat oder wer im Finale gegen Argentinien das Siegtor erzielte. Aber ich sehe noch ganz genau, wie meine Familie vor dem Fernseher versammelt sitzt. Wenn Deutschland spielte, hingen wir schwarz-rot-goldene Flaggen aus dem Fenster und feierten im Wohnzimmer, erst recht als die Nationalmannschaft den Titel holte. Meine älteren Geschwister sind zum Autokorso auf Hannovers Straßen – gefühlt war die ganze Stadt im Fußballrausch!

Wenn ich an damals denke, habe ich dieses Lied im Ohr, *Un'estate italiana* von Edoardo Bennato und Gianna Nannini mit ihrer so einzigartig rauchigen Stimme: *Notti magiche inseguendo un goal sotto il cielo di un'estate italiana,* magische Nächte, auf der Jagd nach einem Tor, unter dem Himmel eines italienischen Sommers. Und ich kann mich sehr gut an Jürgen Klinsmann erinnern, wie er in dem inzwischen ikonischen weißen Trikot mit dieser Mischung aus Brustring und breitgezogenem V in den deutschen Nationalfarben über den Platz wirbelte. Sein Spiel beeindruckte mich, wenn ich auf dem Bauch liegend, den Kopf in meine Handflächen gestützt, mit meinen Eltern und Geschwistern fernsah. Wir schauten gern alle zusammen, auch wenn gar nicht alle von uns sportbegeistert waren. Mama zum Beispiel interessierte sich eigentlich nicht dafür, aber bei einer WM oder EM war sie voll dabei.

Wirklich zum Fußball gekommen bin ich durch meine Brüder. Bei uns galt ja die Regel: Wenn du aus dem Haus gehst, nimmst du eines deiner Geschwister mit. Die Älteren kümmern sich um die Jüngeren. Und so begleitete ich Timur auf Spiel- und vor allem Bolzplätze. Während er mit seinen Freunden einem Ball – oder behelfsweise einer Dose – hinterherjagte, saß ich an der Seite und schaute zu. Entweder auf einer Schaukel, einer Wippe oder einer Bank. Ich fand, dass es verdammt cool aussah, wie sie mit dem Ball umgingen. Ich wollte unbedingt mitmachen, aber durfte nicht. Manche der Jungs fanden, Mädchen sollten nicht kicken, andere wollten wohl nicht das Risiko eingehen, mich zu verletzen und dann Ärger zu bekommen. Oder sie dachten, dann würde ihr Spiel eingeschränkt werden, weil sie Rücksicht nehmen mussten. Ich war eben drei, vier Jahre jünger als die meisten. Und ob man sechs oder zehn Jahre alt ist, macht ja doch einen Unterschied.

Abends lag ich meinen Brüdern in den Ohren. »Lasst mich mitspielen! Bitte! Ich kann das auch!«, sagte ich immer und immer wieder. Und dann, wie in einem Film, flog der Ball eines Tages vom Platz in meine Richtung. Ich wusste, das war meine Chance, ihnen zu zeigen, dass ich es konnte, und rannte hin. Ich nahm den Ball in die Hände, ließ ihn einmal aufspringen, hielt ihn mit dem Fuß oben, ließ ihn wieder aufspringen, zurück auf den Fuß, so ging das drei, vier Mal, bevor ich ihn zurückspielte. Woher ich das konnte? So genau kann ich mir das nicht erklären. Jedenfalls hatte ich oft genug gesehen, wie die Jungs jonglierten und zu Hause selbst ab und zu gegen einen Ball getreten. Und nun war es mir halbwegs gelungen, vor ihren Augen. Wieder stellte ich meine Frage: »Darf ich bitte mitspielen?«

Und ich durfte. Endlich.

Ein bisschen schüchtern werde ich schon gewesen sein, aber mein Motto lautete eigentlich: Ihr habt mich die ganze Zeit nicht mitspielen lassen, jetzt zeig ich euch mal, dass ich gut bin. Auf dem Platz hatte ich direkt Selbstbewusstsein. Manchmal wollte mir der ein oder andere erklären, wo ich am besten stehen sollte – und ich antwortete frech: »Ja, ja, ich weiß schon.« Ich war aufgeregt und glücklich, mit ihnen Fußball zu spielen, zu rennen, zu jubeln, wenn einer ein Tor geschossen hatte. Ich hätte am liebsten ewig weitergemacht. Wie schön war dieses Spiel!? Ich war wie verzaubert. Danach traf ich mich mit meiner besten Freundin Ramona, wir kauften uns Dosenmais, und ich schwärmte vom Fußball. Zu Hause erzählte ich erst mal nichts davon. Aber als Timur zu mir sagte: »Andi meinte, dass du richtig gut Fußball spielst«, begann ich vor Glück zu schweben.

Von diesem Tag an war es gesetzt, dass ich nach der Schule zum Bolzplatz ging und mit den Jungs aus Hannover-Linden kickte. Ich wusste, sie werden dort sein, also ging auch ich hin. Ich entwickelte einen großen Ehrgeiz, legte mich ins Zeug und warf mich auf dem schroffen Boden aus Beton (Spielplatz) oder voller Kieselsteine (Bolzplatz). Was blöderweise zur Folge hatte, dass ich dreckig wurde, Hosen kaputtgingen und Schrammen zu meinem Körperschmuck wurden, manchmal auch in Form von blutigen Knien oder Ellbogen. »Was machst du denn da draußen? Wie kannst du denn so aussehen?«, fragte meine Mutter. »Ich habe Fußball gespielt«, antwortete ich ehrlich. Das machte die Sache natürlich nicht besser, damals war es nicht üblich, dass Mädchen einem Sport nachgingen, der in den Augen der Allgemeinheit den Jungs zugeschrieben wurde. Mama war verärgert. Während sie meine Wunden säuberte, verbot sie mir, Fußball zu spielen. Das gehöre sich nicht. Damit war die Geschichte für mich eigentlich beendet, denn an das, was unsere Eltern uns sagten, hielten wir uns. Diesmal aber war die Sache anders. Ich war viel zu begeistert.

Am nächsten Tag stand ich wieder auf dem Bolzplatz. Ich spielte vorsichtiger und achtete darauf, ja nicht hinzufallen. Bloß keine Kratzer abbekommen! Fußball wurde zur Geheimsache, zu meinem wohlbehüteten Schatz. Die Jungs gaben mir Tipps, sie halfen mir, und ich wurde immer besser. Timur und ein Cousin waren nach wie vor oft dabei, wussten aber nichts von dem Verbot. Bis ich meinem Bruder irgendwann sagte: »Mama will nicht, dass ich hier spiele.« Ich befürchtete, er würde es ihr sagen, doch ich fand einen Verbündeten. »Muss sie ja nicht wissen«, sagte Timur. Natürlich konnte ich es an manchen Tagen gar nicht verbergen, wo ich gewesen war, es war offensichtlich, meine staubige Hose oder mein aufgeschürfter Ellenbogen verrieten mich. Ich bekam Ärger, ging trotzdem auf den Bolzplatz, bekam wieder Ärger, ging wieder auf den Bolzplatz. Es war ein Kreislauf, den ich für meine neue Leidenschaft in Kauf nahm. Irgendwann machte ich auch im Spielhaus bei Turnieren mit, oft als einziges Mädchen. Ich genoss das sehr. Ich hatte etwas gefunden, das mir so viel Spaß machte, wie nichts anderes zuvor. Etwas, das ich richtig gut konnte. Etwas, das ich nie verlieren wollte.

Dann kam der Umzug von Hannover-Linden nach Garbsen-Berenbostel mit dem Wechsel von der Grundschule auf die Orientierungsstufe und machte mir all das kaputt. Statt draußen zu sein, war ich nun viel drinnen, statt aufgeweckter wurde ich ruhiger und saß vor allem vor dem Fernseher. Zwei Jahre lang spielte ich keinen Fußball. Der Bolzplatz und meine Jungs waren zu weit entfernt, der Weg dorthin von unserem neuen Zuhause glich einer Weltreise für ein zehnjähriges Mädchen. Okay, ganz ohne Fußball ging es auch nicht, aber das sah dann so aus: Ich ging mit Tezcan in den Garten, sagte ihr, sie hüte jetzt das Tor, und trat den Ball wie in einem Dauer-Elfmeterschießen. Manchmal spielte ich mit meinen Brüdern oder gegen eine Wand. Aber das war nicht das gleiche, das machte nicht so viel Spaß. Ich vermisste meinen Bolzplatz und die Jungs. Bis ich eine neue fußballerische Heimat fand.

In der Orientierungsstufe fühlte ich mich, als wäre ich in einem fremden Kosmos. Erdal, Hassan und Enver waren meine einzigen Freunde. Sie spielten in der Pause auf dem Schulhof Fußball, aber ich traute mich eine ganze Weile nicht, mitzumachen. Bis meine Füße einfach zu doll kribbelten und ich doch mit ihnen kickte – was zur entscheidenden

Einladung führte: »Komm doch mal mit nach Kronsberg nach dem Unterricht«, sagten sie. Ich ging mit. Und wie in meinen Kindheitstagen war ich erfasst vom Zauber des Spiels, das doch eigentlich simpel, aber eben so wunderbar war. Schule, Bolzplatz, Schule, Bolzplatz – das war nun wieder mein Rhythmus, nur eben in einem anderen Viertel der Stadt. Ein Ball, zwei Tore, ein paar Jungs – ich wollte nichts anderes mehr machen. Der Betonboden war auch hier ein raues Pflaster voller Kieselsteine und komplett umzäunt, mitten in einem Wohngebiet. Aber hier, an diesem Ort, fühlte ich mich aufgehoben. Hier war ich wieder Teil einer Gruppe. Mein Selbstbewusstsein wurde wieder stärker, als wäre es ein Muskel, der beim Rennen und Schießen mittrainiert und in Form gebracht wurde. Ich musste nicht mehr darum bitten, mitspielen zu dürfen. Wenn das doch mal in Frage gestellt wurde, verteidigten mich meine drei Freunde. Als hätte ich drei Brüder dazugewonnen.

Meine Eltern merkten, dass ich mich veränderte, öffnete, nicht mehr so viel herumsaß. Ich wusste, ich konnte ihnen die Wahrheit nicht erzählen, also sagte ich, ich würde mit anderen Hausaufgaben erledigen oder mich mit Freundinnen treffen. Jeden Tag nach der Schule. Ein Jahr lang ging das gut. Bis Mama und Papa doch dahinterkamen. Ich hatte die Hinweise nicht länger verbergen können, denn natürlich hinterließ der Bolzplatz-Fußball abermals seine Spuren. Ich wollte nicht lügen und hoffte, dass wir diesmal um ein Verbot herumkamen. Aber nur Jungs und ich das einzige Mädchen, das gefiel meinen Eltern nicht. Zudem wurde ich allmählich älter, da ziemte sich das noch weniger. Und so hieß es wieder: Kein Fußball. Ich war niedergeschlagen.

Eine Sache aber hatte sich verändert. Es war offensichtlich gewesen, welchen Effekt der Fußball auf mein Wesen hatte. Meine Eltern sahen, wie wichtig Sport für mich war, und setzten sich mit Tekin zusammen. Sport generell fanden sie ja gut. Das wusste ich. Wenn ich bei den Bundesjugendspielen eine Ehrenurkunde erhalten hatte, zeigte ich sie immer stolz und wurde gelobt. Ich hatte mich selten gefreut, mit meinem Zeugnis nach Hause zu kommen, aber im Sportunterricht hatte ich immer eine 1 und zählte zu den Besten. Tekin wusste, dass ich vor allem eines wollte und brachte einen Fußballverein ins Spiel, aber die Antwort war eindeutig: »Nein, auf keinen Fall Fußball!« Also eine andere Sportart. Leichtathletik, das wäre doch was, fanden meine Eltern. Düzen hatte das früher auch gemacht, da gab es verschiedene Disziplinen, der ganze Körper wurde trainiert. Damit konnten Mama und Papa sich anfreunden. Mit dreizehn wurde ich beim Turn-Klubb zu Hannover, dem TKH, angemeldet. Statt um Tore ging es nun um höher, weiter, schneller. Und ich tauchte ein in ein ganz neues Biotop, in die Welt des Einzelsports.

Mit dem Bus, der Bahn und wieder dem Bus fuhr ich zum Leichtathletik-Stadion. Der Weg war weit, aber ich kannte die Strecke. Von meinen Eltern hatte ich Spikes geschenkt bekommen, die ich in einem Turnbeutel auf dem Rücken trug. Ich war aufgeregt und hatte gleichzeitig keine Lust, hier zu sein. Was machst du hier eigentlich, Tuğba, fragte ich mich. Die Antwort kannte ich natürlich: Besser ein neuer Sport als keiner, besser keine Heimlichtuerei mehr, besser nicht den ganzen Tag zu Hause herumhängen, meine Eltern fanden das gut, also zog ich es durch! Als ich ankam, sah ich viele Menschen, die ihre Runden auf der Tartanbahn liefen. Meine Trainingsgruppe war gemischt, Mädels, Jungs, Jüngere, Ältere. An eine Vorstellungsrunde kann ich mich nicht erinnern, stattdessen: Bitte die Schuhe wechseln und aufwärmen, danach dehnen. Ich redete mit kaum jemandem außer dem Trainer, ich redete überhaupt kaum. Um mich einschätzen zu können, wollte der Übungsleiter, dass ich mich ausprobiere. Hochsprung, Sprint, einfach mal testen. Und so also begann dieses neue Kapitel.

Nach einer Weile hatten wir meine Disziplinen festgelegt: 100 Meter Sprint, Staffellauf, Hoch- und Weitsprung. Ich nahm sogar an Wettkämpfen teil. Meine Motivation hielt sich in Grenzen, aber nicht zuletzt durch Zureden meiner Familie blieb ich dran – und war tatsächlich gut! Mal kam ich unter die besten Zehn, mal wurde ich Dritte, mal Erste. Ich brachte Urkunden mit nach Hause und gewann hier und da einen Preis. Doch in mir wuchs kein Ehrgeiz, es fehlte mir an wirklichem Interesse. Leichtathletik an sich fand ich einen coolen Sport, aber nicht für mich. Es war eben nicht Fußball.

Der Fußball aber fand seinen Weg zu mir, oder ich zu ihm, jedenfalls kehrte er in anderer Form zurück. In den Klassen meiner Hauptschule wurden verschiedene Mannschaften gebildet. Alle, die wollten, konnten mitmachen. Die Klassen-Teams spielten erst gegeneinander, und wer sich am Ende durchsetzte, trat bei Turnieren gegen andere Schulen an. Den internen Wettkampf gewann: Meine Klasse. Gemeinsam mit sechs Jungs vertrat ich unsere Schule. Ich hatte so viel Spaß. Die Veranstaltungen fanden meist am Nachmittag, manchmal aber auch am Wochenende statt. Meinen Eltern sagte ich, ich sei auf einer Schulveranstaltung, was ja auch stimmte, damit stand meiner Teilnahme nichts entgegen. Manchmal gewannen wir, und einmal wurde ich sogar zur Spielerin des Turniers gewählt, das war unglaublich für mich.

Etwa ein halbes Jahr blieb ich der Leichtathletik treu, dann setzte sich meine Liebe zum Fußball endgültig durch. Die Schulturniere reichten mir nicht mehr. Ich wollte unbedingt wieder auf den Bolzplatz. Nun hatte ich ja eine gute Tarnung: Wie gewohnt packte ich meine Sporttasche. Nur fuhr ich nicht mehr ins Leichtathletik-Stadion, sondern zum Bolzplatz. Ein paar Mal funktionierte mein Plan. Bis ich eines Abends nach Hause kam und früh ahnte, dass ich aufgeflogen war. Ich kam zur Tür rein, mein Vater saß im Wohnzimmer, meine Mutter war gerade in der Küche beschäftigt. Ich begrüßte ihn, und er fragte mich: »Und, wie war dein Training?« Das hatte er mich so direkt noch nie gefragt. »Es war gut, hat voll Spaß gemacht«, antwortete ich verunsichert. »Ja?«, sagte Papa. »Das ist interessant, dein Trainer hat angerufen und gefragt, ob alles in Ordnung sei, weil du schon wieder nicht erschienen bist.«

Ich blickte auf den Boden. Es war mir unangenehm, dass nun klar war, dass ich meine Eltern in dieser Sache erneut hintergangen hatte. Ich wusste, ich musste mich erklären. Meine Stimme zitterte. Aber ich war ehrlich. Ich sagte, dass ich keinen Spaß an der Leichtathletik gefunden und deshalb das Training geschwänzt hatte. Dass ich stattdessen auf den Bolzplatz gegangen war. Meine Eltern waren richtig sauer. Der Bolzplatz wurde mir verboten, meine TKH-Mitgliedschaft gekündigt. Ab und zu rief mein Trainer anfangs noch an, am Wochenende sei wieder ein

Wettkampf, ob ich nicht mitmachen wolle. Aber ich wollte nicht. Ich sah darin keinen Sinn. Mir blieb zum Glück das Schulteam. Hof und Garten wurden wieder zu meinem Spielfeld. Doch ich spürte: Das würde mir nicht lange reichen.

GEHEIMNISSE IM TURNBEUTEL

Ich vermisste den Fußball, wie ich ihn kannte. Ich vermisste die Intensität, mit der ich ihn bereits gespielt hatte. Das wirklich große Glücksgefühl hatte ich auf diese Weise nur auf dem Platz gespürt. Ich hatte nahezu täglich gespielt und war nun plötzlich runter auf null, dieser Wechsel beschäftigte mich. Wieder waren es meine Brüder, die mir halfen, allerdings erst nach der nächsten, etwa zwei Jahre andauernden Durststrecke.

Tekin und Timur spielten selbst zwar immer weniger Fußball und immer mehr Rugby, aber eben auch: Fußball beim Rugby. In den kälteren Monaten trafen sie sich mit ihrer Mannschaft jeden Freitag in einer Halle und nahmen mich irgendwann mit. Ich war fünfzehn Jahre alt. Ihre Mitspieler kannten mich nicht, deren erste Reaktion war: »Eure kleine Schwester? Was soll das denn?« Aber ich war ja nun mal da, also bekam ich die Chance auf ein Probetraining. Einer wollte mich besonders herausfordern, und wie die Jungs es vom Rugby kannten, wurde der Zweikampf etwas ruppig. Alles klar, dachte ich mir. In der nächsten Aktion gelang es mir, meinen Gegner auszudribbeln, und während er noch ungelenk versuchte, an den Ball zu kommen, verlor er auch schon das Gleichgewicht und fiel hin. Die anderen Jungs lachten und klatschten – damit hatte ich mich bewiesen und durfte wiederkommen. Meine

Eltern wussten mich gut aufgehoben, schließlich war ich mit meinen Brüdern unterwegs. Dass ich jeden Freitag Fußball spielte, blieb erst mal ein kleines Geheimnis unter uns Geschwistern.

Wir spielten und spielten, und nach den ersten Wochen sagten die Rugby-Jungs: »Tuğba, du musst in einen Verein!« Wir hatten keine Ahnung von Frauenfußball in Hannover, aber sie kannten ein paar Klubs. Fortuna Sachsenross, SV Linden 07 zum Beispiel, sie zählten sie alle auf. Ich war mir gar nicht sicher, ob ich das überhaupt wollte, ob ich das überhaupt konnte, mit dem ganzen Training, den Spielen und der Taktik. Als wir im Auto saßen, meinte Tekin zu mir: »Tuğba, sie haben recht, wir sollten dich wirklich anmelden.« Er selbst hatte mit zehn Jahren angefangen, für den TSV Victoria Linden Rugby zu spielen und es bis in die zweite Bundesliga geschafft. In dieser Phase war ich viel mit ihm unterwegs, er war elf Jahre älter als ich, ich hörte auf seinen Rat. Aber nun war ich zurückhaltend. In einem Klub spielen? Ich?

Wir schlossen eine Wette ab. Beim nächsten Länderspiel der deutschen Fußball-Nationalmannschaft trafen wir uns mit Freunden von Tekin, um die Partie gemeinsam zu schauen. Vor dem Anpfiff drehte er sich zu mir um: »Ich sage, Deutschland verliert.« Ich schaute ihn an: »Was? Nein, Deutschland gewinnt!« Er lächelte und meinte: »Okay, wenn ich richtigliege, melden wir dich im Verein an. Wenn du richtigliegst, bleibt die Entscheidung ganz bei dir. Einverstanden?« Ich war einverstanden. Auf keinen Fall würde Deutschland verlieren, dachte ich mir. 90 Minuten später war ich eines Besseren belehrt worden. Am nächsten Tag suchten wir die Adressen der verschiedenen Klubs heraus.

Als wir uns auf den Weg machten, merkte Tekin, dass ich nervös war. Er redete mit mir und sprach mir Mut zu, mein großer Bruder – der Erste, der wirklich an mich geglaubt hatte – zeigte viel Feingefühl: »Wir machen das gemeinsam, das wird cool!« Er dachte dabei nicht allein an das Sportliche, sondern auch daran, was mir das Drumherum geben könnte: »Dieses Vereinsleben wird dein Leben verändern«, sagte Tekin. »Mannschaftssport ist toll, das wirst du sehen, du wirst viele neue

Freunde finden. Und dann hast du auch noch Talent, du kannst es richtig weit schaffen, glaub mir!«

Ich freute mich über seine Worte. Und trotzdem war ich nicht überzeugt von der Sache. Klar, ich konnte ganz gut mit dem Ball umgehen, aber das war auf dem Bolzplatz gewesen. Und außerdem: Wieder würde ich Fußball ohne die Erlaubnis von Mama und Papa spielen. Wieder würde ich Ausreden finden müssen. Aber daran versuchte ich jetzt nicht zu denken.

Unseren ersten Stopp legten wir im Nordosten Hannovers ein, beim TSV Fortuna Sachsenross. Das Gelände war riesig, wir sahen lange niemanden, bis uns endlich ein Mann entgegenkam. »Guten Tag, wir sind auf der Suche nach einem Ansprechpartner für das Frauenteam, meine Schwester würde gern Fußball spielen«, sagte Tekin. Der Mann antwortete: »Da kommt ihr zu spät. Die waren mal sehr gut, aber die gibt's nicht mehr.« Er erzählte Anekdoten aus der früheren Zeit, als das Frauenteam es bis ins Pokal-Viertelfinale geschafft hatte und hochklassig spielte. Fortuna Sachsenross war 1990 Gründungsmitglied der Bundesliga gewesen. Nach dem Entschluss des Deutschen Fußball-Bundes, die Bundesliga 1997 mit zwölf Vereinen eingleisig zu machen, hatte sich der Traditionsverein jedoch aufgrund finanzieller Schwierigkeiten und Abgängen von Leistungsträgerinnen nicht mehr halten können.

Woher wir denn kamen, wollte der Mann wissen. Als wir Garbsen-Berenbostel sagten, meinte er, wir sollten doch zum TSV Havelse gehen, der sei in unserer Nähe und biete Mädchen- und Frauenfußball an. Wir fuhren hin. Es gefiel uns dort, die Menschen, mit denen wir sprachen, waren sehr nett und hilfsbereit, und die Plätze lagen idyllisch zwischen Wohngebiet und Feldern. Also füllten wir den Anmeldebogen aus, Tekin unterschrieb als Erziehungsberechtigter und trug seine Kontodaten für den Einzug des Mitgliedsbeitrags ein. Am Mittwoch, hieß es, sollte ich einfach ins Hallentraining kommen und schauen, wie es so laufe. Jetzt wurde es also tatsächlich ernst.

Wir fuhren gemeinsam zu meinem ersten Training. Unseren Eltern sagte Tekin, er werde jetzt da oder dorthin gehen und nehme mich mit.

Die anderen liefen sich schon warm und spielten Basketball. Mädchen. Überall Mädchen. Krass! Ich kannte Fußball nur mit Jungs. Ich stand da und hatte meine Straßenschuhe dabei, meine Sportschuhe vom Schulunterricht hatte ich vergessen. Na toll, was für ein Start, dachte ich zunächst. Aber eines der Mädchen bemerkte mich und kam auf mich zu: »Hier, du kannst meine haben!« Ganz selbstverständlich. So freundlich und offen. Dann stellte mich der Trainer den anderen vor: »Das ist Tuğba, sie ist neu bei uns.« Alle sagten Hallo. Ich war eingeschüchtert von den vielen fremden Gesichtern. Beim Aufwärmen kam ein anderes Mädchen zu mir und sagte: »Hi, ich bin Filiz, und egal, was du brauchst, egal, was ist, ich bin immer für dich da.« Ich weiß noch, dass ich abends in mein Tagebuch schrieb: »Ich habe heute beim Fußball ein Mädchen kennengelernt. Sie heißt Filiz, und ich glaube, sie wird meine beste Freundin.« Wurde sie dann auch. Wir sind bis heute befreundet.

Dann ging es los mit dem Ball, und mir wurde sofort klar: Die spielen ganz anders. Viel weniger körperlich. Und so, wie ich mich umstellen musste, merkte ich, dass die anderen es wiederum nicht gewohnt waren, dass jemand robust spielte. Die Zeit verflog geradezu, mir kam es vor wie ein Fingerschnipsen, dabei hätte ich mir alles in Zeitlupe gewünscht, so schön fand ich es. Im Auto auf der Rückfahrt war ich das glücklichste Mädchen der Welt.

Irgendwann fuhr ich allein zum Training. Zu Hause erzählte ich, dass ich mich mit Freunden treffen würde. Als meine Mutter wissen wollte, wer diese Freunde denn seien, erfand ich irgendwas. Wichtig war vor allem, dass ich bis 20 Uhr zu Hause war. So viel zu schwindeln war natürlich großer Mist, aber ich wusste ja, was passieren konnte, wenn Mama und Papa die Wahrheit erfahren würden: Sie würden mir den Fußball möglicherweise wieder verbieten. Und ich wollte auf keinen Fall damit aufhören. Ich liebte es, mit den Mädels zu trainieren, ich mochte sie, und sie mochten mich.

Die ganze Angelegenheit wurde allerdings ungleich komplizierter, als für mich die ersten Spiele gegen andere Vereine anstanden und wir an Turnieren teilnahmen. Samstage waren noch machbar. Da waren meine

Eltern erst mit den Einkäufen beschäftigt und besuchten anschließend häufig Bekannte oder Verwandte.

Aber die Sonntage? Mit unserem Familienbrunch? Mit *Şorbe Nisk* und dem festen Ritual, dass alle dabei waren? Wie nur sollte ich das machen!? Meine Mutter stand ja schon früh morgens in der Küche, die Linsensuppe gab es meist zwischen 11 und 12 Uhr – ausgerechnet dann, wenn oftmals die Spiele begannen. Und ich wollte eigentlich auch zu Hause dabei sein, der Sonntag war schließlich der schönste Tag. Doch es zog mich stärker zum Fußball. Ich fing an, mir einen frühen Wecker zu stellen. Mama wusste, wie sehr ich *Şorbe Nisk* liebte. Es erschien ihr unverdächtig, dass ich fragte, ob ich schon vorher essen dürfe und ob es okay sei, wenn ich später nicht dabei wäre, ausnahmsweise, um mich mit dieser oder jener Freundin zu treffen. Sie willigte ein. Manchmal warnte ich jemanden vor: »Wenn meine Eltern bei dir anrufen, sag, ich bin bei dir!« Zum Glück kam es nur selten zu dieser Situation.

Kreativität war auch an anderer Stelle gefragt: Denn wozu brauchte ich einen Turnbeutel, wenn ich mich doch einfach so mit Freundinnen traf? Ich bereitete also meine Sachen vor, zog mich an, als würde ich keinen Sport machen. Sobald ich aus Sichtweite der Tür war, warf eines meiner Geschwister, meistens Tezcan, den Turnbeutel aus dem Fenster. Und wieso hatte ich auf einmal viel öfter Sportwäsche, die verschwitzt war und gewaschen werden musste? Das war wirklich eine Herausforderung. Mein Glück war, dass Timur (Basketball und Rugby) und Tekin (Rugby) viel Sport trieben. Die beiden mischten meine Wäsche unter ihre. Wir stimmten uns ab, und wenn sie vom Training kamen, warfen sie ihre Sachen – mit meinen – in den Wäschekorb. Ich gehe fest davon aus, dass wir schon nach kurzer Zeit aufgeflogen sind. Meine Mutter wusste ja, welche Hosen und T-Shirts ihren Söhnen gehörten und welche zu klein waren und einer ihrer Töchter gehören mussten. Als ich vom Turnbeutel zu einer Sporttasche wechselte, deponierte ich diese in der Garage. Ich ging also ohne Tasche aus dem Haus, aber mit Tasche vom Hof. Der Eingangsbereich war jedoch über eine Art Rückspiegel vom Küchenfenster aus zu sehen. Ich bin mir sicher, ich wurde irgendwann mal von ihr beobachtet. Gesagt hat sie nie etwas. Und ich habe sie nie danach gefragt.

Dass meine Vereinskarriere in der Halle startete, tat mir gut. Bei den Turnieren verbrachten wir als Team den ganzen Tag zusammen. Es gab Kuchen, Salate, Bratwürste im Brötchen, immer wieder wurde Musik eingespielt, ich mochte diese Atmosphäre. Und ich gewöhnte mich immer mehr an die Mädels und öffnete mich mehr. Anfangs hatte ich den Mund nicht aufbekommen, so schüchtern war ich. Wenn mich jemand etwas fragte, nickte ich meist. Selbstsicher und furchtlos war ich in den ersten Monaten nur auf dem Platz. Dort dafür umso mehr.

Bevor das Training draußen startete, fuhr Tekin mit mir zu Real, und wir kauften Stollenschuhe. Ich probierte verschiedene Paare an und entschied mich für ein Modell von Diadora, ganz schwarz mit einem neongrünen Logo. Ich wollte sie am liebsten anbehalten und damit herumlaufen. Ich war total stolz, richtige Fußballschuhe! Danach setzten wir uns draußen in die Sonne. Bei einem Stand kauften wir uns Hähnchen und Pommes und saßen auf den Metallstühlen an einem Tisch. Ich hätte die ganze Welt umarmen können. Daheim lief ich schnell die Treppe hoch und versteckte die Schuhe. Erst mal in meinem Zimmer, aber ich wusste, da konnten sie nicht bleiben. Ich hätte keine Ausrede gehabt, wären sie entdeckt worden: Tekin und Timur waren zu der Zeit die Einzigen in der Familie, die offiziell Sport machten – und die beiden hatten definitiv zu große Füße, als dass sie in dieses Paar gepasst hätten. Mein nächstes Versteck war der Garten, schließlich gab ich sie einer Mitspielerin mit.

Auf Rasen hatte ich zuvor vielleicht ein, zwei Mal im Rahmen eines Schulturniers gespielt. Mit normalen Turnschuhen. Gefühlt bin ich damals alle zehn Minuten ausgerutscht damit. Jetzt aber hatte ich richtige Schuhe mit Stollen. Jetzt spielte ich im Verein. In der Kabine lag dieser typische Fußballgeruch in der Luft, eine Mischung aus Gras, Erde, Holz, dazu eine Note Feuchtigkeit, ziemlich oft auch mehr oder weniger intensiv Schweiß und ein Gemisch verschiedener Deodorants. Für jemanden, der diesen ganz eigenen Duft noch nie gerochen hat, mag die Mixtur irritierend und keinesfalls wohlriechend klingen, aber es ist ein fester

Bestandteil dieses Sports, den man sofort wiedererkennt und der überall im Grunde gleich riecht. Während sich manche meiner Mitspielerinnen noch Tape um die Knöchel banden und sich richteten, zog ich mir einfach nur die Schuhe an und war fertig, bereit durchzustarten.

Es muss März oder April gewesen sein, die Abendluft war noch kühl, aber der Frühling kündigte sich schon an. Von der Kabine liefen wir einen geteerten Weg entlang, eine Treppe hinunter zum Rasenplatz. Jede mit Stollenschuhen. Klack-klack-klack-klack-klack-klack. Was für ein Sound! Dann betrat ich mit meinen neuen Schuhen den Rasen, darauf hatte ich so sehnsüchtig gewartet. Ich wollte loslegen, über den Platz dem Ball hinterherjagen, Tore schießen. Aber wir liefen und liefen und liefen. Danach wärmten wir uns weiter auf, machten Pass-Übungen, und als ich schon befürchtete, das sei nun die Einheit gewesen, fing das Trainingsspiel an. Ich bekam den Ball und dachte, ich könnte ewig damit weiterlaufen, ich hatte das Gefühl, allein auf dem Platz zu sein. Ich rannte und rannte, der Platz war so groß, dass ich endlich meine Schnelligkeit ausspielen konnte. Ich fühlte mich so frei, wie im Rausch, und konnte kaum das nächste Training abwarten.

Für das erste Spiel mit dem Mädchen-Team des TSV-Havelse bekam ich direkt die Nummer 10. Meine Trainerin, Petra Stoffregen, hatte mich gefragt, ob ich diese Trikotnummer haben wolle. Und auch wenn ich in dem Moment noch kein Taktikfuchs war: Dass diese Zahl auf dem Rücken eine wichtige Position mit sich brachte, war mir schon damals klar. Ich wusste, was das hieß: Ich sollte Bälle verteilen, unser Spiel mitgestalten, im offensiven Mittelfeld auflaufen, Tore machen. Die glauben an dich!, dachte ich mir. Es gibt wirklich etwas, das ich richtig gut kann!

Meine Nervosität verflog schnell, weil ich auf meinen Fuß am Ball vertrauen konnte. Auf dem Platz blühte ich auf, ich fand mich immer besser zurecht. Meine erste Saisonhälfte spielte ich noch bei den Mädchen. Aber nach einem halben Jahr beim TSV, ab dem Sommer 2001, wechselte ich mit sechzehn Jahren zu den Frauen.

DER TSV HAVELSE UND EIN ANRUF AUS HAMBURG

Bei den Frauen hatte ich dienstags und donnerstags ab 18.30 Uhr Training. Ich weiß nicht mehr, was ich meinen Eltern erzählte. Irgendwie ging es gut, auch wenn meine Mutter mir gegenüber gelegentlich ihre Verwunderung ausdrückte, warum ich an manchen Abenden noch so Hunger hatte. Aber sie hat mir immer etwas vom Abendessen aufgehoben, beiseitegestellt und warm gemacht, wenn ich mich an den Tisch setzte, nachdem ich schnell geduscht hatte. Tezcan und ich teilten uns zu dieser Zeit ein Zimmer im Dachgeschoss und hatten unser eigenes Bad.

Ich hatte meine erste richtige Vorbereitung hinter mir. Und dann stand tatsächlich mein erstes Spiel bei den Erwachsenen an. Wenn ich auch zuvor immer mal wieder aufgeregt gewesen war: Das hier überstieg mein früheres Nervositätslevel. Ich konnte nichts essen und ging zigmal auf die Toilette, obwohl meine Blase längst leer war. Mit dem Anpfiff aber war alles Herzklopfen vorbei. Ich war fokussiert, eroberte den Ball, lief schnell, spielte Pässe, schoss ein Tor. Und mit jeder Woche wurde deutlicher, dass die Rugby-Jungs richtiggelegen hatten. Hier, im Klub, war ich genau da, wo ich hingehörte.

Die Freude, die mir der Fußball brachte, wirkte sich auch auf die Schule aus. Ich hatte gemerkt, dass ich eine Sache wirklich gut konnte, das machte mir Mut für alles andere. Ich hörte weniger auf blöde Sprüche, traute mir mehr zu. Und klar, es spielte auch eine große Rolle, dass ich nun im Verein und auf der Hauptschule von einer Gruppe aufgenommen worden war, die mich akzeptierte und mochte. Durch den Sport wurde mir zudem bewusst: Du musst dich schon selbst ein bisschen anstrengen, damit alles wird, wie du es haben möchtest. Es war, als hätte ich auf einem steinigen Weg endlich Schuhe mit fester Sohle angezogen. Meine Noten wurden besser. Ich wurde zur Schulsprecherin gewählt. Mein Ehrgeiz war geweckt.

Regelmäßig stand mein Name in der Montagszeitung, immer häufiger wurde ich in die Traum-Elf aus den besten Spielern des Wochenendes aus Hannover und dem Umland gewählt – als einzige Frau. Mit meinem Namen, meinem Klub, manchmal erschienen auch Berichte mit einem Foto von mir. Inzwischen spielte ich fast ein Dreivierteljahr für Havelse. Ich wusste nun, wie es lief im Verein: Warmmachen, Training, Teamgedanke, Spielvorbereitung, Anpfiff, Halbzeit, Abpfiff, Blick auf die Tabelle, Aufstiegsgedanken. Ich genoss das. Doch mit dem wachsenden Erfolg stieg gleichzeitig ein schlechtes Gefühl in mir auf. Während meine Geschwister Bescheid wussten und mich teilweise deckten, wenn ich eine Ausrede brauchte, hatte ich meinen Eltern noch immer nichts gesagt. Das hielt ich einfach nicht mehr aus. »Es wäre doch viel besser, wenn Mama und Papa das jetzt auch mal wüssten«, sagte ich zu meinen Geschwistern. Wir beschlossen, dass Tekin und Düzen mir helfen würden.

Eines Abends, meine Eltern saßen im Wohnzimmer, gingen wir zu dritt zu ihnen. Tekin begann das Gespräch. »Ihr habt ja gemerkt, dass Tuğba besser geworden ist in der Schule, sie ist viel öfter draußen, sie hat neue Freunde«, sagte er und machte eine kurze Pause. »Also, es ist so, Tuğba spielt Fußball. In einem Verein. Sie spielt sehr gut.« Jetzt war es ausgesprochen. »Oh je«, sagte Mama und schüttelte den Kopf. Ich war irritiert, ich dachte schließlich, sie hätte es längst gemerkt. Düzen zählte Argumente auf, die dafürsprachen, dass ich Fußball spielte, aber Mama war entsetzt. Tekin betonte, wie wichtig Sport doch sei, wie wichtig der Verein für mich sei, und bei Papa, das merkten wir, hatte sich etwas verändert. Irgendwann sagte er: »Dann lassen wir sie doch. Sport ist gut für die Entwicklung, damit man stark wird.« Aber Mama blieb hart. »Nein! Meine Söhne spielen Rugby, was soll meine Tochter jetzt auch noch Fußball spielen?« Ich wollte auch etwas sagen. Tekin und Düzen hatten schon gute Punkte genannt, aber ein Gedanke fehlte mir: »Alle anderen Kinder dürfen das doch auch!«

Das zog natürlich überhaupt nicht.

Einige Tage verstrichen, aber wir ließen nicht locker. »Ihr habt euch doch immer Sorgen gemacht, dass Tuğba keine Freunde hat«, sagte Tekin. »Ihr habt euch Sorgen gemacht, dass sie introvertiert ist, dass sie vor dem Fernseher sitzt und keine anderen Hobbies hat. Jetzt hat sie ein Hobby. Sie hat Freunde. Sie ist besser in der Schule.« Während für Papa die Vorteile zu überwiegen schienen, war Mama noch nicht ganz überzeugt. Sie war nicht weniger freiheitsliebend als unser Vater, aber stärker auf die Tradition bedacht. Dass ihre Tochter gut kochen konnte und sich im Haushalt engagierte, hatte für sie einen höheren Stellenwert, als dass ich am Wochenende Tore schoss. Aber dann, ich konnte es kaum glauben, willigte endlich auch sie ein. Es gab Bedingungen: Ich würde zuverlässig Hausaufgaben erledigen und fleißig lernen müssen. Und sobald sich meine Noten verschlechtern würden, wäre es vorbei mit dem Fußball. »Okay, ja, ja, ja!«, rief ich.

Dass ich unbedingt Fußball spielen wollte, war eine Rebellion. Dass meine Geschwister hier Seite an Seite mit mir standen, gewissermaßen in Opposition zu meinen Eltern, veränderte die beiden. Sie merkten: Hey, guck mal, Tuğba will das unbedingt, die lässt sich nicht unterkriegen, wir können jetzt sagen, was wir wollen, sie wird es sowieso tun. Und dann passierte etwas, was mich bis heute sehr berührt: An einem der Abende stand mein Vater auf und ging aus dem Raum. Als er zurückkam, hielt er Papiere in der Hand. Zeitungen! Er lächelte mich an. Seit Wochen hatte er die Artikel über mich und die Traum-Elf der Woche ausgeschnitten, den Erscheinungstag ins Eck geschrieben und alles aufgehoben. Alles!

Mama sah die Ausschnitte zum ersten Mal. »Na, dass dir das gefällt, ist klar, Seyhmus«, sagte sie und schüttelte den Kopf. Ich freute mich riesig. »Papa, weißt du eigentlich, was das bedeutet? Schau mal, das sind alles Fußballer vom ganzen Wochenende, die besten, die gespielt haben. Und ich bin die einzige Frau!«, sprudelte es aus mir heraus. Und er, das merkte ich, war stolz.

Mein Vater hat schon immer alles gesammelt. Wenn später etwas über Düzen oder von ihr veröffentlicht wurde, bewahrte er das ebenfalls auf.

Wenn Tekin oder Timur durch das Rugby in der Zeitung standen, wenn über Tuna, Tezcan und Tülin im Rahmen von HÁWAR.help berichtet wurde – egal was, alles wurde in eine Folie gesteckt und abgeheftet. Inzwischen hat er ein ganzes Archiv, beginnend mit den Dokumenten und Fotos aus seiner eigenen politisch aktiven Zeit.

Jedenfalls: Ich durfte Fußball spielen. Ganz offiziell. Endlich!

Das Gefühl, zum Training zu gehen, vom Training zurückzukommen, am Wochenende mit meinem Team zu Spielen und zu Turnieren zu fahren – es war noch viel schöner als vorher. Ich musste nicht mehr ständig fürchten, dass ich aufflog. Keine Suche nach einer plausiblen Ausrede. Keine Lügen mehr, nur noch die Wahrheit. Wenn ich jetzt sonntags mit meiner Sporttasche die Treppe runterkam und aus dem Haus ging, bevor ich die Suppe gegessen hatte, sagte meine Mama: »Och, jetzt hast du ja gar keine Suppe gegessen!« Und ich bat sie ganz einfach, mir etwas aufzuheben. Es war eine große Erleichterung, dass meine Eltern Bescheid wussten und es für alle nun okay war, dass ich Fußball spielte. Ich musste meine Klamotten nicht mehr zwischen denen meiner Brüder verstecken, keinen unauffälligen Platz mehr in der Garage für meine Tasche suchen und meiner Mitspielerin nicht mehr meine Schuhe mitgeben. Alles hatte eine Leichtigkeit bekommen.

Und ich glaube, was dann kam, waren mit die schönsten Jahre meines Lebens. Ich spielte Fußball – und entwickelte mich vom schüchternen Mädchen zu einer selbstbewussten jungen Frau. Ich erfuhr Anerkennung in der Schule und beim Sport. Mein ganzes Rundum-Paket stimmte.

Der Fußball war mein Tor zur Freiheit. Hier fühlte ich mich stark, hier konnte ich wirklich ich sein, mit allem, was dazugehörte. Ich fühlte mich vollständig. Hier fand ich etwas, das meine Zweifel verdrängte, etwas, das mir viel Selbstwertgefühl gab. Es spielte keine Rolle, woher meine Eltern stammten, welcher Kultur oder Religion ich angehörte, ob ich schwarze oder blonde Haare hatte. Erst versuchte ich, nicht als »anders« aufzufallen, ich erzählte nicht viel von meiner Familie, unserer Kultur, unseren Bräuchen. Bis ich merkte, dass meine Mitspielerinnen mich mochten, wie ich war. Als ich irgendwann in der Kabine kurdische Musik anmachte, ließen sie sich darauf ein, tanzten und klatschten. Als ich Gebäck von meiner Mutter mitbrachte, genossen sie es und schwärmten davon. Es war auf einmal cool, dass ich anders war. Genau das war in der Kabine willkommen.

Zunächst war ich irritiert davon, dass ich mich auf dem Platz schon so sicher fühlte, daneben aber meinen Weg noch finden musste oder manchmal nicht wusste, was zu tun war. Ich beschloss, dass manche Dinge, die ich noch nicht kannte, eben einfach zum Fußball dazugehörten. Zum Beispiel: Nach dem Training gingen wir oft in die Vereinsgaststätte. Da saßen dann Trainer, Funktionäre, Spieler und Spielerinnen zusammen. Mir wurde die Entscheidung gewissermaßen abgenommen, ob ich mich dazusetzen wollte oder nicht: Unsere Torwarttrainerin Silvia brachte mich auf ihrem Heimweg nach Hause, und wenn sie noch in der Vereinsgaststätte blieb, blieb ich ganz automatisch auch. Wie locker alle miteinander umgingen und ständig Sprüche klopften und Witze erzählten! Am Anfang dachte ich: Mensch, ihr habt aber einen komischen Humor. Später ging ich ganz darin auf. Ich erlebte das typische Sport-Ding, der Ton manchmal vielleicht etwas rauer, trotzdem freundschaftlich. Da saßen wir also, redeten über alles Mögliche und aßen Pommes. Das heißt: Die anderen redeten und aßen Pommes. Ich war damals zu schüchtern für beides, aber fasziniert von allem. Mich dem zu verschließen, war für mich keine Option, also ließ ich mich darauf ein. Ich fing sogar an, Schlager zu hören und in der Kabine mit den anderen laut mitzusingen. Matthias Reim und wie sie alle hießen. Musik, die ich vorher nicht kannte – und nun lieben lernte.

Mit der Zeit hatte ich das Gefühl, ich würde drei verschiedene Leben führen: Familie, Fußball, Schule. Überall war ich ein bisschen anders. Zu Hause brav, im Fußball temperamentvoll. Und hätte ich in der Schule erzählt, dass ich Schlager höre – meine Freunde hätten mich für verrückt erklärt. Diese drei Leben machten mich erst komplett. Ich hatte nie das Gefühl, eine Rolle spielen zu müssen, ich war immer Tuğba, aber eben mal die Fußball-Tuğba, mal die Schul-Tuğba, mal die Tochter-Tuğba. Ich war überall ein bisschen anders, aber immer ich. Mit den Jahren verschmolzen meine drei Identitäten zu einer einzigen. Ohne den Fußball wäre mir das auf diese Weise nie möglich gewesen.

Ich wurde besser und damit wichtiger für das Team. Durch die wachsende Verantwortung wuchs auch mein Selbstvertrauen. Vor allem aber fühlte ich mich verdammt wohl. Ich konnte meine Schüchternheit ablegen und wuchs über mich hinaus – und zwar so sehr, dass ich schließlich zur Kapitänin gewählt wurde. Wenn meine Trainerin mir sagte: »Tuğba, du bist heute wichtig! Bist du gut drauf?«, oder: »Tuğba, bis zum Wochenende musst du wieder gesund werden«, dann wusste ich, ich werde gebraucht. Ich wurde zum Bindeglied zwischen Spielerinnen und Trainern, ich musste unsere Interessen vertreten. Und das tat ich.

Manchmal frage ich mich, wie meine Fußballkarriere wohl verlaufen wäre, wenn ich von Anfang an in einem Verein hätte spielen können, ohne Unterbrechung. Ich hätte mir das sehr gewünscht. Und ich bin überzeugt davon, dass ich es dann zur Nationalspielerin geschafft hätte, zumindest in die DFB-Jugendteams. Obwohl ich viel später als andere anfing, war ich nicht viel schlechter und schaffte es in die Auswahlen des Niedersächsischen Fußballverbandes. Dass es hier nicht weiter nach oben ging, verdanke ich wohl dem morschen Holzbalken der Schaukel, die in unserem Garten stand. Wir hätten sie längst abbauen sollen. Ich saß eines Nachmittags auf der Schaukel, als der obere Balken brach. Ich landete im Gras – und die Latte auf meinem Fuß, der in der Mitte brach. Statt weiter zu trainieren und auf mich aufmerksam zu machen, humpelte ich mit einem Gips herum. Damit war meine Auswahl-Karriere vorbei. Damals wusste ich noch nicht, was alles hätte möglich sein können, ich war froh, überhaupt Fußball spielen zu dürfen – und als ich verstand, was für eine Chance ich verpasst hatte, war es zu spät. Den Rückstand nach meiner Verletzung konnte ich nicht mehr aufholen. Also lautete mein Ziel: Aufstieg mit dem TSV Havelse.

Ich verinnerlichte immer besser, was meine Trainer mir sagten, und konnte die taktischen Vorgaben in mein Spiel integrieren. Ich verstand den Sinn und Zweck des Ganzen, wir waren eben nicht mehr auf dem Bolzplatz. Wir stiegen tatsächlich auf – und es sollte nicht das einzige

Mal bleiben. Ich glaube, nach dem zweiten Aufstieg fing ich an, wirklich darüber nachzudenken, ob ich Chancen auf eine Fußballkarriere haben könnte. Die Zeitung berichtete öfter über mich, die Leute sprachen mich öfter an, unser größter Konkurrent, der MTV Mellendorf versuchte, mich abzuwerben. Und ich dachte mir: Ich will Profifußballerin werden!

Mir war schon klar, dass das a) nicht einfach passieren würde, nur, weil ich davon träumte, und b), nur sehr wenige Frauen in dieser Branche von ihren Vereinen genug Geld zum Leben überwiesen bekamen. Aber in was für einem Beruf sollte ich arbeiten, um mich neben dem Fußball abzusichern? Ich hatte keine Ahnung und ging erst mal auf eine Wirtschaftsschule, um meinen erweiterten Abschluss zu machen. Mir schwebten Bilder im Kopf herum, ich sah mich das Abitur bestehen und auf eine Universität gehen, wie Düzen. Unser Vater hatte uns immer gesagt, wie wichtig Bildung sei. Die Gesellschaft hatte mir vermittelt, wenn ich das Abitur bestand, hätte ich größere Chancen im Leben, ich würde anders behandelt und besser bezahlt. Aber auf der Wirtschaftsschule fiel mir das Lernen in Fächern wie VWL oder BWL schwerer, als ich es von der Hauptschule gewohnt war. Meine Noten hatten sich verschlechtert, und ich musste mich mit Blick auf einen längeren schulischen Weg kritisch hinterfragen: »Wenn draußen die Sonne scheint und es 30 Grad hat, setzt du dich dann hin und lernst?«

Ich kannte die Antwort.

Bei einer Berufsberatung lernte ich ein neues Feld kennen: Sport- und Fitnesskauffrau. Das klang nach meinem Ding! Ein Jahr absolvierte ich ein bezahltes Praktikum bei einem Fitnessstudio, arbeitete mich im Büro ein, stand an der Rezeption, betreute Mitglieder an den Geräten – und wurde 2003 für drei Jahre als Auszubildende eingestellt. Ich verdiente zum ersten Mal Geld, hatte meinen ersten Vertrag unterschrieben, musste mit vielen fremden Menschen sprechen – was mir anfangs echt schwerfiel – und übernahm Verantwortung. Wenn ich Frühschicht hatte, sperrte ich den Laden auf, wenn ich Spätschicht hatte, überprüfte ich alles, bevor ich zuschloss. Ich wurde selbstständiger. Zweimal wöchentlich ging ich auf die Berufsschule, ansonsten war ich im Fitnessstudio, und abends sowie am Wochenende, klar, auf dem Fußballplatz.

Meinen Geburtstag hatte ich noch nie groß gefeiert, aber zu meinem achtzehnten wollte ich meine Fußballmädels einladen und etwas anmieten. Ich fragte meine Eltern, ob sie mir Geld dafür geben würden. Mama schlug stattdessen vor: Feier doch einfach in unserer Garage! Das sparte Kosten, aber ich glaube, sie war auch ein bisschen neugierig und wollte gerne die Leute kennenlernen, mit denen ich so viel Zeit verbrachte. Und was soll ich sagen? Es war die beste Idee! Die Garage war wie ein externes Wohnzimmer mit zwei Sofas und einem Tisch; meine Mannschaft besorgte Bier, und meine Familie sorgte für das Essen. Meine Brüder hatten Boxen aufgebaut, über die wir Chartsongs und kurdische Musik hörten (ausnahmsweise keine Schlager), während wir grillten und quatschten. All meine Mitspielerinnen waren da, meine Geschwister, auch meine Tanten und Onkel schauten vorbei, es war ein schönes, großes Fest meiner zwei Welten, die sich prächtig verstanden.

Bis jemand aus meiner Familie zu einem Spiel kam, dauerte es noch. Mein Vater war natürlich daran interessiert, so ein Verein ist ja eine Gemeinschaft. Was können wir machen? Wie können wir beitragen? Das waren seine Fragen, er wollte unterstützen. Aber am Wochenende waren meine Eltern oft verplant, und ich fragte sie auch nie, weil ich wusste, wie aufgeregt ich sein würde, wenn ich sie auf der Tribüne sähe. Tülin und Tezcan waren manchmal da, Tekin kam ab und an mit seinen Rugby-Jungs. Und als es dann so weit war und meine Mutter das erste Mal vorbeikam, war ich hin- und hergerissen. Ich konnte nicht glauben, dass ich sie tatsächlich unter den Zuschauern sehen würde. Ich war noch nie so aufgeregt vor einem Spiel, ich wäre fast nicht aus der Kabine raus. Wenn Mama schon mal da ist, war mein Gefühl, muss ich so richtig abliefern. Und ausgerechnet da verletzte ich mich.

Es muss ein wichtiges Spiel gewesen sein, denn wir durften ins Wilhelm-Langrehr-Stadion, in das um die 3500 Zuschauer passten und wo sonst die Männer spielten. Eine Gegnerin knallte mit ihrem Kopf gegen mein Gesicht, wir fielen beide hin, und ich blutete aus der Nase. Mama wäre fast auf den Platz gerannt vor Sorge, heute schmunzeln wir darüber. Ich wurde zur Seitenlinie gebracht von einem Betreuer und provisorisch gepflegt. Dann ging ich zurück aufs Feld. Ich hörte Mama schimpfen. Nach dem Spiel – mir ging es gut – eröffnete sie mir, dass sie nicht wiederkommen würde. »Wieso hast du weitergespielt? Deine schöne Nase!«, sagte sie. Von meinen Brüdern kannte sie das nur zu gut, die kamen vom Rugby schon mal mit einer ausgekugelten Schulter oder einem gebrochenen Bein heim. Es war ihr ein Rätsel, warum man Sportarten machen musste, bei denen man sich derart verletzen konnte.

Nach meiner Ausbildung sollte ich im Fitnessstudio übernommen werden. Ich hatte meinen Abschluss – und hätte ins Arbeitsleben eintauchen können. Vielleicht durch meine sportlichen Erfolge hatte ich nun allerdings das Ziel, Sportmanagement oder Sportkommunikation zu studieren. Also startete ich einen neuen Versuch in Sachen Abitur, Fachabitur, um genau zu sein. Ich blieb auf der gleichen Schule, allein mein Stundenplan änderte sich, und ich kämpfte mich durch die Schulbücher, den Unterricht und die Tests. Ich hatte eines von zwei Jahren hinter mir, als sich im Sommer 2007 ein neuer Weg in meinem Leben auftat, der auf meiner Karte zuvor nicht zu sehen gewesen war und mein Leben enorm verändern sollte.

Mit dem TSV Havelse spielten wir inzwischen in der Niedersachsenliga. Ich war Kapitänin und Führungsspielerin. Wir waren ein tolles Team und hegten ernsthafte Ambitionen, bald in die Regionalliga aufzusteigen. In dieser Phase wurde Tekin angerufen. Vom VfL Wolfsburg. Vom Hamburger SV. Sie hatten die Saison gerade als Achter und Neunter abgeschlossen – in der Bundesliga. Und sie waren interessiert an mir. An mir! Ich konnte das gar nicht glauben. Aber es war so, bis nach oben hatte sich herumgesprochen, dass ich ganz gut kicken konnte. Ich fühlte mich enorm geschmeichelt. Tekin vereinbarte ein Probetraining beim HSV. Meinen Eltern erzählten wir erst mal nichts.

Wieder saßen Tekin und ich zusammen im Auto auf dem Weg zu einem Verein. Und wie damals sprach er mir Mut zu. Ich war euphorisch und hatte gleichzeitig Bedenken. Vor allem eine Frage beschäftigte mich:

Werde ich gut genug sein? Ich wusste überhaupt nicht, was mich erwartete, und wollte diesen Tag nicht unnötig aufladen mit den Hoffnungen, die ich mir machte – was, das merkte ich bald nach der Ankunft in Hamburg, hilfreich war. Auf dem Trainingsgelände in Norderstedt trafen wir uns mit dem Trainer Achim Feifel, seinem Assistenten und dem Mann, der uns kontaktiert hatte. Während Tekin sich weiter mit den Männern unterhielt, ging ich in die Kabine. Alle anderen waren schon da, zogen sich um, quatschten, banden sich ihre Haare zum Zopf. »Hallo«, sagte ich. Manche guckten kurz grüßend hoch, die meisten machten einfach weiter und beachteten mich kaum. Ich atmete tief durch, suchte mir ein freies Eck und zog mich um. Auf einmal fühlte ich mich wieder wie die zwölfjährige Tuğba, verunsichert, ohne das nötige Selbstbewusstsein. Die anderen sahen alle so professionell aus in ihrer HSV-Montur. Ich fühlte mich komisch.

Auf dem Platz kam mein Selbstvertrauen zurück, aber ich merkte schnell, dass das hier eine Herausforderung werden würde. Die Übungen waren komplizierter, das Niveau der Spielerinnen deutlich höher. Sie waren schneller mit dem Ball, technisch versierter, durchtrainierter. Ich hatte schnell das Gefühl, es verbockt zu haben. Dann gab es noch ein Trainingsmatch, das lief deutlich besser, ich versuchte mich frei vom Blick auf die anderen zu machen und einfach Fußball zu spielen. Aber enttäuscht war ich am Ende trotzdem. »Ich fand das gut«, sagte Achim Feifel später hingegen, während die anderen – klack, klack, klack – in die Kabine gingen und wir mit Tekin am Seitenrand standen. »Wir könnten uns vorstellen, dass du bei uns trainierst und erstmal in der zweiten Mannschaft spielst.« Ich konnte es kaum fassen. Tekin war quasi mein Manager, er fragte nach, was das konkret heiße, wie es mit einer Wohnung, einem Arbeitsplatz und überhaupt dem Finanziellen aussehe. Aber die Lage war klar: Ich würde mich erst mal beweisen müssen, bevor ich Forderungen stellen konnte. Wir baten um Bedenkzeit, dann ging ich in die Kabine, packte meine Sachen, verabschiedete mich, und wir fuhren zurück nach Hannover.

Wenig später machten wir uns auf den Weg nach Wolfsburg. Ich wurde über das Gelände geführt, und nach dem Probetraining wurde uns ein Angebot gemacht. Wir baten auch hier um Bedenkzeit – die wir ja auch tatsächlich brauchten, denn das schwierigste Gespräch stand erst noch bevor. Es kam mir ein bisschen vor wie ein Déjà-Vu, als wir am Abend ins Wohnzimmer traten, wo unsere Eltern es sich gemütlich gemacht hatten. Tekin leitete das Gespräch ein. Er sprach von einer enormen Chance, von großen Fußballklubs, von professionellen Bedingungen. Doch die Antwort war wieder: »Nein! Das könnt ihr euch aus dem Kopf schlagen, auf keinen Fall verlässt dieses Mädchen das Haus, um Fußball zu spielen – unverheiratet!«, schimpfte Mama. »Wenn überhaupt, dann Wolfsburg, dann kann sie zu Hause wohnen bleiben und mit der Bahn fahren. Aber nein, auf keinen Fall!« Wir versuchten es weiter in der Hoffnung, dass mir das Fußballspielen ja schon mal erlaubt worden war und meine Eltern im Grunde froh waren über meine Entwicklung. Aber letztlich rannte ich in mein Zimmer und knallte die Tür zu, frustriert von der Aussichtslosigkeit.

Tekin rief in Hamburg und Wolfsburg an, um zu erklären, dass ein Wechsel zum Saisonstart leider nicht möglich sei, aber dass wir noch immer großes Interesse hätten und gern in Kontakt bleiben würden. Der HSV meinte: Kein Ding. Wolfsburg zog sich zurück. Mein Aufstieg in die Bundesliga pausierte. Aber ich setzte mir fest in den Kopf, nicht locker zu lassen, bis meine Eltern einwilligen würden. Ich ging ihnen richtig auf die Nerven damit. Wann immer sich in den nächsten Wochen die Gelegenheit dazu bot, fing ich mit dem Thema an. Zwischendurch ließ ich nach, dann fragte ich wieder. Auch Tekin bearbeitete das strikte Nein, irgendwann kam Düzen dazu, die zu der Zeit in Hamburg lebte und dort Freunde hatte – es gab also sogar einen familiären Anschluss für mich in dieser Stadt.

Papa hatten wir zuerst auf unserer Seite. Ihn hatte meine Beharrlichkeit überzeugt, noch nie hatte ich etwas so sehr gewollt. So kannten mich meine Eltern nicht. Irgendwann meinte er: »Wir können ja mal überlegen.« Mama wich keinen Zentimeter von ihrer Linie ab: »Unter keinen

Umständen!« So ging es weiter und weiter, über Monate. Jedes Argument, das mir einfiel, packte ich aus, immer wieder unterstützt von Tekin und meinen anderen Geschwistern. Nach einem halben Jahr hatten wir es geschafft, und aus dem »Nein!« wurde ein »Ja, aber«. Papa sollte den Umzug machen, ich sollte bei den Freunden von Düzen unterkommen und mir einen Job suchen, der mir Geld brachte. Dass ich für den Hamburger SV vorzeitig die Schule verlassen und mein Fachabitur nicht abschließen würde, war eine Zeitlang noch Thema, aber für mich stand fest: Diese Gelegenheit wollte und durfte ich mir nicht entgehen lassen.

Und so stand ich irgendwann nach einem Training mit dem TSV Havelse in einer Sporthalle und sagte: »Mädels, kommt mal alle zusammen.« Ich wollte mich erklären und verabschieden, aber ich bekam kein Wort heraus, sondern schluchzte. Dann aber: »Ich muss euch etwas erzählen. Ich habe das Angebot bekommen, zum HSV zu wechseln mit der Aussicht, in der ersten Bundesliga zu spielen.« Ich blickte in erstaunte Gesichter. »Ich habe lange mit mir gerungen. Ich weiß, wir sind gerade mitten im Aufstiegskampf in die Regionalliga, aber das ist eine große Chance für mich, ich muss und möchte sie ergreifen. Sonst werde ich das bereuen.«

Manche Mädels umarmten mich und gratulierten mir. Andere waren zu enttäuscht darüber, dass ich mitten in der Saison gehen würde. Meinen Trainer hatte ich vorher bereits informiert. Ich wusste ja, was mein Abgang bedeutete, ich war Führungsspielerin, Kapitänin und verlässlich in der Offensive. Es tat mir unglaublich leid. Aber für diesen Traum hatte ich zu hart gekämpft, zu beharrlich gegen meine eigenen Eltern rebelliert. Ich konnte keine andere Entscheidung treffen. Fußballerin in der Bundesliga – ich wollte es zumindest versuchen.

ERSTE MALE IN DER BUNDESLIGA

Ich wollte meinen Abschied nicht groß feiern, es fiel uns allen schon schwer genug, dass ich in eine andere Stadt zog. Aber natürlich saßen wir am Abend vor meinem Umzug alle zusammen, aßen Mamas leckeres Essen und sprachen über Hamburg. »Was machen wir hier? Warum erlauben wir das? Warum lassen wir das zu?«, fragte Mama mit Tränen in den Augen. Papa tröstete sie.

Am nächsten Tag war es dann tatsächlich soweit. Ich hatte eine Sporttasche und zwei Kartons gepackt, nur das Nötigste: Klamotten, Papierkram, ein paar persönliche Gegenstände. Papa lud Schränke in den Kofferraum, damit ich mich etwas einrichten könnte. Er meinte es gut, aber ich wusste schon, dass er die Möbel wieder mitnehmen musste – ich zog ja nicht in ein leer stehendes Zimmer oder eine leer stehende Wohnung. Nach innigen Umarmungen mit Mama und meinen Geschwistern stiegen wir ein und fuhren los. Mein Herz war schwer und gleichzeitig voller Euphorie.

Düzen hatte mir ein Zimmer vermittelt. Ich konnte beim Freund ihrer besten Freundin im Schanzenviertel wohnen und auf seiner Couch schlafen, bis ich etwas Eigenes gefunden hatte. Als wir dort ankamen, trug ich mit Papa meine Sachen nach oben. Er blieb noch eine Weile bei mir. Wir gingen in ein Restaurant, bevor er sich auf den Rückweg machte. Wir umarmten uns. Er weinte, ich weinte. Und dann war ich tatsächlich allein in einer neuen Stadt, mehr oder weniger bereit für dieses Abenteuer.

Ich vertrieb mir die Zeit, bis Mike – der Freund der besten Freundin – abends Pasta kochte und wir uns unterhielten. »Hammer Schritt«, sagte er, »ist ja toll, dass deine Eltern dir das erlauben. Jetzt kannst du richtig Gas geben!« So, wie er mich an diesem ersten Abend motivierte, tat er es quasi durchgehend, während ich bei ihm wohnte. Am nächsten Morgen kam er mit einem Glas Wasser ins Zimmer und sagte: »Hier, trink das, eine isotonische Mischung, das ist wichtig für den Sport!« Mike war Triathlet. Ich trank das Glas leer, zog mir meine Sachen an und machte mich auf den Weg zur Bahn.

Ich brauchte etwa eine Stunde, bis ich beim Trainingsgelände in Norderstedt angekommen war. Düzen hatte mir ihren iPod gegeben, ich zog Kopfhörer auf, blickte aus dem Fenster und gab mich mit einem Lächeln im Gesicht meinen Tagträumen hin. Die Eindrücke aus dem Probetraining waren mir nun egal, das hier war ein Neuanfang – und ich freute mich darauf.

Als ich diesmal mit einem »Hallo!« die Kabine betrat, kam mir ein anderes Echo entgegen als beim ersten Mal: Freundlicher, offener. Ich bekam eine Sporttasche mit allem, was ich für den Fußball brauchte: Badeschlappen, Schienbeinschoner, Stutzen, Trainingsklamotten, Trikots, alles mit dem HSV-Logo. Jetzt fühlte ich mich wirklich wie ein Profi. Ich ging mit den anderen auf den Platz, mit diesem befreienden Gefühl, dass gerade etwas Tolles begann. Das Gefühl hielt an, bis die Trainingseinheit startete und ich wieder merkte: Bis zur Bundesliga-Fußballerin war es ein weiter Weg. Ich würde ich mich ordentlich reinknien müssen. Die anderen waren mir überlegen, sie wirkten auf mich viel besser, als ich es war.

Meine ersten Tage in Hamburg waren vom Trainingsrhythmus geprägt. Und von großem Heimweh. Ich hatte außerhalb des Fußballs nicht viel zu tun und war nicht der Typ, der sich direkt ins Leben stürzt. Dafür hatte ich ja auch gar nicht die Mittel. Ich ging oft spazieren und schrieb meine Gedanken in einem Notizbuch auf. Mit Leuten verabredete ich mich kaum, weil ich kein Geld für Cafés oder Restaurants hatte. Eine Newcomerin wie ich verdiente damals selbst bei einem großen Verein wie dem HSV kaum etwas. Abends kroch mir vor dem Schlafen manchmal der Gedanke in den Kopf, was ich eigentlich so weit weg von meinen Freunden und meiner Familie machte. War es wirklich der richtige Schritt? Sollte ich vielleicht besser zurückkehren? Doch ich wusste, dass es richtig gewesen war, nach Hamburg zu kommen. Ich war zweiundzwanzig Jahre alt. Hier ging es nicht nur darum, mir einen Traum erfüllen zu können, sondern auch darum, selbstständig zu werden. Bisher hatte mein Vater alle Arzttermine für mich vereinbart, auch sonst waren mir viele Dinge abgenommen worden. Durch den Umzug musste ich mich selbst kümmern. Das war ungewohnt. Ich kannte mich nur im Kollektiv, immer war jemand da gewesen. Nun fühlte ich mich allein, aber ich sagte mir: Tuğba, du ziehst die Sache durch!

Nach zwei, drei Monaten fühlte ich mich wohler. Ich trainierte mit den Bundesliga-Frauen und spielte am Wochenende in der zweiten Liga. Das erste Mal trug ich das HSV-Trikot gegen den FC Gütersloh 2000 am 9. März 2008, dem 13. Spieltag der zweiten Bundesliga Nord. Wenn mich jetzt die Mädels der zweiten Mannschaft fragten, ob ich mit ihnen mitwollte, wenn sie etwas unternahmen, sagte ich zu. Obwohl ich nicht groß darüber sprach, spürte ich, dass sie meine Situation einschätzen konnten. Mit ihnen ging ich das erste Mal in meinem Leben auf Kneipentour, das erste Mal Feiern ohne meine Geschwister oder deren Freunde. Ich erlebte eine Art Kulturschock, nachts auf der Reeperbahn mit Tausenden grellen Lichtern, so viel los, so viel Party. Wir tanzten, lachten, ich hatte den Spaß meines Lebens – und verstand, es geht beides: Professionell trainieren und abends weggehen. Das schweißte uns zusammen als Team.

An das höhere Niveau im Training hatte ich mich inzwischen gewöhnt – und bei den Zweitligapartien lief es ebenfalls gut. Ich fügte mich ein und war torgefährlich. Wir beendeten die Saison als Fünfter der Staffel Nord. Das letzte Spiel hatten wir am 25. Mai gegen den Herforder SV, und eigentlich war meine Saison damit beendet. Doch Achim Feifel, Trainer der ersten Mannschaft, zog Kathrin Patzke und mich für die verbleibenden drei Wochenenden in die erste Bundesliga hoch. Ohne Garantie, ich sollte erst mal nur auf die Bank, aber ich war dabei.

Am 1. Juni 2008, einem Sonntag, spielte die erste Mannschaft gegen den VfL Wolfsburg. Wir hatten Heimrecht. Dass die Umgebung mir vertraut war, machte es leichter für mich, nervös war ich trotzdem.

760 Zuschauer kamen zur Wolfgang-Meyer-Sportanlage. Der VfL war damals noch nicht so dominant, wie er später werden sollte, der Kader aber schon besetzt mit Fußballerinnen, die genau wussten, was sie taten – etwa die Nationalspielerin Martina Müller. In der 41. Minute gingen wir durch Christine Schoknecht in Führung, kurz vor der Pause glich Martina Müller aus. Ich rechnete nicht mit einem Perspektivwechsel von der Bank zum Zentrum des Geschehens, aber während wir Einwechselspielerinnen uns zum Start der zweiten Hälfte an der Seitenlinie warm machten, winkte Achim mich tatsächlich zu sich. Ich sollte spielen!

Ich schaute auf die Uhr und dachte: Das sind aber viele Minuten. Dann zog ich mir hektisch das Leibchen aus, prüfte, ob ich an alles gedacht hatte, rannte zu ihm, stopfte mir hektisch mein Trikot in die Hose und muss dabei sehr nervös gewirkt haben. Er sagte: »Ganz ruhig, du hast Zeit.« Er gab mir ein paar Anweisungen, die ich kaum wahrnahm. Ich blickte aufs Spielfeld und dachte: Du stehst gleich auf dem Platz! In der ersten Bundesliga! Und dann stand ich tatsächlich dort. In der 53. Minute wurde ich eingewechselt für Claudia Schulz. Der Stadionsprecher gab den Wechsel durch, und ich hörte meinen Namen durchs Stadion hallen.

Das Spiel rauschte wie ein Tsunami auf mich zu. Mir blieb kaum Zeit, mich zu orientieren. Diese Sprints, hoch und runter, hin und her, meine Lunge pochte. Ich wollte mich besser positionieren, Impulse geben, kam aber gar nicht dazu. Das hier war auch im Vergleich zu unserem Training eine andere Nummer, zur zweiten Liga sowieso, wo ich immer Zeit hatte, den Ball anzunehmen und mich kurz umzuschauen, bevor ich loslief oder passte. Aber nun klebte mindestens eine Gegnerin an mir, sobald ich den Ball bekam. Und wenn ich jemanden stoppen wollte, hatte ich kaum eine Chance, weil die andere so schnell an mir vorbei war. Achim rief von draußen rein: »Fokussieren! Was ist los? Du bist gerade frisch drin!«

Wolfsburg traf zum 2:1. Und dann hörte ich plötzlich den Schlusspfiff. Schon vorbei? So schnell? Ich trottete mit hängenden Schultern vom Platz. »Das ist schon was anderes, ne?«, sagte Achim und lächelte, als er mich später zur Seite nahm. »Tuğba, keine Sorge, das war dein erstes Spiel in der ersten Liga. Das bekommen wir hin. Nächstes Mal wird besser.«

Eine Woche blieb mir, um mich auf dieses nächste Mal vorzubereiten. Am 8. Juni spielten wir im Karl-Liebknecht-Stadion gegen den 1. FFC Turbine Potsdam, betreut von der Trainer-Legende Bernd Schröder, mit dem dieser Verein viele Titel holte. Aktuell waren sie Vierter. In der Nacht vorher hatte ich kaum ein Auge zu bekommen und wenn, war ich in einen unruhigen Schlaf gefallen. Ich rechnete nicht damit, dass ich gegen einen so starken Gegner wirklich würde spielen dürfen, aber meine Nervosität interessierte das nicht, die lief zu Hochform auf. Meine Leistung gegen Wolfsburg schwirrte mir im Kopf herum. Was, wenn ich wieder spielen und wieder nicht überzeugen würde? Der Druck war groß, wir wussten, es war unwahrscheinlich, dass wir gewannen, gleichzeitig durften wir keinesfalls verlieren. Der HSV war als Drittletzter punktgleich mit dem Vorletzten, dem 1. FC Saarbrücken, und damit akut abstiegsgefährdet. Und wenn die erste Mannschaft in die zweite Liga rutschen würde, müsste die zweite ebenfalls eine Liga tiefer, so lautete die Regel.

Auf der Busfahrt schaute ich viel aus dem Fenster. Wenn die anderen sich unterhielten und lachten, drehte ich mich manchmal um und lachte mit. Ansonsten versuchte ich, bei mir zu sein und mir Mut zuzusprechen.

Es war sehr warm und sonnig, als wir am Stadion ankamen. Der Rasensprenger lief und der Geruch von Gras lag in der Luft. In der Kabine war die Konzentration von allen zu spüren. Fokussiert liefen wir auf den Platz. Mir war schon bewusst, was es hieß, hier anzutreten, ich kannte das in abgeschwächter Form von der zweiten Liga, wenn wir mit dem HSV II gegen Potsdam II spielten. Aber nun waren mehr als tausend Zuschauer ins »Karli« geströmt. Das laute Trommeln und die Gesänge der Turbine-Fans gaben diesem Tag einen ganz eigenen Sound.

Wie laut sie werden konnten, erlebten wir in der 67. Minute beim 1:0 von Essi Sainio. So etwas kann dich einschüchtern – oder zusätzlich motivieren. Wir brachten die Fans nur drei Minuten später zum Schweigen, genauer gesagt tat Kathrin Patzke das mit dem Ausgleich, während wir auf der Bank ausflippten. Und dann sah ich sie wieder, diese Geste von Achim in meine Richtung. »Tuğba!«, rief er, »du kommst gleich rein!« Ich war so aufgeregt, dass ich erst vergaß, meine Schienbeinschoner anzuziehen. Ich wollte unbedingt spielen, gleichzeitig kroch die Erinnerung an Wolfsburg in mein Bewusstsein, aber mein Trainer verscheuchte sie. Mit seinem Pep Talk motivierte er mich derart, dass ich dafür brannte, die verbleibenden Minuten alles zu geben. »Hör zu, Tuğba, wie im Training. Du hast Spaß, du bist noch frisch, du hast Bock, zeig das!«, sagte Achim.

In der 81. Minute kam ich für Kathrin rein. Diesmal sah ich mich keinem Tsunami gegenüber, diesmal war ich es selbst, die Wirbel machte. Ich dachte nicht groß nach und folgte meiner Intuition. Doch drei Minuten später trafen nicht wir, sondern Jessica Wich für Potsdam. »Reißt euch zusammen!«, rief ich – und war auf einmal wieder die Führungsspielerin vom TSV Havelse. Uns blieb nicht mehr viel Zeit. Die Kunst war es, sich davon nicht blockieren zu lassen. Ich war an der Mittellinie, als ich den Ball bekam und loslief. Ich machte einen kurzen Schlenker, kam wie beim Slalom an drei, vier Gegnerinnen vorbei und nahm nichts mehr wahr außer dem Potsdamer Tor und Desirée Schumann, die es bewachte. Ich beobachtete sie, kam immer näher und zog schließlich ab ins lange Eck. Wie in Zeitlupe verfolgte ich die Flugbahn des Balles. Bittebittebitte, geh rein! Ich sah, wie das Netz zappelte, wie Schumann auf dem Boden lag und sich ärgerte, aber war das jetzt wirklich passiert? Ich drehte mich um, meine Mitspielerinnen rannten auf mich zu. Ich schrie und hüpfte und wurde auf den Boden geworfen und lag unter ihnen, überglücklich. Meine Mitspielerin Tanja Vreden brach sich dabei den Zeh, aber unsere Freude war so groß, dass es ihr völlig egal war.

Ich zelebrierte meine Treffer sonst nicht so ausschweifend, aber in diesem Moment kam alles zusammen und brach aus mir heraus: Ich dachte an die Zeit, als ich den Jungs zuschauen musste, als ich dann selbst auf dem Bolzplatz mitspielen konnte, als ich trotz der Verbote meiner Eltern nicht aufgab, als ich beim TSV Havelse aufgeblüht war. Ich dachte an die vielen Kämpfe, auf dem Weg zu diesem Moment. Der Druck fiel ab, ich hatte mich endgültig bewiesen und fühlte mich dreißig Kilogramm leichter, als könnte ich fliegen. Es war nur ein Tor, es war nur ein Spiel, ich hatte noch nichts erreicht, aber das Gefühl war unbeschreiblich.

Die Minuten danach sind für mich nicht mehr zu greifen, sie fühlten sich an wie ein Augenaufschlag: Tor, Freude, Schlusspfiff. Ich war so stolz. Eine Woche zuvor war mir gegen Wolfsburg noch schwindelig geworden, ich hatte mich fehl am Platz gefühlt – nun hatte ich zum Punktgewinn und damit zum Klassenverbleib beigetragen, ich konnte mein Glück kaum fassen und hörte nicht auf zu grinsen. Als das Spiel vorbei war, stürmten wir alle aufeinander zu und feierten dieses 2:2 wie einen großen Sieg, denn das war es letztlich. »Tuğba, Hammer, was war das!?«, hörte ich immer wieder. In der Kabine drehten wir die Musik auf und feierten ausgelassen im Bus auf der Rückfahrt weiter. Und ich dachte mir: Das könnte der Anfang von etwas Großem sein.

Als wir in Hamburg ankamen, fuhr ich direkt in die Wohnung und rief meine Eltern an. Mit meinem Bruder hatte ich noch in Potsdam nach dem Duschen telefoniert. »Tekin, was soll ich sagen? Was soll ich sagen? Du wirst nicht glauben, was gerade passiert ist, du hättest dabei sein müssen«, sagte ich und hörte nicht auf zu reden. Er hörte zu, bis er irgendwann sagte: »Und stell dir doch jetzt vor, du wärst in Hannover geblieben, um weiter für Havelse zu spielen.« Ich lachte. Nie hätte ich gedacht, dass meine Familie mal auf mich als Fußballerin so stolz sein würde.

Noch viel schöner war, was dann passierte. Denn in der Woche nach dem Potsdam-Spiel bekam ich vom HSV einen Vertrag für die erste Liga angeboten. Dieses Tor hatte nicht nur dazu geführt, dass ich akzeptiert wurde, es hatte auch meine Zukunft entscheidend beeinflusst. Ich dachte an die Mädels aus der zweiten Mannschaft, die zu meinen Freundinnen geworden waren und mir ein Zuhause gegeben hatten. Sie würde ich verlassen und seltener sehen. Aber ich unterschrieb, natürlich.

Eine Partie stand noch aus, bevor die Saison beendet sein würde, am 15. Juni gegen den 1. FC Saarbrücken. Damals noch mit den späteren Nationalspielerinnen Josephine Henning und Dzsenifer Marozsán.

1300 Zuschauer waren zum Saisonabschluss gekommen, darunter auch meine Familie – was sie mir allerdings nicht erzählt hatte. Ich entdeckte sie erst nach dem 1:1. Ausgerechnet diesmal wechselte Achim mich nicht ein. Erst war ich enttäuscht. Dann aber war es mir wiederum nicht so wichtig, ich hatte einen Bundesliga-Vertrag – und mit diesem Besuch endgültig das familiäre Okay. Ich machte Fotos mit ihnen, gab Fans Autogramme, und nach dem Duschen gingen wir zusammen Essen und spazieren. An diesem Tag hatte ich meine Familie zurück und somit alles, was ich zuvor vermisst hatte.

Nachdem ich in Hamburg zunächst in Restaurants als Kellnerin gearbeitet hatte, war ich inzwischen wieder bei einem Fitnessstudio angestellt. Deshalb fuhr ich nicht in den Urlaub, sondern blieb in der Stadt. In der freien Zeit während der Saisonpause trainierte ich, oder ich verbrachte sie mit Freunden. Dann begann die Vorbereitungsphase auf die Saison 2008/2009, meinem ersten kompletten Jahr als Bundesliga-Fußballerin. Ich war gut drauf und wurde bei den Testspielen eingesetzt, allerdings kürzer, als mir lieb war. Ich sprach mit Achim darüber, dass ich gerne länger als zwanzig oder dreißig Minuten spielen würde. Aber was sollte er mir antworten, als dass es andere gab, die auf meiner Position gerade besser waren? Der HSV hatte sich im Mittelfeld verstärkt mit Patricia Hanebeck, die vom FCR 2001 Duisburg wechselte, mit dem sie zuvor viermal Meisterschaftszweite geworden war und 2007 das Finale des DFB-Pokals erreichte. Und mit der Jugend-Nationalspielerin Kim Kulig, die vom Zweitligisten VfL Sindelfingen kam und der Shooting-Star des deutschen Frauenfußballs war.

Interessanterweise freundete ich mich gerade mit diesen beiden an, obwohl sie Konkurrentinnen von mir waren. Mit Angelina Lübcke und Daniela Schacher bildeten wir eine Clique. Neben dem Platz war ich endgültig angekommen. Auf dem Platz geriet meine Erfolgskurve jedoch ins Stocken. Ich steckte viel Energie ins Training und spielte durchaus mal eine ganze Halbzeit oder länger – meistens aber weniger. Das frustrierte mich, ich wollte mich beweisen und war überzeugt von mir. Für mich war klar, dass ich fest in die erste Mannschaft gehörte. Ich glaube, wenn ich mehr Minuten bekommen hätte, wäre es mir auch gelungen, das zu zeigen. So versuchte ich eben, mich in den Fokus zu spielen, wenn ich die Gelegenheit dazu bekam.

Eine prägende Zeit war es auch ohne Dauereinsätze. Diese Phase brachte ja diverse erste Male in der Bundesliga für mich mit. Der siebte Spieltag zum Beispiel, am 26. Oktober im Stadion am Brentanobad vor 1410 Zuschauern gegen den 1. FFC Frankfurt, dem amtierenden Meister und lange unangefochten erfolgreichsten deutschen Klub im Frauenfußball mit Tina Wunderlich, Saskia Bartusiak, Kerstin Garefrekes und, natürlich, Birgit Prinz. Jede und jeder, der sich ein bisschen für Fußball interessierte, kannte sie. Zweimalige Weltmeisterin, mehrmalige Europameisterin, Champions-League-Siegerin, Fifa-Weltfußballerin, Rekordnationalspielerin und, und, und – und nun stand ich auf dem gleichen Platz wie sie. Eigentlich wäre ich am liebsten stehen geblieben und hätte mir ihr Spiel aus nächster Nähe angeschaut. Stattdessen bekam ich ab meiner Einwechslung in der 65. Minute beim Stand von 0:2 zu spüren, wie schwierig es war, mit ihr mitzuhalten. Ich hatte enormen Respekt vor ihrer Leistung, vor der Leistung des gesamten Frankfurter Teams, das uns dann auch 5:0 besiegte.

Am Ende der Saison war ich in neunzehn von zweiundzwanzig Partien eingesetzt worden, wir landeten auf Rang sechs. Mein, wie ich später wusste, letztes Spiel für den HSV absolvierte ich am 7. Juni 2009 gegen den Herforder SV, ein 5:1, bei dem ich in der 72. Minute eingewechselt wurde und Kim Kulig drei Tore schoss. Mir wurde signalisiert, dass der HSV meinen Vertrag verlängern wollte. Natürlich war das eine gute Option, aber ich fragte mich: Mit welcher Perspektive? Saß ich dann wieder häufig auf der Bank? Gab es eine realistische Chance, Stammspielerin zu werden? Was waren meine Alternativen? Ich selbst hatte mich nicht auf die Suche danach begeben, dennoch eröffnete sich mir eine.

In Hamburg war ich in der Anfangsphase meiner zweiten Saison mit Patricia Hanebeck zusammengezogen. Sie hatte Platz für eine Mitbewohnerin, wohnte deutlich näher am Trainingsgelände, und ich war nach verschiedenen Zwischenlösungen froh um das Angebot. Patti war damals eng mit Nicole Bender befreundet, die beim FFC Brauweiler Pulheim in der zweiten Liga spielte, der im Juli 2009 vom 1. FC Köln übernommen und so langfristig zum Bundesligisten aufgebaut werden sollte. Sie besuchte uns immer wieder und erzählte von diesen Plänen und wie überzeugt sie davon sei – bis sie uns schließlich sagte, wir sollten uns doch überlegen, ob wir nicht wechseln wollten. Wir würden dort beim Aufbau eines konkurrenzfähigen Kaders eine zentrale Rolle einnehmen. Das war eine Perspektive, mit der ich beim HSV nicht rechnen konnte. Und ich merkte beim Nachdenken und Abwägen: Ich hatte Bock auf etwas Neues, vor allem auf viel Einsatzzeit.

KÖLN, DIE PRINZ UND ICH

Als ich meinen Eltern erzählte, dass ich vom Hamburger SV zum 1. FC Köln wechseln würde, gab es wieder Diskussionen. Bisher hatte zwischen uns nur eine Entfernung von etwa zwei Autostunden gelegen, nun würde die Distanz auf mehr als das Doppelte anwachsen. Ich hatte den Eindruck, dass sie sich vorgestellt oder erhofft hatten, dass ich zwei Jahre beim HSV bleiben und dann zurück nach Hause kommen würde. Aber meine Entscheidung stand fest. Dass Düzen inzwischen in Köln lebte und bei RTL arbeitete, half bei der Überzeugungsarbeit. Schließlich akzeptierten Mama und Papa auch meinen nächsten Schritt.

Im Sommer 2009 packte ich meine Sachen und fuhr gemeinsam mit Patti nach Köln. Wir wollten unsere Wohngemeinschaft fortsetzen. Hätte ich mir vorher eine Karte angeschaut und gesehen, wo diese Stadt liegt, hätte ich wohl dagegen argumentiert. Ich wollte schließlich zentral in Köln leben, also wirklich in Köln, nicht so weit außerhalb. Eine Aufwärmphase brauchte ich diesmal trotzdem nicht. In Köln und beim FC fühlte ich mich sofort heimisch, willkommen und aufgehoben, das hier war meine Stadt. Als hätte es schon immer eine Verbindung gegeben, die nun geweckt worden war. Nirgends sonst hatte ich zuvor eine solche Vertrautheit zu den Menschen gespürt. Das ist bis heute so geblieben, ich kann mir nicht vorstellen, nicht mehr in Köln zu leben.

Auch von der Mannschaft wurde ich herzlich aufgenommen. Wir waren sehr unterschiedliche Charaktere, hatten aber alle das gemeinsame Ziel, den FC in die erste Bundesliga zu führen und uns dort zu etablieren. Dafür hatte der Verein nicht nur uns geholt, sondern mit Weltmeisterin Sonja Fuss vom amtierenden Pokal- und Champions-League-Sieger FCR 2001 Duisburg auch einen prominenten Transfer gelandet. Wir waren ein tolles Team, trainierten gut, spielten gut und verstanden uns super. Mein Eindruck aus den Gesprächen mit Nicole Bender wurde bestätigt: Hier würden wir etwas Neues aufbauen. Uns ging es allen gleich, wir fühlten uns wirklich gewollt. Egal, ob es frühere Spielerinnen von Brauweiler Pulheim oder neue Gesichter wie Patti und ich waren.

Es hätte alles wunderbar sein können, wenn nicht diese eine Sache gewesen wäre: Ich kam überhaupt nicht mit meinem Trainer klar. Woran es lag, kann ich mir bis heute nicht erklären, es gab keinen Streit als Auslöser, aber er mochte mich offensichtlich nicht, und machte bisweilen keinen Hehl daraus. Ich kann mich noch gut an eine Laufeinheit am Decksteiner Weiher erinnern. Manche nahmen eine Abkürzung, ich zählte zu denjenigen, die über die komplette Distanz gejoggt waren. Als Vierte kam ich an. »Tuğba, du läufst die Runde noch mal«, sagte mein Trainer. Was? Warum? »Du hast geschummelt!« Wie er auf diese Idee kam, sagte er nicht, die anderen schwiegen. »Komm, auf geht's, noch mal laufen«, wiederholte unser Coach. Aber ich sah es nicht ein, für etwas bestraft zu werden, das ich nicht getan hatte. Da hatte mich meine Schulzeit geprägt und gelehrt, dass man sich nicht alles gefallen lassen durfte. Also sagte ich: »Auf keinen Fall. Ich habe nicht geschummelt, also lauf ich nicht noch mal!« Letztlich ging ich sauer in die Kabine und duschte.

Als Konsequenz sollte ich am Wochenende bei der zweiten Mannschaft in der Landesliga spielen. Hätte ich geahnt, welche Folgen diese Disziplinarmaßnahme für mich haben würde, hätte ich mich abermals geweigert. Ich kann mich weder an die Gegner noch an den Spielverlauf erinnern, aber was ich noch sehr genau weiß: Gegen Ende der Partie fiel mir bei einer Aktion unsere Torhüterin auf mein Knie. Mich durchfuhr ein starker Schmerz. Das Souvenir meines Gastspiels war ein Schienbeinkopfbruch und ein Meniskusriss. Drei oder vier Monate laborierte ich an der Verletzung herum und wartete auf meine Rückkehr, was nicht gerade zu einem harmonischeren Verhältnis zu meinem Trainer beitrug. Aber ich kämpfte mich zurück, und rein sportlich kam er in der zweiten Liga gar nicht an mir vorbei, auch wenn ich gelegentlich sinnlos ein- und wieder ausgewechselt wurde. Wir beendeten die Saison als Dritter der zweiten Bundesliga Süd. Unser bisheriger Coach musste aus verschiedenen Gründen gehen, im Juli 2010 übernahm Marcus Kühn.

Für mich war das eine Erleichterung. Ich bekam mehr Spielpraxis und erhielt viel Zuspruch und Vertrauen, was mich umso mehr motivierte, an mir zu arbeiten und zusätzliche Einheiten einzulegen. Ich entwickelte mich zur unangefochtenen Stammspielerin. Marcus wollte gezielt meine fußballerischen Fähigkeiten verbessern, und diese Herangehensweise mochte ich. »Tuğba, du hast ein paar Schwächen«, sagte er zu mir. »Aber mir geht es darum, deine Stärken zu stärken, dein Kopfballspiel, deine Schnelligkeit, deine Sprungkraft.« Wenn wir Übungen machten, wurde mit mir besonders auf diese Dinge eingegangen, und ich selbst versuchte, mich voll auf meine Stärken zu konzentrieren, wann immer ich auf dem Platz stand.

Inzwischen war ich mit Düzen zusammengezogen. Es war schön, zusammen zu wohnen, nachdem wir seit Jahren räumlich getrennt gelebt hatten. Meine Schwester hatte mir in ihrer Zweizimmerwohnung das Schlafzimmer überlassen, sie selbst übernachtete im Wohnzimmer. Nach ein paar Monaten zogen wir in eine größere Wohnung in der gleichen Straße. Eines aber blieb unverändert: Wir sahen uns selten. Düzen arbeitete viel und war oft unterwegs. Und wenn sie dann mal daheim war, hatte ich meist Training oder ein Spiel. Wirklich in Ruhe Zeit miteinander verbringen, das konnten wir nur selten. Aber auch so waren wir uns ein großes Stück Heimat. Und dass von uns nun zwei Schwestern in der gleichen Stadt lebten, erhöhte auch die Besuchsfrequenz der anderen Tekkals. Nun hatte ich nicht nur meine Ersatzfamilie – den FC mit seinen Mitarbeitern, meinen Mitspielerinnen und manchen treuen Fans –, sondern auch meine eigene Familie um mich. Ich glaube, auch deshalb wurde ich besser und besser.

Ich arbeitete in einem Fitnessstudio und als Personal Trainerin und war in dieser Phase wahrscheinlich so fit wie nie. Diese Mischung aus Fußball und Fitness machte mir Spaß – zu dem Preis, dass ich komplett verplant war. Mein Wecker klingelte oft um 4 oder 5 Uhr, eine Stunde später betreute ich bereits den ersten Kunden, zurück in der Wohnung war ich an vielen Abenden erst gegen 23 Uhr, bis ich einschlafen konnte verging meist viel Zeit. Damit ich die Vormittagseinheiten beim FC mitmachen konnte, reduzierte ich meine Stundenzahl im Studio, was die Intensität nicht minderte. Aufzuhören mit meinem Job war keine Option, dafür verdiente ich nicht genug beim 1. FC Köln. Und natürlich ging dieser Rhythmus nicht spurlos an mir vorbei. Aber wir steckten alle im Tunnel, wir wollten unbedingt aufsteigen.

Unserem großen Ziel kamen wir mit Marcus deutlich näher. Hinter dem SC Freiburg schafften wir es auf Rang zwei. Ich freute mich, aber in mir machte sich gleichzeitig eine Leere breit. Ich war ausgelaugt und begann, mein aktuelles Lebensmodell zu hinterfragen. Finanziell lohnte es sich nicht, das wurde mir mehr und mehr bewusst. Wir trainierten wie Profis, bezahlt wurden wir wie Amateure. Wie lange würde ich das noch durchhalten, Arbeit, Fußball, Arbeit, Fußball, non-Stopp? Auf wen sollte ich hören, auf mein Herz oder meinen Verstand? Obwohl ich grundsätzlich beim FC Fußball spielen wollte, entschied ich mich für einen Schlussstrich. Nach der Saison 2010/2011 beendete ich meine Karriere. Nach unserem letzten Saison- und Heimspiel am 1. Mai, einem

2:0 gegen den 1. FFC 08 Niederkirchen, war es also vorbei. Es brach mir das Herz, mich von meiner großen Leidenschaft zu verabschieden. Aber es fühlte sich richtig an.

Am Anfang kam ich gut damit klar, aber bald vermisste ich den Fußball. Das Training mit den Mädels, eins mit dem Ball zu werden, sich auf unterschiedliche Gegner einzustellen, die Spiele im Pokal und in der Liga, das Drumherum. Das konnten auch die Freizeitkicks nicht ausgleichen, wenn ich mich unter der Woche mit anderen verabredete. Ich hatte ja gerade mitten in einer Hochphase meiner Fußballkarriere zurückgesteckt. Wenn mich Zweifel packten, versuchte ich, das Positive zu sehen. Es war nicht so, dass ich mich nun durch den Alltag quälte. Ich ging auch in meiner Arbeit im Fitnessstudio auf. Und ich widmete mich mehr den schönen Seiten des Lebens, für die ich vorher weniger Zeit gehabt hatte: Freunde treffen, ins Kino oder in Cafés gehen, Entspannen. Gewöhnliche Dinge, die für mich zu etwas Besonderem geworden waren.

Der FC blieb Teil meines Lebens, allein durch meine Freundinnen aus dem Team. Aber ich brachte es nicht übers Herz, mir Spiele anzuschauen. Ich wusste, es würde zu sehr schmerzen. Als ich es dann doch tat, weil Nicole Bender mich überredet hatte, bereute ich die Entscheidung, meine Karriere beendet zu haben.

Vielleicht war es Zufall, vielleicht war es Schicksal. Jedenfalls verletzten sich in der Hinrunde einige Spielerinnen. Als sich die Winterpause näherte, klingelte mein Telefon. Werner Fuss meldete sich, unser Manager, der mich in Zusammenarbeit mit Bendi damals zum FC geholt hatte. Er erklärte mir die Situation und fragte, ob ich mir denn vorstellen könne, wieder zurückzukommen, meinen Spielerinnen-Pass hatte ich ja noch. Während er redete, kamen all die Emotionen in mir auf. Andere hätten vielleicht um Bedenkzeit erbeten. Ich sagte sofort zu, als hätte ich nur auf diese Frage gewartet. Ich würde wieder spielen, der Rest würde sich schon irgendwie regeln.

Und so stieg ich in der Winterpause in die Vorbereitung auf die zweite Hälfte der Saison 2011/12 wieder ein. Im Fitnessstudio reduzierte ich von vierzig auf zwanzig Wochenstunden. Und als ob sich damit ein Kreis schließen sollte, stand uns beim ersten Spiel meines Comebacks im März wie am Tag meiner Verabschiedung der 1. FFC 08 Niederkirchen gegenüber. Wir verloren 1:3, aber ich war wieder da, wo ich hingehörte. Wir beendeten die Runde als Vierter, erneut hatten wir den Aufstieg verpasst, Marcus Kühn musste gehen. Unser neuer Trainer war nun Willi Breuer, der lange Jugendcoach beim FC gewesen war und dort unter anderem Lukas Podolski ausgebildet hatte und später die Leitung des Nachwuchsleistungszentrums bei Alemannia Aachen übernahm. Mit ihm sollten wir eines unserer besten Jahre erleben.

Man darf nicht unterschätzen, welche Dynamik sich auf dem Platz entfalten kann, wenn sich ein Team menschlich bestens versteht. Ob wir fußballerisch den anderen Mannschaften in der Saison 2012/2013 überlegen waren? Darauf würde ich nicht bestehen. Aber wir hatten einen wahnsinnig starken Zusammenhalt entwickelt. Der Kern unseres Kaders kannte sich gut, wir verstanden uns blind auf dem Platz. Wir hatten riesig Spaß, wir feierten neben dem Platz, wir feierten auf dem Platz – und lieferten ab. 5:0 gegen den SC 07 Bad Neuenahr II, 1:1 gegen den TSV Crailsheim, 4:1 gegen den 1. FFC Frankfurt II, 3:2 gegen Bayern München II, 7:0 gegen den 1. FFC Recklinghausen, 1:0 gegen den 1. FC Saarbrücken, 12:1 gegen den SV Bardenbach, 2:0 gegen den SC Sand, 1:0 gegen den 1. FFC 08 Niederkirchen, 4:1 gegen den ETSV Würzburg, 1:1 gegen 1899 Hoffenheim. Nach der Hälfte der Partien wussten wir: Dieses Jahr könnte es endlich klappen mit dem Aufstieg!

Gegen Crailsheim spielten wir in der Rückrunde unentschieden, gegen Sand verloren wir. Das hätte uns nicht passieren dürfen. Doch weil Hoffenheim bereits zweimal verloren und einmal unentschieden gespielt hatte, war die Angelegenheit noch nicht entschieden. Es würde auf einen Zweikampf zwischen dem FC und der TSG hinauslaufen, der Kalender sah tatsächlich den großen Showdown vor: Am letzten Spieltag, dem 26. Mai 2013, kam es zum Spitzenspiel der zweiten Bundesliga Süd. Nur ein Punkt trennte uns. Der Gewinner stieg sicher auf, Hoffenheim würde auch ein Remis reichen.

Es regnete ohne Unterlass. Das Dietmar-Hopp-Stadion in Sinsheim war trotzdem gerappelt voll mit 3050 Zuschauern, was ein neuer Rekord für die zweite Liga war. Allein das zeigte die Bedeutung der Partie für beide Seiten. Hunderte Fans waren aus Köln mitgereist. Wir stachelten uns in der Kabine an, auch wenn das gar nicht nötig war, wir brannten alle für dieses Spiel, jede wusste ganz genau, dass wir reinwerfen mussten, was wir hatten. Ich begann auf der Bank und saugte die grandiose Stimmung auf. Wir Auswechselspielerinnen feuerten die anderen an, wir gingen mit, wir konnten kaum stillsitzen. Und dann, nach zwanzig Minuten sprangen wir auf: Jasmin Stümper (heute Umlauf) hatte Hoffenheims Torhüterin Anke Preuß per Kopfball überwunden, wir führten! Die Euphorie wurde gedämpft, als Theresa Betz ausglich, aber kurz darauf rasteten wir wieder aus, weil Bilgin Defterli in der 43. – nur eine Minute nach dem 1:1 – das nächste Tor für uns schoss. In der Pause versuchte Willi bei seiner Ansprache den richtigen Ton zu finden, uns vor allem zu Ruhe und Übersicht zu mahnen. In den nächsten 45 Minuten konnte viel passieren.

Hoffenheim stand unter Zugzwang, wir versuchten, die Kontrolle zu wahren. In der 53. Minute aber zog 1899-Trainer Jürgen Ehrmann seinen Superjoker: Birgit Prinz. Ihre Karriere hatte sie eigentlich bereits beendet, bei Hoffenheim ab der Saison 2012 jedoch noch Spielrecht, während sie bei dem Klub im Bereich Sportpsychologie hospitierte. Die TSG hatte mit ihr vereinbart, dass sie einspringen würde, wenn das Team Hilfe brauchte. Zwei Mal war das jeweils im DFB-Pokal und in der zweiten Liga der Fall gewesen, zuletzt tatsächlich beim 1:1 im Hinspiel gegen uns. An diesem Sonntag kam ihr dritter und letzter Einsatz hinzu. Ein historisches Ereignis quasi, aber wir hätten lieber darauf verzichtet – denn ihre Präsenz beeinflusste das Spiel definitiv. Sie war immer noch eine Erscheinung auf dem Platz.

Martina Moser traf in der 63. Minute zum 2:2, Susanne Hartel in der 78. Minute zum 3:2. Nun waren wir in Rückstand geraten. Ich war in der 76. Minute für Jasmin eingewechselt worden. Ich gab alles und feuerte meine Mädels an, aber was wir auch versuchten, wir kamen einfach nicht mehr in Strafraumnähe. Bis zu diesem einen Moment. In der 90. Minute bekam ich den Ball, ein hoher, weiter Pass. Ich wusste: Jetzt oder nie. Ich zögerte keine Sekunde und nahm ihn direkt an, aus etwa zwanzig Metern Entfernung hielt ich voll drauf und traf den Ball perfekt. Von der rechten Seite zischte er diagonal ins linke Eck, mit einer derartigen Wucht, dass der Schuss praktisch unhaltbar war. Rummms! Ich hatte Anke Preuß komplett überrumpelt – mit dem besten Tor, das ich in meinem ganzen Leben geschossen habe.

Für ausschweifenden Jubel blieb keine Zeit. Ich schnappte mir den Ball und legte ihn zum Anstoß auf den Mittelpunkt. Die Nachspielzeit ließ unseren Traum weiterleben. Es war noch alles drin. Wieder bekam ich den Ball, diesmal rannte ich los, mit größter Entschlossenheit. Ich war mir sicher, ich würde wieder treffen. Bis heute bin ich überzeugt davon, der Ball wäre reingegangen. Aber auf einmal verlor ich den Halt. Irgendjemand hatte mir die Füße weggerissen. Während ich über den matschigen Rasen rutschte und mein weißes Trikot von braunen Schlieren überzogen wurde, drehte ich mich. Da stand Birgit Prinz. Ich sprang auf und lief auf sie zu. Ich weiß nicht mehr, was ich zu ihr sagte, aber sonderlich freundlich dürften meine Worte nicht gewesen sein. Ich trat nahe an sie heran und breitete meine Arme zu einer klaren Geste aus: Was soll das!? Es gibt ein Foto von diesem Moment, mein Gesichtsausdruck spricht Bände. Ich war wirklich sauer.

In der Schlussphase wurde uns noch ein Freistoß zugesprochen, aber es war vorbei. Hoffenheim würde aufsteigen. Während die Gastgeberinnen feierten, sackten die meisten von uns auf den Boden, erschöpft und enttäuscht, manche weinten bitterlich. Wir waren so nah dran gewesen, so nah, und hatten es doch wieder verpasst.

Nach ein paar Minuten kamen wir als Team zusammen. Willi hielt eine Ansprache und baute uns auf. Wir liefen zu unseren Fans und Familien, die Umarmungen und der Zuspruch halfen ein wenig, aber ganz konnten sie uns den Schmerz nicht nehmen. Die meisten von uns hätten sich wohl am liebsten verkrochen, aber es war ja alles für die große Feier geplant gewesen. Wir duschten, fuhren von Sinsheim zurück nach

Köln, und als hätte das warme Wasser die Traurigkeit abgewaschen, verdrängte der Stolz auf unsere Leistung den Frust über die Niederlage. Wir sangen, tanzten – und kamen äußerst heiter im Museum des 1. FC Köln an, wo wir von der Geschäftsführung begrüßt wurden und mit vielen geladenen Gästen bis in die Nacht feierten. Am nächsten Tag wurden wir mit dem Bus der Männer zum Flughafen gefahren und feierten auf Mallorca jeden Tag Party. Wir zogen unser Programm durch, als wären wir in die erste Bundesliga aufgestiegen.

Zur neuen Saison wurden wir noch einmal prominent verstärkt. Die frühere Nationalspielerin Inka Grings wechselte von den Chicago Red Stars aus den USA nach Köln: Zweimalige Europameisterin und EM-Torschützenkönigin, Deutsche Meisterin, mehrmalige Pokalsiegerin, die Liste ließe sich noch eine Weile fortsetzen. Sie dabei zu haben, war etwas Besonderes. Inka war mit ihrer Erfahrung, ihrer Torgefahr, ihrem starken Willen, überhaupt ihrer Persönlichkeit vielleicht das Puzzleteil, das uns gefehlt hatte, um es in die erste Liga zu schaffen. Das hofften wir jedenfalls. Wir hatten einfach keine Lust mehr, nach all diesen Jahren abermals Zweiter zu werden.

Wir verstanden uns gut, und ich lernte von ihr. Inka meinte, sie sehe oft, dass ich den richtigen Gedanken hätte, dann aber zögerte oder noch einen Schritt einschob. Ich solle mehr meinem Instinkt folgen, der sei schon genau richtig. Das versuchte ich – und konnte ihr immer präzisere Vorlagen geben. Auch wenn sie das als gestandene Spielerin wohl nicht nötig gehabt hätte, kam sie zu fast jedem Vormittagstraining, das wir zusätzlich zu den anderen Einheiten hatten. Sie war noch immer sehr ehrgeizig. Da ich im Mittelfeld mit zwei, drei anderen wichtig für ihren ganz persönlichen Spielaufbau war, nahm Inka uns öfter zur Seite und ging mit uns die Spielzüge durch. Sie trainierte mit uns nach ihren Vorstellungen, ergänzend zu der Arbeit unseres Trainerstabs. Das zeigte Wirkung: Von 67 Toren, die wir in dieser Saison erzielten, schoss Inka etwa ein Drittel und wurde Torschützenkönigin.

Unsere Leistung als Team aber reichte leider wieder nicht. Drei Niederlagen und zwei Unentschieden bremsten uns aus, während der SC Sand ungeschlagen Meister wurde. Es war, als hätten wir ein Abo mit Fast-Aufstiegen abgeschlossen. Würde es immer so weitergehen? Dass wir eine super Saison spielten und am Ende doch wieder Zweiter wurden?

Niemals erste Liga mit dem 1. FC Köln?

GEFÜHLSCHAOS

Wir alle waren unglaublich enttäuscht und gleichzeitig stark motiviert nach diesem erneuten Dämpfer. Inzwischen kannten sich so viele Spielerinnen so viele Jahre, wir waren sicher, dass das eine große Stärke war. Während der Vorbereitung setzten wir uns an einem Abend zu einer Art Klausur zusammen. Wir hatten definitiv keine Lust, nochmals Zweiter zu werden, aber da war kein Druck, keine Skepsis, sondern Leichtigkeit und Lust. Wir wollten den Aufstieg unbedingt schaffen, als eine Belohnung für all die harte Arbeit und auch für den 1. FC Köln. Inka spielte nicht länger bei uns, nicht zuletzt dadurch hatte sich meine Rolle verändert. Ich war inzwischen mit neunundzwanzig Jahren eine der älteren Spielerinnen, Leistungsträgerin und Ansprechpartnerin für die jüngeren in unserem Team. So, wie ich früher Tipps bekommen hatte, gab nun ich Tipps weiter.

Mitten in der Vorbereitung erreichte mich die Nachricht vom Angriff des sogenannten Islamischen Staats auf jesidische Gebiete im Irak am 3. August 2014. Wann immer der Fußball mir Freiraum dazu ließ, telefonierte und schrieb ich mit meiner Familie und unserer Verwandtschaft. Für uns war das ein Schock. Düzen beschloss, in den Irak zu reisen, um über den Völkermord zu berichten, mein Vater begleitete sie. Von da an war dieses Thema für mich allgegenwärtig, und ich durchlebte einen Gewissenskonflikt, der mich die ganze Saison begleiten sollte. Ich ging weiterhin ins Training, aber jedes Mal fragte ich mich: Meine ganze Religionsgemeinschaft soll ausgelöscht werden, da kann ich doch nicht einfach weiter Fußball spielen, als passierte das alles nicht – oder? Wie konnte ich trinken, essen und lachen, während andere um ihr Leben fürchteten?

Ich steckte in einem Gefühlschaos. Ich schlief schlecht und war emotional total aufgewühlt. Ich hatte den Eindruck, in Parallelwelten zu leben. Ich sah furchtbare Bilder und Videos, von den Gräueltaten des IS. Mit meiner Familie sprach ich über kaum etwas anderes, mit meinen Gedanken war ich ständig bei den Jesiden im Irak und fragte mich, was wir tun konnten, um ihnen zu helfen. Abschalten konnte ich nur, wenn ich Stollen an der Sohle hatte. Wenn ich auf dem Platz stand, blendete ich alles andere aus und wollte jede Minute nutzen, um an mir und dem Team zu arbeiten, damit wir den Aufstieg schaffen würden, der sich greifbar wie nie anfühlte.

Unser erstes Pflichtspiel am 24. August gewannen wir 2:0 im Pokal gegen den 1. FFV Erfurt. Eine Woche später startete die Liga, ebenfalls mit einem 2:0-Sieg von uns gegen den 1. FC Saarbrücken. Das gab mir neue Energie. Dass der Fußball mir wichtig war, hieß nicht, dass mir alles andere egal war, beschloss ich für mich – und wollte beide Welten verbinden, um die Aufmerksamkeit für das Leiden der Jesiden und damit die Chance ihrer Rettung zu erhöhen. Mit meiner Mitbewohnerin sprach ich viel darüber und überlegte, was wir persönlich tun könnten. Wir spendeten, und ich nahm an der Icebucket-Challenge teil. Darum war in diesem Sommer ein richtiger Hype entstanden, gefühlt jede und jeder machte mit. Eigentlich ging es darum, auf die Nervenkrankheit Amyotrophe Lateralsklerose aufmerksam zu machen, kurz ALS, indem man sich einen Kübel Eiswasser über den Kopf goss, Geld spendete und andere aufforderte, es einem gleich zu tun. Ich machte mit – wies jedoch nicht auf ALS, sondern auf den Angriff des IS hin und bat, an Hilfsorganisationen zu spenden.

Schließlich ging ich auch auf den 1. FC Köln zu und fragte, ob wir nicht irgendetwas tun könnten als ein Verein mit so großer Strahlkraft. Ich sprach mit Alexander Wehrle, damals Geschäftsführer, und Tobias Kaufmann, damals Medienchef. Sie sagten mir direkt ihre Hilfe zu. Wir führten ein Interview zu dem Thema, das auf der Homepage und im Vereins-Magazin veröffentlicht wurde. Bis zu diesem Zeitpunkt hatte ich weder im Klub noch in der Kabine groß über mein Jesidentum gesprochen. Hier hatte das nie eine Rolle gespielt, aber nun wollte ich es ganz bewusst thematisieren, ich wollte meinen Mitspielerinnen erklären, was unsere Kultur ausmachte, wie wichtig das für mich war – und tat es doch nur vereinzelt, weil ich mich nicht aufdrängen und niemanden überfordern wollte mit der Last und dem Schmerz, die ich abseits des Fußballs empfand. Umso wichtiger blieb der tägliche Kontakt mit meiner Familie.

Ich arbeitete viel in dieser Phase und war zu einem ähnlichen Rhythmus zurückgekehrt wie in der Saison 2010/2011: Früh aufstehen, die ersten Stunden als Personal Trainerin geben, an trainingsfreien Vormittagen im Fitnessstudio arbeiten, zurück in die Wohnung, Tasche packen, ab ins Fußball-Training und am Wochenende natürlich die Spiele. Nun kam eine zusätzliche Intensität durch die Sorgen um unsere Glaubensgemeinschaft hinzu. Was im Irak passierte, beeinflusste mich in dieser Zeit enorm, und ich brauchte den Fußball, um Kraft zu schöpfen und alles andere zu verarbeiten. Das, was mir der Fußball gab, empfand ich angesichts dessen, was andere erleiden mussten, als noch einmal größeres Privileg. Der Platz war mein Zufluchtsort, hier konnte ich innehalten und die schrecklichen Bilder für einen Moment ausblenden. Fußball fühlte sich an wie eine heilende Kraft. Mein Team war mein Rückhalt.

Wir rauschten durch die Liga. Bis auf ein 3:3 gegen den 1. FC Saarbrücken und ein 1:1 gegen die TSG Hoffenheim II gaben wir keinen Punkt ab. Wir stellten die beste Offensive und die beste Defensive – und sicherlich auch die, in keiner Statistik erfasste, größte mannschaftliche Geschlossenheit. Wer vorn spielte, tauchte auch mal hinten auf, wenn es sein musste, und umgekehrt, ohne dass es unsere Balance in Gefahr brachte. Wir waren ein funktionierendes, sich blind verstehendes Gefüge, wie ich es zuvor noch nie erlebt hatte. Mit einem 4:1 in unserem geliebten Franz-Kremer-Stadion gegen den 1. FFC Frankfurt II sicherten wir uns vorzeitig die Meisterschaft. Als das nach dem Schlusspfiff alle realisierten, fiel eine Menge von uns ab. Es war, als ratterten uns alle verpassten Chancen der vergangenen Jahre durch den Kopf. Endlich, endlich, endlich war es so weit! Wir hatten es geschafft, wir würden in die erste Bundesliga aufsteigen!

Vier Spieltage standen noch an, und wir setzten uns ein Ziel: Wir wollten ungeschlagen Meister werden. Wir gewannen 4:1 gegen Würzburg, 3:0 gegen Crailsheim, 1:0 gegen Sindelfingen. Zum Abschluss stand am 15. Mai ein Heimspiel gegen den FC Bayern II auf dem Plan. 2155 Zuschauer waren gekommen, die Kulisse war unglaublich. Als wir einliefen bekam ich Gänsehaut. Und das Beste: Wir hatten nichts zu verlieren! Die Bayern gingen in der 20. Minute in Führung, aber nach dem Ausgleich durch Yvonne Zielinski gaben wir die Partie nicht mehr aus der Hand. Lise Munk und Anna Gerhardt erhöhten. Dass es noch einen Elfmeter für die Bayern gab – geschenkt. Wir gewannen 3:2 mit dem größten Selbstvertrauen. Und dann, nach dem Schlusspfiff, gab es wirklich kein Halten mehr, der Nachmittag dieses Pfingstmontages wurde zu einer riesigen Party.

Wir versammelten uns auf dem Platz hinter einer grünen Bande, auf der »Meister 2. Frauen-Bundesliga Süd 2015« gedruckt war. Nachdem ein paar offizielle Worte gesprochen waren, bekam Nicole Bender als Kapitänin die Meisterschale überreicht. Sie ging ein zwei Schritte auf uns zu und hielt sie dann mit einem kleinen Sprung hoch in die Luft, während wir anderen eine Laola-Welle machten und klatschten und hüpften. Ich hatte mir eine große FC-Fahne um die Schulter gebunden und bekam die Schale als Vierte in die Hände, lief damit von der Seite in die Mitte vor die Bande, ging in die Knie und stemmte die Trophäe begleitet von mehreren lauten »Yeeeaaah«s meiner Mitspielerinnen in die Höhe. Runter und wieder hoch, runter und wieder hoch, bevor wir dann alle zusammen in Richtung Haupttribüne rannten. Wie wir es genossen, endlich diese Schale in der Hand zu halten!

»Mer schwöre dir he op Treu un op Iehr: Mer stonn zo dir FC Kölle, Un mer jon met dir wenn et sin muss durch et Füer, Halde immer nur zo dir FC Kölle!«, schallte es durch die Boxen des Stadions. Wir setzten uns an die Seitenlinie, um mit den Fans zu feiern. Irina London hatte sich ein Megafon geschnappt. Während sie rief: »Gebt mir ein H ... gebt mir ein U ... gebt mir ein Nie-mehr-zweite-Liga Erster FC Köööőln«, und wir mit den Zuschauern ihr lautes Echo waren, rannten von hinten die Spielerinnen des FC Bayern zu uns und sangen und jubelten mit, als wären auch sie aufgestiegen: »Döp Dö Dö Döp, erste Bundesliga, wir sind wieder da!« Und mit das Schönste dabei war, dass meine Familie ins Stadion gekommen war, obwohl ihnen allen gerade überhaupt nicht zum Feiern zu Mute war. Sie wussten, was dieser Aufstieg mir bedeutete. Wir blieben noch eine ganze Weile auf dem Platz und feierten danach in der Kabine und in einigen Bars weiter durch die Nacht. Das werde ich niemals vergessen.

Während die anderen nach Mallorca flogen, entschied ich mich dagegen. Ich hatte ein großes persönliches Ziel erreicht. Nun wollte ich nicht länger nur hören und sehen, was meiner Glaubensgemeinschaft im Irak angetan wurde. Ich wollte etwas dagegen tun. Im Februar hatten wir unsere eigene Menschenrechtsorganisation gegründet: HÁWAR.help. Wann immer ich konnte, hatte ich ihnen geholfen. Nun blieb mir dafür mehr Zeit. Ich packte eine Tasche mit meinen nötigsten Sachen und fuhr nach Berlin. Mal schlief ich bei Tuna, mal bei Tezcan auf der Couch. Ich versuchte mich einzubringen, wo ich nur konnte. Bis zum Start der Vorbereitung auf die neue Saison blieb ich bei ihnen, dann fuhr ich zurück nach Köln.

Etwas hatte sich verändert. Der Fußball war nicht mehr unangefochten meine Nummer eins. Obwohl ich nun wieder Bundesligaspielerin war. Obwohl ich diesen Aufstieg, den langen Weg dorthin, die Freundschaft zu meinen Mitspielerinnen so sehr genossen hatte. In der höchsten deutschen Liga zu spielen war toll, keine Frage. Aber ich konnte die Verfolgung und die von den IS-Terroristen geplante Auslöschung der Jesiden auch auf dem Platz nicht mehr ausblenden. Es ging einfach nicht. Die pure Freude, die ich früher empfunden hatte, sobald ich einen Ball am Fuß hatte, war getrübt. Meine Karriere endgültig zu beenden, fühlte sich aber auch falsch an. Und so machte ich weiter. Gleichzeitig reiste ich so oft wie möglich zu meinen Schwestern oder mit ihnen durch Deutschland, um Düzens Dokumentarfilm *HÁWAR – meine Reise in den Genozid* zu zeigen und Aufmerksamkeit zu generieren.

Die Veränderung blieb meinem Trainer nicht verborgen. Vor unserem Auftakt gegen Werder Bremen nahm Willi Breuer mich zur Seite und teilte mir mit, dass ich nicht von Beginn an spielen würde. Schon zuvor hatte er mich gefragt, ob alles okay sei, ich sei irgendwie nicht wirklich präsent. Ich hätte mir die Konsequenz aus meinem Gefühlschaos natürlich denken können, trotzdem war ich enttäuscht, auf der Bank zu sitzen, jetzt, wo es losging in der ersten Bundesliga. In der 67. Minute wechselte Willi mich ein, aber ich konnte uns auch nicht mehr retten, wir verloren 2:6. Dass ich mit Kopf und Körper weniger präsent war und Trainingseinheiten verpasste, wirkte sich auf meine Leistung aus. Willi blieb gar keine andere Wahl, als mich ein- oder auszuwechseln. Über die volle Spielzeit war ich selten dabei.

Hinzu kam, dass wir als Mannschaft nach dem vermasselten Start nicht richtig in die Gänge kamen. Das Leistungsgefälle war schlichtweg zu groß. Eine Niederlage reihte sich an die nächste. Nach sieben Partien hatten wir nur einen Punkt gesammelt und steckten in einer sportlichen Krise. Willi wechselte ins Teammanagement, der zuletzt für die U17-Mädchen zuständige Nico Reese übernahm interimsweise, bevor Marcus Kühn wieder unser Trainer wurde. Im nächsten Spiel gelang uns ein 1:1 gegen Hoffenheim, und später endlich ein Sieg gegen Jena, aber eine Trendwende konnten wir nicht einleiten. Die Stimmung war entsprechend mäßig. Vor der Winterpause hatten wir am 13. Dezember noch ein Heimspiel gegen den VfL Wolfsburg. Ich wurde eingewechselt in der 80. Minute. Wir verloren 0:3. Es sollte mein letzter Einsatz in der Bundesliga und meine letzte Partie für den 1. FC Köln sein.

Sobald ich konnte, reiste ich nach Berlin. Ich brachte meine Nichten morgens in die Schule, holte sie nachmittags ab und investierte mit meinen Schwestern viel Arbeit in HÁWAR.help. Wieder blieb ich so lange, wie es ging, und sagte Trainingseinheiten ab, weil ich das Gefühl hatte, in Berlin mehr gebraucht zu werden. Dieses Hin und Her beschäftigte mich, aber ich wollte weder das eine noch das andere bleiben lassen. Schließlich wurde mir die Entscheidung abgenommen.

Es war März, wir steckten mitten in der Vorbereitung auf die zweite Saisonhälfte, der Klassenverbleib war das Ziel, auf keinen Fall wollten wir uns direkt wieder in die zweite Liga verabschieden. Ohne Fremdeinfluss blieb ich bei einer Trainingseinheit derart ungeschickt im Boden hängen, dass ich umknickte und vor Schmerzen nicht mehr weitermachen konnte. Ich musste zum Arzt. Die Diagnose: Riss des Syndesmosebandes. Die Empfehlung: Operation, Physiotherapie, mehrere Wochen Pause. Die Rückrunde würde ich wahrscheinlich nicht mehr groß eingesetzt werden können, die Saison war mehr oder weniger für mich gelaufen.

Angesichts der mir prognostizierten 50/50-Chance einer besseren Heilung entschied ich mich gegen eine OP und setzte auf eine konservative Behandlung: Ruhe und Reha. Einerseits wollte ich schnell auf den Platz zurückkehren und war frustriert über diese Zwangs-Pause. Andererseits sah ich eine Möglichkeit, meinen Schwestern besser und vor allem öfter helfen zu können. Ich empfand immer stärker den Drang, mich für den Kampf der Jesidinnen einzusetzen. Ich spürte, dass die Mission meiner Schwestern auch meine Mission geworden war. Und wahrscheinlich hatte ich allein durch diese Gedanken längst eine Entscheidung getroffen: Gegen die Fußballkarriere, für den Kampf um Menschenrechte. Ich wollte auf keinen Fall durch einen Krankenhausaufenthalt ausfallen. Ich hatte das Gefühl, für den Eingriff keine Zeit zu haben. Es würde schon auch so gehen. Fortan war ich bei den Spielen meines Teams nur noch Zuschauerin.

Seit ich ein Kind war, kam für mich nichts der Bedeutung nahe, die der Fußball für mich hatte. Der Fußball stand über allem. Dass ich nebenher arbeiten musste, dass ich mich auspowerte, dass ich meine Freunde und meine Familie verließ – das alles tat ich jahrelang lieber, als auf Fußball zu verzichten. Ich hatte aus diesem Sport mein Selbstbewusstsein gezogen und meine Selbstständigkeit erlangt, ich hatte mich als Person darüber definiert. Nun aber war endgültig klar, dass sich der

Stellenwert verschoben hatte. Über die vergangenen Monate hatte ich mich langsam vom Fußball gelöst. Es gab etwas, das wichtiger war, ja, das wichtiger war als ich selbst. Und das war unsere Menschenrechtsarbeit. Ihr wollte ich meine ganze Aufmerksamkeit widmen.

Ich stieg mit Krücken in einen Zug nach Berlin. Mit dem FC hatte ich vereinbart, dass ich meine Physiotherapie auch dort absolvieren konnte. Nach den ersten Physio-Stunden hieß es dann, dass ich mich besser operieren lassen sollte, mein Sprunggelenk sei zu instabil. Ohne OP könnte ich nicht so bald auf den Platz zurückkehren. Ich dachte darüber nach, es war ja auch meine Pflicht gegenüber dem Klub, schnellstmöglich einsatzbereit zu werden. Aber ich wollte, ich konnte mir diese Zeit einfach nicht nehmen, so irrational das war. Heute ärgere ich mich darüber. Aber damals hatte ich mir in den Kopf gesetzt, es ohne chirurgischen Eingriff zu schaffen. Monatelang zog sich der Wechsel aus Reha und leichten Trainingsübungen hin. Aber es wurde und wurde nicht besser. Nach und nach ließ ich die Physiotherapie schleifen. Meine Zeit widmete ich dem Engagement für HÁWAR.help und vor allem den SCORING GIRLS, mein eigenes Projekt, das ich im Sommer 2015 ins Leben gerufen hatte und das mein Leben sowie jenes vieler anderer verändern sollte: Ich spielte mit Mädchen aus Flüchtlingsunterkünften Fußball und wollte so eine Gemeinschaft bilden, die ihnen über den Sport hinaus Kraft und Selbstvertrauen schenkte. Ich wollte einen Ort schaffen, frei von Vorurteilen und Kategorien, wo jede willkommen sein würde. Bei dieser Sache war ich mit meinem ganzen Herzen dabei. War das ein Zeichen, auf das ich hören musste?

Ich besprach mich mit Marcus Kühn und den Verantwortlichen des 1. FC Köln. Inzwischen war klar, dass ich die Vorbereitung für die Zweitligasaison 2016/2017 nicht absolvieren konnte und in den ersten Partien ausfallen würde. Ich entfernte mich mehr und mehr vom Verein und von der Mannschaft. Manchmal schaute ich bei Spielen zu, aber rückblickend war ich nicht so präsent, wie ich hätte sein müssen. Für das Verständnis, das der Klub mir in dieser Phase entgegenbrachte, bin ich allen bis heute dankbar. Denn irgendwann sprach ich offen aus, was mir längst klar war: Die Menschenrechtsarbeit war mir wichtiger geworden, und ich wusste nicht mehr, wie ich alles miteinander vereinbaren sollte. Bald darauf stand fest: Mein Vertrag würde nicht verlängert werden.

Nach dem letzten Spieltag – Köln war Zweiter in der zweiten Liga geworden – wurde ich bei der gemeinsamen Abschlussfeier der Frauen und Männer verabschiedet. Auch wenn ich mich emotional in den vergangenen Monaten vom Fußball entfernt hatte, tat mir der Abschied weh. Nun endete ein Kapitel meines Lebens, das mich so sehr geprägt, angetrieben und glücklich gemacht hatte. Nun endete eine Karriere, von der ich als Mädchen nicht einmal zu träumen gewagt hatte.

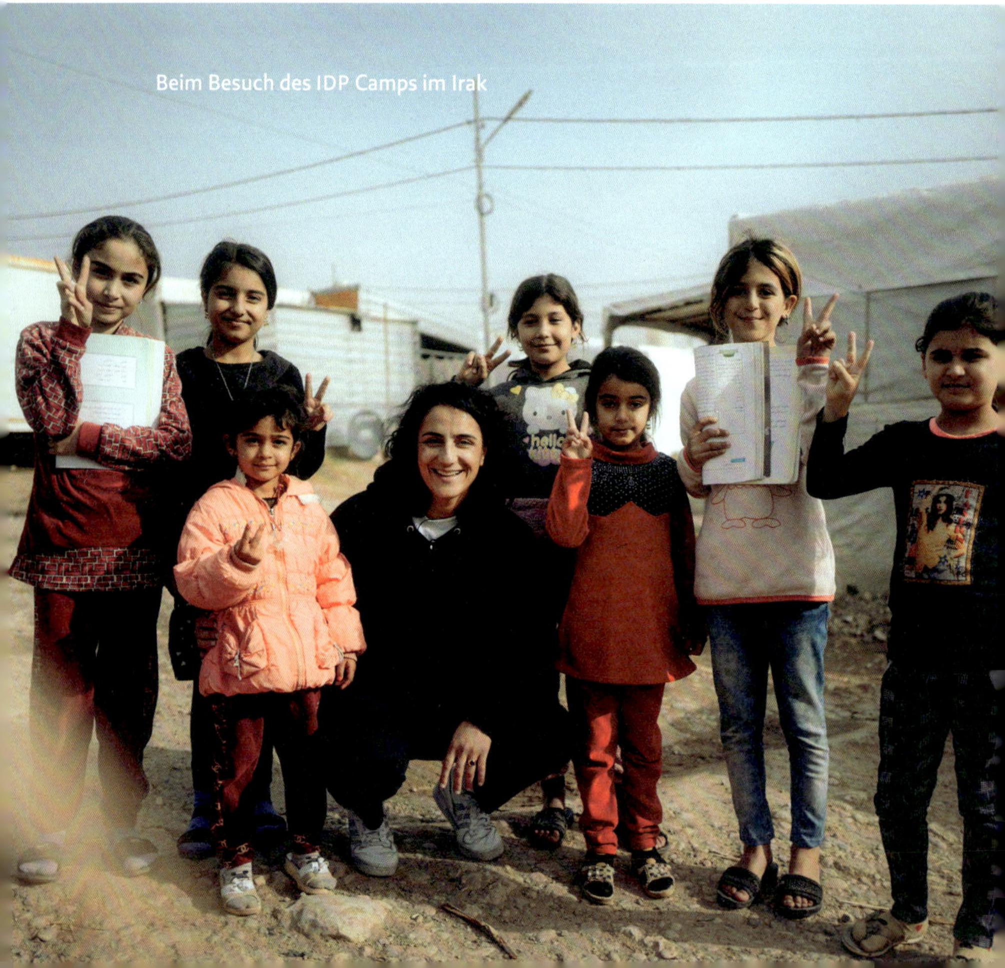

Beim Besuch des IDP Camps im Irak

4

EINE REISE UND IHRE FOLGEN

Beim eigentlichen Gründungsmoment von HÁWAR.help war ich nicht dabei. Aber ich bekam die Geschichte so oft und so lebendig erzählt, dass ich das Gefühl habe, mit im Raum gewesen zu sein.

Im August 2014 erhielt Düzen die ersten Nachrichten, Anrufe und Videocalls aus dem Irak. Die fanatischen Kämpfer des sogenannten Islamischen Staats hatten jesidische Gebiete überfallen mit dem Ziel – wie es der IS später selbst erklären sollte – der kulturellen und religiösen Auslöschung der Jesiden. Die Glaubensgemeinschaft sollte vernichtet werden. Über viele Tausend Kilometer hinweg hatte sich herumgesprochen, dass in Deutschland eine jesidische Journalistin arbeitete, ihre Nummer wurde weitergegeben. In Düzen sahen die Menschen eine Verbündete und eine Retterin. Meine Schwester hörte jeder und jedem aufmerksam zu. Die Geschichten und die Verzweiflung der Menschen ließen sie nicht mehr los. Für Düzen war danach nichts mehr wie zuvor.

2012 hatte sie beschlossen, einen Film über ihre Wurzeln zu drehen und mit unserem Vater in den Irak zu reisen. Seitdem hatte sich viel verändert, aber sie hätte es nicht vor sich rechtfertigen können, eine Beobachterin aus der Ferne zu bleiben. Wir versuchten, Düzen zurückzuhalten, aber von ihrem Plan war sie nicht abzubringen, so gefährlich eine Reise dorthin inzwischen auch war, und obwohl sie keinen Sender fand, der sie unterstützte. Die Organisation übernahm sie selbst – mithilfe ihrer und der Kontakte unseres Vaters, der viele Telefonate führte und half, wo er nur konnte. Er wollte seine Tochter nicht allein ziehen lassen und begleitete sie. Wir hatten so große Angst um die beiden. Ich weiß noch, wie wir uns ständig schrieben, um uns zu versichern, dass es ihnen gut ging. Der breiten, westlichen Öffentlichkeit waren die Gräueltaten des IS in ihrem Ausmaß damals noch nicht bekannt. Aber diese Region war zweifelsohne ein Kriegsgebiet.

Meine Schwester und mein Vater flogen im August 2014 in den Irak. Sie fuhren zu einem Flüchtlingslager in Zakho, an der irakisch-türkischen Grenze. Das Camp glich einer gigantischen Zeltstadt, in der Zehntausende Jesiden Zuflucht gefunden hatten. Düzen und Papa sprachen mit vielen Männern, Frauen und Kindern. Menschen, die traumatisiert bei extremer Hitze um ihr Leben gelaufen waren und sich im Sinjar Gebirge vor dem IS versteckt hatten. Menschen, die gekämpft und alles verloren hatten. Sie hörten von Familien, die auseinandergerissen wurden, von Verdursteten, von den Hinterbliebenen, viele von ihnen brutal ermordet, erniedrigt, vergewaltigt, verschleppt. Düzen wollte den Opfern eine Stimme geben, den Völkermord ungeschönt zeigen. Den Film, der bei dieser Reise entstand, nannte sie *HÁWAR* – Hilferuf.

Als die beiden zurückkamen, hatten sie sich verändert. Sie wirkten tief erschüttert, fast, als wären sie in diesen Tagen um Jahre gealtert. Wir wollten alles über die Reise wissen, aber was sie erlebt und gehört hatten, wollten sie uns im Detail zunächst nicht erzählen. Sie konnten es nicht. Es war zu furchtbar. Während die beiden ihre Eindrücke verarbeiteten, begann Düzen, den Film zu produzieren. Sie wusste nicht, von wem oder wo er gezeigt werden würde. Aber wie gering erschien ihr das Risiko, kein Publikum für den Film zu finden, im Vergleich zu der Dimension des Grauens, dessen Zeugin sie geworden war.

Tezcan war in dieser Zeit nach Berlin gezogen, sie würde bald bei einer Immobilienfirma anfangen. Sie durchstöberte gerade das Sortiment von Zara auf der Suche nach passenden Kleidern, als Düzen anrief und ihr sagte, sie sei im Schnittraum und Tezcan solle möglichst umgehend vorbeikommen, sie wolle ihr etwas zeigen. Also fuhr Tezcan hin, direkt vom Einkauf, bestens gelaunt und unbeschwert. Sie setzte sich auf einen Stuhl, Düzen drückte auf Wiedergabe – und Tezcans Lächeln verschwand. Sie sah und hörte, was Düzen und unser Vater gesehen und gehört hatten: Den tiefen Schmerz der Männer, Frauen und Kinder. Die bestialischen Taten des IS. Nun begriff sie, was die beiden so verändert hatte. Meine Schwester saß da und weinte. Damit war auch für Tezcan nichts mehr wie zuvor. An diesem Tag haben die beiden beschlossen, dass sie etwas tun mussten.

Für Düzen war die Verfolgung der Jesiden im Irak durch den IS längst zu einer persönlichen Angelegenheit geworden. Sie wusste, nur über den Film würde sie greifbar machen können, was dort passierte. Nur so würde die Hilfsbereitschaft auch in Deutschland steigen. Düzen hatte zuvor bei RTL als TV-Journalistin gearbeitet und viele Kontakte. Trotzdem wurde schnell klar, dass es nicht einfach werden würde, Unterstützer zu finden. Es klingt – und war – hart, aber Düzen und Tezcan hatten den Eindruck, dass sich kaum jemand für den Genozid an unserer Glaubensgemeinschaft interessierte, zu der in Deutschland kaum jemand einen Bezug hatte. Das Thema war viel zu weit weg, jetzt im Sommer war den Leuten war nach Leichtigkeit, nicht nach Schwere. Eine Dokumentation, in der Verfolgte davon berichten, wie Angehörige entführt, abgeschlachtet und geköpft wurden? Das war kaum zu vermitteln. Die Jesiden sagten: Heute wir, morgen ihr. Aber der Terror des IS war in Europa noch nicht angekommen.

Düzen reiste im November mit Papa erneut in den Irak und arbeitete unermüdlich an der Dokumentation. Auf einer Veranstaltung hatte

Düzen schließlich Glück. Sie kam mit Thomas Zickler ins Gespräch, der als Geschäftsführer gemeinsam mit Til Schweiger die Produktionsfirma Barefoot Film leitete. Er half bei der Finanzierung und sorgte dafür, dass *HÁWAR – meine Reise in den Genozid* fertiggestellt werden konnte. Düzen und Tezcan schrieben Schulen an, Gemeinden, Universitäten, Bibliotheken, Initiativen, Kultureinrichtungen. Sobald auch nur ein kleines bisschen Interesse bekundet wurde, zogen sie los. Sie fuhren in Dörfer und Städte, in allen vier Himmelsrichtungen. Sie zeigten den Film nach sieben Stunden Autofahrt vor drei Zuschauern, sie präsentierten ihn vor 300 Interessierten: »Im Irak passiert etwas Furchtbares, Leute guckt hin, was mit diesen Menschen gemacht wird! Sie sollen aufgrund ihrer Religion ausgelöscht werden!« Das wollten sie so vielen wie möglich verdeutlichen.

Parallel versuchten die beiden, Medien auf die Situation der Jesiden im Nordirak aufmerksam zu machen. Vor allem Düzen gab Interviews und war zu Gast in Talkshows, während Tezcan das Organisatorische übernahm und Tom Zickler versuchte, über sein Netzwerk etwas zu ermöglichen. Ihm gelang es, dass die Dokumentation ins Programm der Hofer Filmtage aufgenommen wurde. Das half enorm. Zu dieser Kino-Premiere am 25. November 2015 kam auch unsere Familie. Als der Vorhang auf- und das Licht ausging, als wir in den Sesseln in diesem Saal versanken und der Film begann, habe ich gezittert. Mir war kalt und gleichzeitig warm, als wäre mein Körper in einem Schockzustand. Ich sah die Bilder und weinte vor Schmerz. Und gleichzeitig war ich so stolz auf meine Schwestern. Sie hatten es geschafft, Düzens Film lief über eine große Leinwand, das Leid der Jesiden wurde sichtbar.

Nach und nach wuchs das Interesse. Je mehr über die Gewalt des sogenannten Islamischen Staats in den Nachrichten berichtet wurde, desto mehr rückten der Film und die Expertise meiner Schwestern in den Fokus. Düzen hatte mit den Menschen dort gesprochen, sie hatte ohne Filter gehört, was im Irak vor sich ging. Diese Bilder, so hat Tezcan es einmal formuliert, sind selbst ja wie eine Waffe: Eine Waffe der Wahrheit. Alle, die *HÁWAR* angeschaut hatten, waren danach tief erschüttert.

Auch unsere Familie hat sich verändert durch dieses Ereignis. Wir fühlten uns verbunden mit allen Jesidinnen und Jesiden wie nie zuvor. Das macht etwas mit dir, wenn es Menschen wie dich eigentlich nicht mehr geben soll.

Anfangs lief die Arbeit nur zwischen Düzen und Tezcan. Wir anderen Geschwister und unsere Eltern waren nah dran und gleichzeitig weit weg. Ihren Job bei der Immobilienfirma hatte Tezcan längst aufgegeben, all ihre ursprünglichen Pläne umgeworfen. Allein schon emotional hätte sie den Spagat zwischen diesen zwei Welten nicht leisten können. Meine Schwestern waren viel unterwegs und ständig am Handy. Ihr Büro war kein Raum, sondern ein Mobile-Office, es passte in die Hosentasche – in der dafür bald nur noch wenig Geld steckte. Den Film hätten sie ohne die Hilfe von Barefoot nicht finanziert können. Alles andere lief sowieso auf eigene Kosten: Fahrten, Übernachtungen, Verpflegung. Wenn es eine Gage gab, war diese schnell in die nächste Reise investiert.

Eigentlich nach jeder Filmvorführung kam aus dem Publikum die Frage: Was können wir tun? Düzen und Tezcan stellten sich diese Frage ständig. Für sie stand längst fest, dass sie einen Verein gründen wollten, sie hatten gar keine andere Wahl. Sie wussten, dass es Widerstand von verschiedenen Seiten geben würde, wenn sie sich als jesidische Frauen politisch engagieren würden. Aber wie gering wirkte dieser Kraftaufwand und Willensakt im Vergleich zu den Strapazen und dem Leid anderer. Von Beginn an war klar, dass diese Unternehmung eine Familienangelegenheit werden würde. »Lasst uns das machen«, schrieben sie schließlich in unsere Whatsapp-Gruppe. Und ich dachte mir: Ein Verein ist die beste Idee, die wir haben können! Es war die Fortführung des Engagements unseres Vaters, der Ruf, dem wir folgen wollten. Ein Anwalt half uns bei der Vereinssatzung und im Februar 2015 saßen wir schließlich beim Notar. HÁWAR.help war geboren.

Die Arbeit an sich veränderte sich dadurch erst einmal kaum. Düzen und Tezcan reisten weiterhin durchs Land und zeigten den Film. Sie gingen an Schulen, um zu erklären, was im Irak passierte, warum die Leute von dort flohen, wer wir Jesiden waren und warum diese

Glaubensgemeinschaft seit jeher verfolgt wurde. Was sich verändert hatte: Inzwischen konnten viel mehr Menschen etwas mit dem Thema anfangen. Dass der IS immer größer und größer und damit zu einer ernsthaften Bedrohung wurde, darin waren sich alle einig, viele Bilder aus dem Irak waren um den Globus gegangen. Aber deshalb fanden längst nicht alle unsere Menschenrechtsarbeit gut. Auch nicht aus unserem eigenen Kulturkreis.

Manche Männer wollten nicht, dass Frauen in politischen Angelegenheiten mitreden. Es gab schon auch andere Jesidinnen, die sich engagierten, es war ja nicht verboten. Aber wir taten es noch dazu laut und äußerst sichtbar. Wir nutzten gezielt soziale Medien, um auf unser Anliegen aufmerksam zu machen, wir tauchten in den Medien und in der Öffentlichkeit auf. In unserem Kampf um Menschenrechte waren wir unbequem. Und wir brachen dabei Tabus. In Düzens Film erzählten Mädchen und Frauen von ihren Misshandlungen, von Vergewaltigung und Schlägen, ihr Leid und ihre Demütigung wurden greifbar. Über so etwas zu sprechen war früher ein No-Go gewesen, Frauen nahmen diese Schmach mit ins Grab. Diese Jesidinnen aber sagten: Ja, der IS hat uns verschleppt und vergewaltigt, wir wurden als Sklavinnen gehalten. Aber wir sind stärker, wir reden darüber! Wir sind keine Opfer – wir sind Überlebende!

Meine Schwestern wurden direkt angesprochen, manche Leute riefen bei meinen Eltern an, ihre Töchter sollten bitte damit aufhören, diese Themen in die Öffentlichkeit zu tragen. Mein Vater besänftigte die Anrufenden. Unser Engagement hätte er uns nie untersagt. Er war von Beginn an sehr stolz. Für ihn war die Gründung von HÁWAR.help wie die Übergabe eines Staffelstabs. Nachdem er sich lange dafür eingesetzt hatte, auf die Verfolgung und Unterdrückung der Jesiden aufmerksam zu machen, lange bevor der IS mit seinem Wahnsinn begann, taten das nun seine Töchter in seinem Sinne. »Wir werden seit Tag eins verfolgt!«, hatte er seit jeher zu uns gesagt. Nun waren wir es, die Sätze wie diesen sagten, und die insistierten, wo wir konnten: Schaut hin!

Manche Kritiker fanden, dass wir mit unserer Arbeit unsere Kultur beschmutzen. Selbst Bekannte und Verwandte ermahnten uns. Ihre Reaktion hatte einen ganz nachvollziehbaren Grund: Wir begehrten gegen Verbrecher und Unrechtsregime auf, deren Anhänger womöglich weiterverbreitet waren, als es uns bewusst war. Verwandte zum Beispiel sagten: »Ihr müsst Rücksicht nehmen. Wir und andere in der Türkei und Syrien heißen auch Tekkal, wir alle werden durch euch einer Gefahr ausgesetzt.« Heute ist das anders. Heute sind sie stolz auf unsere Courage. Aber damals war das ein großes Thema in unserer Gemeinschaft. Wir spürten ihre Angst und versuchten, sie zu beruhigen. Denn was uns allen klar war: Wenn wir nichts taten oder sagten, wer dann? Wenn schon wir uns allein gelassen fühlten mit unserer Arbeit, wie erging es erst den Betroffenen?

Als wir unseren Verein gründeten, war mir direkt klar: Wenn wir so etwas machen, muss ich mich mit meinem Herzensthema Fußball einbringen. Denn das war das, was ich am besten konnte. Ich war bis dahin als Bundesliga-Spielerin mit Zuwanderungsgeschichte immer wieder für Gesprächsrunden angefragt worden und involviert gewesen in Integrationsprojekte, ich wusste, ich kann viel bewegen. Während ich Düzen und Tezcan von Köln aus so gut ich konnte unterstützte, fragte ich beim 1. FC Köln an, ob ich einmal pro Woche für ein, zwei Stunden einen Platz auf dem Vereinsgelände zur Verfügung gestellt bekommen könnte. Ich wollte Mädchen aus Flüchtlingsunterkünften zusammenbringen und mit ihnen Fußball spielen. Ich wusste, dass dort auch jesidische Familien untergebracht waren. Das waren die inoffiziellen Anfänge meines ganz persönlichen Projekts, den SCORING GIRLS.

Wir verspürten gleichzeitig Energie und Erschöpfung, Elan und Enttäuschung. Wir bewegten etwas, unser Thema bekam mehr Aufmerksamkeit, auch wenn der Weg zunächst mühsam war. Was uns enorm Kraft gab, waren wir gegenseitig. Als Schwestern zusammenzuarbeiten, eine gemeinsame Sache voranzubringen – das hatten wir vor unserem Verein so nie geplant und genossen es nun umso mehr. Tülin studierte in Hannover Politik und absolvierte Praktika bei HÁWAR.help. So haben wir versucht, uns gegenseitig zu unterstützen. Ich kam nach Berlin, wann immer der Fußball ein Zeitfenster dafür ließ. Ich fuhr mit zu Filmvorführungen und lief im Anschluss mit einer Spendenbox durch die Reihen, um ein bisschen Geld zusammenzubekommen für unsere Hilfsorganisation, denn uns fehlten noch immer Investoren.

ALLES GEGEBEN

Seit dem Tag im Schnittraum waren viele Monate vergangen. Meine Schwestern waren erschöpft. Sie hatten so viel investiert und wollten immer noch mehr tun als das, was sie schon taten. Düzen engagierte sich zudem politisch und gehörte zum Schattenkabinett von Julia Klöckner in Rheinland-Pfalz. Düzen und Tezcan hatten kaum noch ein Privatleben. Wenn meine Schwestern Menschen trafen, dann ging es meist um ihr Engagement. Sie zeigten so oft diesen Film, der auch sie jedes Mal erschütterte. Sie machten genau das, was sie wollten: Aufklären. Nur ging das allmählich an die Substanz. Die beiden fühlten sich manchmal, als wären sie Vampiren begegnet – abends legten sie sich wie ausgesaugt schlafen.

Spannungen blieben nicht aus. Düzen und Tezcan diskutierten viel. Irgendwann kam Tuna dazu, die inzwischen nach Berlin umgezogen war. Düzen und Tezcan hatten ihr das vorgeschlagen. Erst zögerte Tuna, sie hatte sich in einer anderen Stadt ein Leben aufgebaut, ihre Kinder waren dort verwurzelt. Und sie hatte ja mitbekommen, wie intensiv die Arbeit war. Meine Mutter war nicht recht von der Idee überzeugt. »Was wollt ihr denn mit ihr in Berlin, was soll sie da?«, fragte sie. Tuna aber war das Thema enorm wichtig, und so stieg schließlich auch sie in die Menschenrechtsarbeit ein. Was vor allem dabei half, Düzen und Tezcan zu entlasten. Tuna war der Ruhepol und übernahm viele Aufgaben. Bis dahin hatte Tezcan Buchhaltung, Finanzen und überhaupt viel von der Organisation allein gestemmt.

Düzen und Tezcan fuhren immer wieder zu Terminen in den Bundestag. So entstand die Idee, *HÁWAR – meine Reise in den Genozid* der CDU/CSU-Fraktion vorzuführen. Als es im Juni 2016 so weit war, musste ich grinsen. Auf der einen Seite saßen Politikerinnen und Politiker in adretten Kostümen und Anzügen. Auf der anderen Seite Dutzende Tekkals: Unsere Tanten in bunten, tollen Kleidern, unsere Onkels mit ihren Bärten und Schiebermützen. Alle waren aus Hannover nach Berlin gereist. Alle waren sehr ergriffen. Ein Film über Jesiden – und dann auch noch einer von Düzen. Es war berührend, dass sie gekommen waren, das war uns Schwestern wichtig, vor allem nach den zweifelnden Tönen, die einige zuvor geäußert hatten.

In dem Saal saß auch Entwicklungsminister Gerd Müller. Nach der Veranstaltung kam er auf Düzen und Tezcan zu, drückte ihnen seine Visitenkarte in die Hand und fragte: »Wie können wir euch helfen?« Die beiden erzählten von ihrer Idee, im Irak ein Frauenzentrum aufzubauen, um Geflüchtete zurück ins Leben zu holen und ihnen eine Perspektive zu geben. Düzen und Tezcan sagten: »Wenn wir keine Förderung bekommen, müssen wir dieses Baby beerdigen.« Daraufhin sagte Gerd Müller: »Babys dürfen nicht beerdigt werden.« Er glaubte an das Projekt und setzte alle Hebel in Bewegung.

Ich hatte derweil einen Entschluss gefasst. Syndesmosebandriss hin oder her, ich stellte die Menschenrechtsarbeit über meine Gesundheit und verbrachte mehr und mehr Zeit in Berlin bei meinen Schwestern. Ich tat das, obwohl ich noch beim 1. FC Köln unter Vertrag stand. Ich hatte Verpflichtungen. Aber an meiner Rückkehr auf den Fußballplatz, so dachte ich, konnte ich ja auch in Berlin arbeiten. Im Winter 2016 zog ich schließlich zu meinen Schwestern. In Köln gab ich alles auf. Es war ein Impuls, ich wollte keine Kompromisse eingehen. Ich kündigte meinen Mietvertrag, sortierte meine Sachen aus. Für mich fühlte sich das genau richtig an.

In Prenzlauer Berg fand ich eine kleine Wohnung, nicht besonders schön, aber für nur 380 Euro Miete. Beim Umzug halfen mir meine Geschwister und meine Eltern. Mama war fröhlich, weil ich nun endlich wieder in der gleichen Stadt leben würde wie meine Schwestern. Dass ich so lange allein in Köln geblieben war, hatte sie nicht nachvollziehen können. Aber als wir in der Wohnung ankamen, hätte sie mich wahrscheinlich am liebsten mit nach Hannover genommen oder mich bei einer meiner Schwestern untergebracht. Alles war eher marode, da konnten wir noch so sehr saugen, sprühen und wischen. Rückblickend war das Zeitverschwendung, ich fühlte mich in dieser Wohnung nie heimisch. Ich hatte etwas Eigenes haben wollen, war dann aber kaum dort.

Ansonsten spürte ich Euphorie und gleichzeitig Unwohlsein. Mein Verein ging davon aus, dass ich mich in die Reha stürzte und mich meine Schwestern umsorgten, wenn ich mich schon nicht operieren ließ. Stattdessen arbeitete ich oft von morgens bis abends mit ihnen in einem Büro. Was in unserem Fall damals hieß: Ein Zimmer für vier rauchende Köpfe. Ich half, wo ich konnte. Was auch immer erledigt werden musste, ich tat es. Ich dachte nicht mehr an mein Fußgelenk, durch den Alltag kam ich schon irgendwie. Schmerzen bereitete mir etwas anderes. Die Berliner Tage waren gefüllt von Leid, von Geschichten über Tod, Gewalt und Flucht. Wir standen in ständigem Austausch mit Jesidinnen und Jesiden, die vor dem IS-Terror geflüchtet waren, und mit ihren Angehörigen. Wir versuchten zu helfen und durch unsere Kontakte politisch Einfluss zu nehmen. Alles fühlte sich an wie ein Kampf. Ich hatte eindeutig unterschätzt, wie nah mir diese Arbeit gehen und wie hart dieser Lebenswandel werden würde. Ich war überrumpelt von meinen Gefühlen. Ich vermisste meine Mitspielerinnen und die Stadt Köln. Ich hatte keinen Ausgleich mehr und auch nicht mehr das in meinem Leben, was ich so geliebt hatte, den Fußball. Ich steckte so tief drin in unserer Hilfsorganisation, dass ich zu einem Geist wurde, der nur noch funktionierte.

An einem Tag in der Woche nahm ich mir eine Pause von HÁWAR.help. Jeden Mittwoch fuhr ich nach Köln, um das SCORING-GIRLS-Training zu leiten. Morgens hin, abends wieder zurück. Das war anstrengend, aber unter keinen Umständen wollte ich auch nur eine Einheit ausfallen lassen. Ich wusste, wie viel unser Training den Mädchen bedeutete. Für viele sind das die einzigen Momente gewesen, in denen die Welt in Ordnung war. Hier konnten sie sein, wie sie sind – hier waren sie gut, so wie sie waren. Bei diesem Projekt lag der Fokus auf ihren Bedürfnissen, auf Spaß und Bewegung. Auf dem Platz ging es um die Lust auf ein neues Leben in Sicherheit, sie sollten ihre schlimmen Erlebnisse zumindest für eine gewisse Zeit beiseiteschieben können. Wir lachten viel. Wenn ich im Zug zurück in die Hauptstadt saß, hatte ich neue Kraft getankt. Ich hatte wieder diesen Geruch von Rasen in der Nase und einen Ball am Fuß gehabt. Die Zeit mit ihnen brachte mir Ablenkung und Leichtigkeit. Und ich wusste, den Mädchen ging es genauso.

Drei Monate hielt ich diesen Rhythmus durch. Dann traf ich eine Entscheidung und sprach mit meinen Schwestern. Ich war nervös. Als würde ich eine Beziehung beenden: »Wir haben das jetzt probiert mit Berlin, aber ich muss zurück nach Köln. Für mich ergibt das keinen Sinn hier. Ich will bei euch sein, ich will mit euch arbeiten, ich will mich einsetzen, aber so kann ich das nicht. Ich gehe kaputt, wenn ich so weitermache. Ich muss jedenfalls etwas ändern, es tut mir leid.« Ich hatte Tränen in den Augen. »Tuğba, überleg dir das doch noch mal«, sagte Düzen. »Das ist bestimmt nur am Anfang so, neue Stadt, neues Leben, kein Fußball – du fühlst dich bestimmt bald wohl. Du hilfst uns so sehr!« Ich schüttelte den Kopf: »Ich habe es versucht. Es hat sich richtig angefühlt, aber es war einfach zu überstürzt, so schnell nach Berlin zu kommen.« Und da meinten Tuna und Tezcan: »Alles gut, mach dir keine Gedanken, das wird schon alles!«

Über einen Freund fand ich ein Zimmer in Köln. Er schickte mir wenige Tage nach meiner Nachricht ein Video von meinem künftigen Zuhause: »Das ist eigentlich nur ein Keller, aber wir können dich da kurzfristig unterbringen. 150 Euro Miete. Wenn du möchtest, kannst du da wohnen.« Ich packte meine Sachen und sperrte das meiste in einen Lagerraum. Meine Möbel, Küchengeräte, meinen Fernseher, Bilder, auch einige Klamotten. Ich buchte ein Bahnticket, wie sonst auch, wenn ich mittwochs zu den SCORING GIRLS fuhr. Einen Koffer und eine Sporttasche mit Kleidung und den wichtigsten Sachen, mehr nahm ich nicht mit. Ich fühlte mich frei.

In der neuen Wohnung war alles recht eng. Ein großes Fenster spendete viel Licht. Gleich am Eingang ging es in ein kleines Bad mit einer Toilette und einer Dusche. Ich konnte gerade so darin stehen und mich drehen. Nach und nach stockte ich meinen Hausstand mit dem Nötigsten auf. Von Freunden bekam ich eine Couch, die ich ausziehen konnte, um darauf zu schlafen. An der Wand stand ein Regal, auf das ich ein paar Fotos stellte, die ich von den SCORING GIRLS zum Geburtstag bekommen hatte. Das war‘s. Mehr brauchte ich auch gar nicht. Es war mir wirklich vollkommen egal, wie ich wohnte. Hauptsache, zurück in Köln! Ich würde ohnehin kaum in dieser Kellerwohnung, sondern viel draußen sein, unterwegs mit den SCORING GIRLS.

Meine Familie sah meine Wohnung erst im Sommer 2018, als ich ein Benefizspiel organisiert hatte, zu dem sie auch kamen. Vier meiner Schwestern übernachteten bei mir, ich lieh mir Matratzen von meinen Nachbarn. Als ich die Tür aufschloss und sie nach und nach reinkamen, mussten sie erst einmal lachen, so herzhaft, dass ich mitlachen musste. Damit waren all meine Sorgen über die Reaktion meiner Familie verflogen.

Mir ging es besser, nachdem ich den Abstand zu Berlin gewonnen hatte. Die SCORING GIRLS waren mein Herzensprojekt, mit ihnen wollte ich nun die nächsten Schritte gehen. Von meinen Schwestern spürte ich ein sehr großes Vertrauen, sie ließen mich machen, sie wussten, in diesem Bereich kenne ich mich aus. Allerdings bereitete ich nicht mehr ausschließlich die Fußballübungen vor, sondern ging mit den Mädchen und ihren Eltern zu Behörden, übersetzte Briefe, löste Probleme. Zusätzlich versuchte ich weiterhin, meinen Schwestern aus der Ferne zu helfen. Unsere Erschöpfung wurde immer größer, und auch wenn ich unsere Arbeit nie als solche hinterfragte, kamen mir doch Zweifel über die Art unserer persönlichen Herangehensweise. Wie viel Zeit wir investierten, ob es richtig sein konnte, dass wir uns selbst dabei so sehr zurücknahmen. Auch unsere Eltern, die sehr stolz auf unser Engagement waren, sorgten sich, ob das der richtige Weg sei. »Düzen, was machst du mit deinen Schwestern?«, sagte Papa in dieser Zeit. »Ihr verdient kein Geld, du hast auch eine Verantwortung gegenüber ihnen.«

Unsere Brüder wollten wissen, was wir da eigentlich machten und meinten: »Schön und gut mit dem Helfen, aber ihr müsst doch auch leben!« Und Mama fragte: »Wie lange wollt ihr das noch so weitermachen? Wie lange wollt ihr noch so viel reinstecken und nicht mehr wirklich am Leben teilnehmen?« Über allem schwebten unsere Geldsorgen. Düzen war unsere Visionärin, die stets die nächsten, dringenden Schritte im Blick und viele Ideen hatte, wie wir mehr erreichen könnten. Tezcan stand quasi ständig in Verbindung mit dem Finanzamt, um Fristen zu verlängern. Sie versuchte mit dem Wenigen, was wir hatten, zu jonglieren.

Ein Tiefpunkt war erreicht, als sich die beiden im Sommer 2017 mit einem Freund und treuen Begleiter zum Essen in einem Restaurant in der Französischen Straße trafen. Er arbeitete als Anwalt und hatte uns dabei geholfen, die Vereinssatzung für HÁWAR.help aufzustellen. Er war einer von denen, die uns enorm unterstützt hatten. Da saßen sie also und wollten über die Zukunft sprechen. Düzen und Tezcan erzählten von ihren Ideen und tauschten sich mit ihm aus. Bis er irgendwann sagte: »Was ihr macht, ist beeindruckend. Es ist wichtig. Aber ... Und ich sage euch das wirklich als Freund: Lasst das mit dem Verein besser bleiben. Es geht hinten und vorn nicht auf. Tezcan, du kannst doch leicht wieder in die Immobilienbranche zurück. Und Düzen, verfolge deine politische Karriere, das klappt bestimmt. Aber tut euch den Gefallen und hört auf.« Die beiden, so beschrieb es Tezcan später, hatten einen Kloß im Hals und ein Loch im Herzen.

Als sie die Worte hatten sacken lassen, riefen sie Tuna und mich an. Wir waren alle geschockt. Natürlich lief es in manchen Bereichen nicht, wie es laufen sollte. Aber den Verein zu schließen? Aufgeben? Schon der Gedanke daran schmerzte. Wir besprachen die Lage und die Einschätzung des Anwalts. Dann wechselten wir wieder in den Kampfmodus. Wir machen weiter, jetzt erst recht! Jedes Nein, das wir hörten, verwandelten wir innerlich zu einem Ja und zogen zusätzliche Motivation daraus. Wir hatten schon so viel Zeit und Energie in die Projekte gesteckt und so viel Lärm gemacht, dass wir inzwischen immerhin gehört wurden.

Mit der Unterstützung von »Ein Herz für Kinder« reisten Düzen und Tezcan im Oktober 2017 in den Irak, um Hilfsgüter in einem IDP Camp zu verteilen. Das war wichtig, aber es kam ihnen vor wie ein Tropfen auf den heißen Stein. Sie begegneten tief traumatisierten Leuten, manche wie paralysiert, in deren Blicken sich der Horror spiegelte, den sie erlebt hatten. Ich bin ehrlich gesagt froh, damals noch nicht dabei gewesen zu sein. Ich glaube, ich wäre an dem Leid der Menschen zerbrochen. Ihre Geschichten gaben uns neuen Antrieb, um weiterzumachen. Sie brauchten uns. Mehr denn je.

Für mich wurde immer klarer, dass ich nicht mehr in den Profifußball zurückkehren konnte. Das sagten mir mein Herz und auch mein Knöchel, um den ich mich nicht gut genug gekümmert hatte. Als ich dem 1. FC Köln erklärte, dass ich meine Karriere nicht fortsetzen würde, spürte ich die Wärme und Größe dieses Vereins: Niemand wollte mir Steine in den Weg legen. Und so markierte der 13. Dezember 2015 mein letztes Bundesligaspiel.

Meine Ersparnisse waren aufgebraucht, wie auch die meiner Schwestern. Düzen war die Einzige, die durch ihre journalistische Arbeit ein regelmäßiges Einkommen hatte. Aber alles Geld, das sie nicht für die nötigsten Dinge brauchte, steckte sie direkt in HÁWAR.help. Wir lebten von der Hand in den Mund. Der Verein war uns wichtiger als alles andere.

Das Interessante war, dass die Außenwirkung dazu manchmal konträr stand. Was wir ja wirklich immer gut konnten, nicht zuletzt durch die Erfahrung von Düzen als Journalistin und durch unsere Kontakte, war die Öffentlichkeitsarbeit. Wir trafen Politikerinnen und Politiker, Menschen aus der Kulturszene – und einige Leute zogen daraus den Schluss, dass es uns ganz wunderbar gehen müsste. Anfangs versuchten wir, dieses Bild zu korrigieren. Bis wir uns entschieden, diese Energie zu sparen. Was hätte es auch geholfen, die Realität zu betonen? Mir blieb nichts anderes übrig, ich meldete mich schließlich beim Jobcenter und beantragte Arbeitslosengeld.

Niedergeschlagen, so fühlte ich mich auf dem Weg zum Amt. Wie kann das sein, wie kann das sein, wie kann das sein? Immer wieder kreiste diese Frage durch meine Gehirnwindungen. Das wurde auch nicht besser, als ich auf einem dieser harten Plastikstühle vor dem Schreibtisch eines Beamten saß. »Ach, Mensch, Sie haben ja beim FC gespielt!«, sagte der Mann und guckte mich begeistert an. »Mhm«, antwortete ich und rang mir ein Lächeln ab. »Mensch, heftig, und jetzt sitzen Sie hier. Das ist doch irre, wie viel die Fußballer im Vergleich zu den Fußballerinnen verdienen!« Ich nickte. Was sollte ich dazu auch sagen. Er hatte Recht, aber das half mir wenig. Ich lebte von Kranken- und Arbeitslosengeld, bevor die Zuwendungen auf Hartz4 übergingen. Ich bewarb mich um Stellen und bemühte mich. Gleichzeitig hoffte ich, dass ich diesen oder jenen Job nicht bekommen würde, weil ich wusste: Das schränkt mich ein in meiner Zeit für die SCORING GIRLS.

Ich funkte natürlich auch meine Kontakte an, um wieder als Fitnesstrainerin zu arbeiten. Dieser Einstieg wäre mir leichtgefallen, ich hatte das lange genug gemacht. Aber mit welchem Fitnessstudio ich auch sprach – für alle war die Vereinbarung mit meiner Menschenrechtsarbeit und meinem sozialen Projekt ein Problem. Ich wusste ja, dass ich an manchen Tagen zwischendurch ein paar Stunden Zeit brauchte, um den Mädchen bei Behördengängen zu helfen. Aber relativ spontan Termine absagen, um zur Ausländerbehörde zu gehen, ohne zu wissen, wie lange es dauern würde, das machte keiner mit. Als Personal Trainerin zu arbeiten konnte ich damit auch nicht vereinbaren. Also war ich weiterhin im Minus und fragte meine Brüder, ob sie mir Geld leihen könnten.

Vor den SCORING GIRLS wollte ich mir nichts anmerken lassen. Sie hatten ihre eigenen Kämpfe, sie sollten sich nicht auch noch Sorgen um meine machen. Viele der Mädchen sammelte ich ein, und wir fuhren gemeinsam mit Bahn und Bus zum Training. Irgendwann wechselte ich zu Carsharing-Angeboten. Eines Tages im Herbst lief ich wie gewohnt zu einem der nächstgelegenen Autos, meine Sporttasche hielt ich mir über den Kopf, es regnete. Ich tat alles wie gewohnt, aber das Auto ließ sich nicht öffnen. Ich versuchte es noch mal. Und noch mal. Dann ploppte eine Mitteilung auf meinem Handybildschirm auf: Die letzte Rechnung konnte nicht beglichen werden. Mein Benutzerkonto war bis auf

Weiteres gesperrt. Ich stellte meine Tasche auf den Boden. Der Regen prasselte auf mich ein, und ich wurde überschwemmt von einer Gefühlswelle. Ich schämte mich und war gleichzeitig wütend, weil ich nicht verstand, wie es sein konnte, dass ich anderen helfen und etwas Gutes tun wollte und nun ohne Kohle dastand und nichts ausrichten konnte. War das eine Strafe? Wenn ja, wofür bitte!? Ich wollte schreien. Die Mädels warteten darauf, abgeholt zu werden, aber ich konnte es nicht.

Was ich ohnehin schon wusste, wurde mir nun noch deutlicher: Ich brauchte Geld, dringend. Ich konnte so nicht weitermachen. Mir kam eine eigentlich naheliegende Lösung: Meine Brüder. Timur führte damals drei – inzwischen sind es mehr – Filialen der Restaurantkette Dean&David in Hannover, Taner und Tamer arbeiteten eng mit ihm zusammen. Ich könnte bei meinen Eltern wohnen und bei ihnen arbeiten. Und so kam es dann auch. Im Herbst 2017 zog ich in meine Geburtsstadt zurück. Ab 6 Uhr morgens stand ich in einer Filiale. Ich wusch und schnibbelte Gemüse, machte Sandwiches, Wraps, bereitete Currys und Salate vor. Bis 10 Uhr musste das Essen hergerichtet und alles in der Filiale ordentlich sein, dann öffneten wir den Laden. Dieser Schritt fiel mir nicht leicht, aber dass ich endlich wieder Geld verdiente, machte es leichter.

Nach der Arbeit verbrachte ich viel Zeit mit meinen Eltern und mit meinen Brüdern, unser Verhältnis wurde viel enger. Mit meinen Brüdern hatte ich in den Jahren zuvor eher wenig zu tun gehabt, wie das so ist, lebte jeder sein Leben. Nun sahen wir uns fast jeden Tag, wie früher. Mit Mama und Papa saß ich oft im Wohnzimmer. Wir unterhielten uns über die Familie, über Politik, über Alltägliches. Sie spürten, dass sie mir Halt gaben und dass ich in Hannover gerade aufgefangen wurde. Ich liebte es, mit ihnen zusammenzusitzen. Vor allem unser Frühstück am Wochenende gefiel mir. Es war eigentlich mehr ein Brunch. Es gab angebratenes Gemüse mit Ei, dazu Joghurt, Brot, Käse, Wurst und Tee. Und ein Ritual: Mein Vater beendete sein Frühstück stets mit einem Honigbrot.

Meistens fuhr ich dienstags nach der Arbeit nach Köln, um den SCORING GIRLS bei ihren Angelegenheiten zu helfen oder mit Eltern zu sprechen, die Hilfe brauchten. Mittwochs ging ich mit ihnen zu

Behörden oder auf Wohnungssuche. Mittags trainierten wir auf einem Bolzplatz oder auf dem Vereinsgelände des 1. FC Köln, danach sprach ich mit den Mädels, wie es ihnen gerade so ging, begleitete manche von ihnen nach Hause und sagte bei den Eltern Hallo. Wenn alles reibungslos lief, erwischte ich den Zug um 17.48 Uhr nach Hannover, oft aber auch erst den um 18.48 Uhr. Zweieinhalb Stunden später war ich daheim. Am nächsten Morgen stand ich wieder in einer der Dean&David-Filialen. Zwei Jahre zog ich das so durch. Viel von dem Geld, das ich verdiente, steckte ich in die Fahrten und in Anschaffungen für die SCORING GIRLS – und in HÁWAR.help. An einigen Wochenenden war ich mit meinen Schwestern in Berlin oder in Deutschland unterwegs, um den Film von Düzen zu zeigen und sie zu Vorträgen und Gesprächsrunden zu begleiten.

2017 trudelten für die SCORING GIRLS endlich erste Gelder ein über die Stiftung des 1. FC Köln und ein Crowdfunding, das ich gestartet hatte und das zumindest ein paar Hundert Euro übers Jahr verteilt brachte. Mein Projekt wurde nach und nach bekannter und ich als Ex-Bundesliga-Fußballerin mit Zuwanderungsgeschichte gefragter als Gesprächspartnerin. Wie geht man so ein Projekt an? Was ist wichtig bei der Arbeit mit Mädchen aus verschiedenen Kulturkreisen? Um solche Fragen ging es. Nun hielt ich selbst auch Vorträge. Ich wollte so viele Menschen wie möglich erreichen, damit auch anderswo ähnliche Projekte entstehen konnten. Das erschien mir so selbstverständlich, dass ich dachte, ich könnte dafür kein Geld verlangen – selbst, wenn ich dafür nach Düsseldorf oder Dortmund fuhr. Ich saß teilweise neben Politikern und Unternehmern, Leute, die wirklich viel Erfahrung hatten. Wer war ich im Vergleich zu denen schon, dass ich Honorar einfordern könnte? So dachte ich damals. Ich hatte ja auch gar keine Ahnung, was ich überhaupt hätte verlangen können. Überhaupt fühlte ich mich schlecht dabei, ein Honorar einzufordern. Es ging doch um die Sache!

Aus heutiger Sicht kann ich das nicht mehr nachvollziehen, aber damals dauerte es, bis ich wenigstens Fahrtgeld anfragte, um den Aufwand etwas zu kompensieren. Vielleicht, weil meine Schwestern und ich es aus unseren Anfängen nicht anders kannten, als dass wir selbst für unser Engagement aufkamen. Hauptsache, man hörte uns zu. Vielleicht lag es auch daran, dass ich erst später verstand, wie wichtig meine Expertise und meine Impulse sein konnten. Ich ging ganz anders an Sachen ran als jene Menschen, mit denen ich bei diesen Veranstaltungen zusammenkam. Meine Erfahrung als Deutsche mit Zuwanderungsgeschichte, als Initiatorin der SCORING GIRLS, die tagtäglich mit diesen Mädchen zu tun hatte, als Ex-Fußballerin – die war in diesen Runden etwas Besonderes. Deshalb war ich dort.

Wir kämpften uns weiter durch. Und dann saß Tezcan tatsächlich vor einem Projektantrag nach Maßstab des Bundesministeriums für wirtschaftliche Zusammenarbeit und Entwicklung. Sie wühlte sich mithilfe einer Mitarbeiterin durch die Bürokratie. Wir beantragten offiziell staatliche finanzielle Unterstützung für unser erstes offizielles Projekt: *Back to Life*. Ein paar Wochen später erhielten wir die Genehmigung. HÁWAR.help war zum Projektpartner des BMZ geworden. Nach all dem Kampf war es 2018 endlich so weit. Jetzt konnten wir so richtig loslegen. Das veränderte alles. Wir konnten viel strukturierter, viel professioneller arbeiten und hatten auf einmal ganz andere Möglichkeiten. Für HÁWAR.help konnten wir Mitarbeiter einstellen, ein richtiges Büro beziehen und wurden die finanziellen Sorgen los, die zuvor ein wirklich belastendes Ausmaß angenommen hatten. Und das Wichtigste: Wir konnten unser erstes Frauenzentrum in der autonomen Region Kurdistan im Nordirak bauen und den Menschen dort nachhaltig helfen.

KEIN WEG ZURÜCK

Bevor wir HÁWAR.help gründeten, hatte ich mich oft gefragt, was ich eigentlich machen wollte mit meinem Leben ohne Bundesliga-Fußball. Das tägliche Training und die Spiele am Wochenende bestimmten meinen Rhythmus; die Arbeit als Fitnesstrainerin lief nebenher. Ich hätte diesen Job natürlich fortführen können. Mir machte die Arbeit Spaß, ich hatte viele Kunden, Sport und Menschen, das war definitiv mein Ding. Ich wollte in diesem Bereich bleiben. »Mach dich doch selbstständig als Athletikcoach«, lautete der Tipp, den ich wohl am häufigsten hörte. Klang gut. Aber wie lange würde mich das erfüllen, anderen dabei zu helfen, besser in Form zu kommen? »Und jetzt legen wir noch ein paar Gewichte drauf, das schaffen Sie!« – war das ein Satz, den ich mich noch mit 40, 50 Jahren sagen hörte? Tag für Tag begleitete mich das Gefühl, dass da mehr sein musste für mich, mehr Sinnhaftigkeit. Ich wusste nur noch nicht, was es sein konnte.

Schon die ersten Trainingseinheiten mit den geflüchteten Mädchen auf dem Fußballplatz bewegten mich dann zutiefst. Ich konnte meine Stärken in etwas Gutes einfließen lassen. Es war völlig egal, welchen Schulabschluss ich hatte, was jetzt zählte, war Empathie. Selbst mein heiß geliebter Bundesliga-Fußball rutschte in der Prioritätenliste nach hinten – und die Arbeit für unsere Hilfsorganisation weit nach oben. Wenn es dafür noch einen Beweis brauchte, lieferte ihn mein Umgang mit der Verletzung 2016. Die Tuğba von früher hätte sich so schnell wie möglich operieren lassen und sich in die Reha gestürzt. Die neue Tuğba fand, dass es Wichtigeres zu erledigen gibt.

Mein bisheriges Leben wurde auf den Kopf gestellt. Ich war irritiert davon, wie schnell ich bereit war, meine Karriere zu vernachlässigen. Aber das fühlte sich alles richtig an, es ergab so viel Sinn, als hätte es keinen besseren Zeitpunkt für eine Verletzung geben können. Ich wurde aufgefangen von der Arbeit mit meinen Schwestern für HÁWAR.help.

Und vielleicht hatte es gar nie anders sein können, vielleicht waren wir von dem Engagement unseres Vaters zu stark geprägt worden. Für uns gab es nur diesen einen Weg.

Wir starteten Petitionen, organisierten Kundgebungen, zeigten weiterhin den Film, sprachen mit Politikern und Journalisten. Wichtig war uns nur, dass wir alles ganz korrekt machten. Wir schickten so viele Fragen an die zuständigen Behörden, dass die mit den Antworten kaum hinterherkamen. Wir hatten das Gefühl, immer 200 Prozent geben zu müssen. Damit waren wir aufgewachsen: Auf uns wurde anders geschaut. Wir waren für Andere oft zu laut, zu viel. Passten in keine Schublade. Wir hatten unsere Arbeit gerade erst aufgenommen, noch dazu als kurdisch-jesidische Deutsche – und als Schwestern. Das war für viele ungewöhnlich – aber führte auch immer zu interessierten Nachfragen, zu Gesprächen über Geschwister-Dynamiken und gegenseitiger Unterstützung. Uns gab es immer Kraft unsere Arbeit nach außen nicht alleine vertreten zu müssen – jede von uns in ihrer eigenen Rolle, auf ihre eigene Art und Weise. 2016, im Rahmen einer Zusammenarbeit mit dem American Jewish Committee in New York, flog Tezcan und Düzen pure Begeisterung entgegen. *»Oh my god, what? You are sisters and working together in your own organisation? That is so amazing!«*

Wir achteten immer darauf, abgesichert zu sein. Vor allem Tezcan war sehr streng, sie war für die Zahlen zuständig. Wenn sie wieder einmal akribisch darauf achtete, dass Gelder verwendungsgemäß ausgegeben wurden, nannten wir sie »Deutsche Eiche«. Wir wussten alle genau, dass wegen unserer Konstellation von außen anders auf unsere Arbeit geschaut wurde. Den Leitspruch gab Düzen vor: So akkurat arbeiten, dass uns kein Fehler unterlaufen konnte und selbst Ermittler oder Investigativ-Reporter nichts finden würden (nicht, dass wir je Anlass zu einer Untersuchung gegeben hätten!). In kurzer Zeit erarbeiteten wir uns Glaubwürdigkeit und einen guten Ruf.

Ich erinnere mich, wie mir einmal jemand sagte: »Was ich an euch so faszinierend finde: Ihr lasst euch nicht von Konventionen oder Bürokratie aufhalten. Ihr zieht eure Sachen durch, ihr findet immer einen Weg.«

So war es auch, allerdings legten wir in den ersten Jahren immer erst los und fragten danach: Wie finanzieren wir uns eigentlich? Vor allem Düzen und Tezcan wollten sich nicht aufhalten lassen von Hürden, die unüberwindbar wirkten. Ihre Entschlossenheit, ihr Feuer sprang auf Tuna und mich über. Es ging nicht mehr um uns, nur noch um die anderen, um das Leid Tausender Jesidinnen und Jesiden und ihre Rettung. Wir wollten, dass die Welt nicht lediglich von diesem Grauen erfuhr – alle sollten verstehen und verinnerlichen, was im Irak vor sich ging: Eine Entmenschlichung. Wir waren Zeuginnen geworden, das hatte uns zutiefst erschüttert. Nie wieder. Nie wieder durfte sich das wiederholen.

Das veränderte auch unser Wesen. Wir verloren an Leichtigkeit. Wir erlaubten uns nur noch wenig, wir dachten, wir dürften keinen Spaß mehr haben. Wie konnten wir lachend durchs Leben gehen, wenn wir von so viel Leid wussten und noch viel mehr erahnten? Wir spürten die Schwere der Welt. Alles drehte sich nur noch um dieses Thema, auch unser Familienleben. Düzen, Tuna, Tezcan und ich stellten das gar nicht in Frage. Worüber sonst sollte denn bitte geredet werden, wenn nicht darüber, wie wir möglichst vielen Menschen helfen konnten? Auch unser Vater war sehr involviert in die Menschenrechtsarbeit, er hatte die geflüchteten Menschen im Irak ja gesehen, er hatte ihre Geschichten gehört, er wusste um ihren Schmerz und wie gefährdet unsere Glaubensgemeinschaft wieder einmal war. Papa schickte Düzen viele Sprachnachrichten mit Ideen, Vorschlägen und politischen Forderungen, die wir zum Wohle der Jesiden einbringen sollten.

Wenn sich die Familie in Hannover traf, sprachen wir vier Schwestern viel über unsere Arbeit. Wie könnten unsere nächsten Schritte aussehen? Wen müssen wir noch ins Boot holen? Was brauchen die Menschen in den IDP Camps am dringendsten? Taten wir genug? Im Prinzip war es so: Wir besuchten die Familie, hatten aber eigentlich gar keine Zeit, mit ihr zu reden. Ständig klebten wir am Handy, wir gönnten uns keine Pause. Für unsere Familie war das nicht leicht. Es kam durchaus vor, dass eines unserer Geschwister den Raum verließ oder uns bat, über etwas anderes zu sprechen.

Erst im Nachhinein wurde uns klar, dass sie damals nicht nachvollziehen konnten, wie tief wir mit Herz und Verstand eingetaucht waren in unsere Arbeit, die längst zur Berufung für uns geworden war. Sie hatten vieles nicht miterlebt. Den Film von Düzen hatten sich nicht alle Geschwister sofort angeschaut. Bei unseren Brüdern dauerte es eine Weile. Nachdem sie Düzens Film bei einer Vorführung in Hannover gesehen hatten, verstanden unsere Geschwister, dass wir nicht anders konnten. So näherten sich unsere und ihre Welten wieder an. Wir hatten gelernt, dass es Zeit braucht andere mitzunehmen auf unserem Weg. Dass Menschen unterschiedlich damit umgehen und nicht alle in einem Tempo funktionieren können.

In dieser Zeit war ich vielen Leuten zu anstrengend. Wenn ich von anderen Leuten gefragt wurde, was ich so machte, erzählte ich nicht nur von meinem Fußball-Projekt. Ich erzählte von unserer gesamten Arbeit, dass HÁWAR.help aus der Asche eines Völkermords entstanden war, der Asche meiner Glaubensgemeinschaft, ohnehin verfolgt und unterdrückt seit Jahrhunderten. Danach sagte oft erst einmal niemand etwas, Beklommenheit machte sich breit. Und weil ich mich verantwortlich dafür fühlte, versuchte ich die Atmosphäre wieder aufzulockern. »Ja, hey, aber sonst ist alles gut!«, sagte ich und bemühte mich zu lächeln.

Immer wieder wurde uns bewusst, wie wichtig unsere Arbeit war. Darin fanden wir neuen Antrieb, wenn unser Energiespeicher leerer wurde. Es fing damit an, dass Düzen und später auch Tezcan uns von jenen Gesprächen berichteten, die sie mit Frauen geführt hatten, die sich aus der IS-Gefangenschaft befreien konnten. Das allein war schon eindringlich. Und auch ich bekam die Gelegenheit, mit einer Frau zu sprechen, die vor dem IS-Terror geflohen war. Sie erzählte uns ihre Geschichte und wir wurden zu ihren Lautsprechern.

Najlaa Matto wird in der zweiten Dokumentation *JIYAN – Die vergessenen Opfer des IS* bei ihrer Rückkehr in ihr Heimatdorf Kocho im Irak begleitet. Wo der IS alle zusammengepfercht, die Männer weggebracht und erschossen hatte, wo die älteren Frauen geköpft und die jüngeren verschleppt worden waren. Wo der IS erst Naljaas Eltern und Verwandte umbrachte und dann sie, ihre Schwester und Cousinen entführte. Der Missbrauch hörte auf, die Schläge nicht. Der Kontakt zu ihr kam über unseren Vater zustande. Die beiden hatten sich in einer Flüchtlingsunterkunft in Hannover kennengelernt. Najlaa erfuhr von unserem Verein und besuchte uns schließlich in Berlin. Sie wollte uns ihren Plan erzählen: Sie wollte an jenen Ort zurück, in dem sie aufgewachsen war, und zwar am 15. August 2017, dem Jahrestag jenes Datums, an dem sie alles verloren hatte. So entstand die Idee unserer Unterstützung. Und so kam es zu einem gemeinsamen Abend in Tunas Wohnung.

Einen Tag vor dem Abflug von Berlin in den Irak saßen wir alle zusammen im Wohnzimmer von Tuna. Najlaa, ihre Schwester, Düzen, Tuna, Tezcan, Papa, Mama und ich. Auf dem Tisch standen Tee, Nüsse, Obst und Gebäck, im Hintergrund lief kurdische Musik. Najlaa erzählte von ihrem Leben vor dem Angriff. Sie erzählte von ihrem Dorf, sie beschrieb ihre Eltern und ihre Verwandten und die schönen Erinnerungen, die ihr der IS nicht hatte nehmen können. Wir sprachen darüber, was für uns typisch kurdisch und typisch jesidisch war. Und wie ich es als Kind schon getan hatte, imitierte ich das Klischee einer kurdisch-jesidischen Mutter. Wir lachten und lachten – bis Najlaa weinte. Mit den Gedanken an früher kam auch die Trauer auf. So ging das immer wieder. Wir waren fröhlich und niedergeschlagen. Wir hatten Spaß und verspürten Wut. Gegensätzliche Gefühle lagen so nah beieinander. Das war das erste Mal, dass ich solche Erlebnisse von jemandem geschildert bekam, der den IS-Terror überlebt hatte. Diese Frau hatte die Hölle durchgemacht und doch war sie so stark und voller Lebensmut. Alle Probleme, die ich je hatte, wirkten auf mich belanglos und winzig. Ich schlief kaum in dieser Nacht.

Als Düzen, Tezcan und Najlaa am nächsten Morgen aufbrachen, war die Nervosität zu spüren vor dem, was sie erwartete. Gleichzeitig strahlte Najlaa viel Kraft aus, weil es tatsächlich und endlich so weit war: Sie kehrte in ihre Heimat zurück. Die Frauen wurden begleitet von einem Sicherheitsdienst. Als sie in Shingal ankamen, lautete die Ansage: »Das hier ist Kriegsgebiet, vermint, wir können nicht für eure Sicherheit garantieren.« Von Beginn an war klar gewesen, dass auch diese Reise gefährlich sein würde. Ebenso war klar, dass Düzen und Tezcan Najlaa nicht davon würden abhalten können, durch Kocho zu gehen. Wir, die in Deutschland geblieben waren, bekamen Nachrichten, Fotos und Videos zugeschickt. Das war allein schon als Überlebenszeichen wichtig. Und, um zu wissen, was sie erlebten. Das alles nahm mich enorm mit, ich weinte viel. Aber so düster diese Reise auch war, gleichzeitig lag viel Hoffnung darin.

Schicksale wie jenes von Najlaa Matto, und vor allem der Umgang damit, veränderten uns. Diese Frauen zeigten so viel Stärke, sie überwanden ihre Traumata, sie nahmen ihren Peinigern die Macht. Es gibt viele solcher Horrorgeschichten, viel zu viele. Wir wissen längst, wie grausam die Details sind und wie unvorstellbar das Ausmaß dieses fortwährenden Völkermordes ist. Noch immer sind Tausende in IS-Gefangenschaft. Für die Überlebenden und Befreiten geht es vor allem darum, nach vorn zu blicken und den Horror zu überwinden. Ihnen dabei zu helfen, war und ist der größte Lohn, den uns unsere Arbeit geben kann.

Diese Frauen wollen ihre Geschichte teilen, greifbar machen. Vor allem aber wollen sie Gerechtigkeit. Sie wollen eine fundierte juristische Aufarbeitung und dass all diejenigen zur Rechenschaft gezogen werden, die im Namen des sogenannten Islamischen Staats wüten. Jedes Opfer soll angehört, jeder Verbrecher verurteilt werden, in jedem Land. Das ist ihr größter Wunsch. Sie wollen, dass der Genozid an der jesidischen Glaubensgemeinschaft politisch weltweit anerkannt wird. Frauen wie Najlaa Matto haben klare Forderungen – und wir wollen sie dabei unterstützen. Menschlichkeit leben, Hoffnung geben. Das ist unsere Lebensaufgabe geworden.

SCORING GIRLS

Gleich in den Anfangstagen der Gründung von HÁWAR.help fragte ich meine Schwestern, was sie davon hielten, wenn ich ein Fußballprojekt starten würde. Sinngemäß sagten sie: Finden wir super, aber wir selbst haben keine Ahnung davon, mach einfach! Ich wusste um die Kraft des Fußballs und wollte meine Schwestern davon überzeugen, was mithilfe des Sports bewegt werden konnte. Also legte ich los. Mir ging es darum, geflüchteten Mädchen einen Ort zu geben, an dem sie sich wohlfühlen konnten. Raus aus den Unterkünften, weg von der Straße. Ich dachte an meine eigene Kindheit. Was hatte ich mir damals gewünscht? Was hatte ich gebraucht? Am wichtigsten für mich waren jene Menschen gewesen, die an mich glaubten und die für mich da waren. Menschen, die mir sagten, dass ich gut war, so wie ich war. Als ich mir an meinem Esstisch überlegte, wie ich die ganze Sache angehen wollte, saß die kleine Tuğba in Gedanken neben mir.

Alles, was mir in den Kopf kam, schrieb ich auf ein Blatt Papier. Ideen, Anforderungen, Fragen. In der Mitte stand Fußball. Von diesem Zentrum gingen mehrere Linien weg, eine klassische Mindmap: Mädchen, Unterkünfte, Jugendzentren, Sozialarbeiter, Pädagogen, Zugang, FC-Spielerin. Ich wusste, es würde mir helfen, dass ich noch aktive Fußballerin mit Anschluss an einen Bundesliga-Verein war. Auf der Rückseite listete ich auf, was ich mir vornahm und wie ich das umsetzen wollte. Ich hatte mir gedacht, dass ich mich mit meinen Autogrammkarten – damit sie wussten, wer ich überhaupt war – vorstellen würde in Jugendzentren und Unterkünften. Und dann würde ich mit ein paar Mädels Fußball spielen. Erst einmal ging es mir um gar nichts anderes. Das große Ganze hatte ich noch nicht so sehr im Blick, ich wollte Ablenkung bieten.

Nun fehlte noch ein Name. Ich überlegte lange und hatte dann gemeinsam mit einer Freundin die Idee: SCORING GIRLS! Das klang gut, nach Energie und Spaß und Mut!

Ein paar meiner Freunde arbeiteten in sozialen Einrichtungen, manche meiner Mitspielerinnen studierten Fächer, die in die pädagogische Richtung gingen. Und ich hatte Kontakte zu Institutionen, die wiederum mich in der Vergangenheit angefragt hatten als Fußballerin mit Vorbildfunktion. Mit all diesen Leuten tauschte ich mich aus, ihnen stellte ich meine Fragen. Kann ich einfach zu den Unterkünften gehen? Was muss ich bei meinen Anfragen beachten? Gibt es bestimmte Richtlinien? Dann stand mein Plan fest. Ich schrieb die Stadt Köln an, weil ich die Adressen und Kontakte aller in Frage kommenden Flüchtlingsunterkünfte und Jugendzentren haben wollte, um möglichst viele Menschen über mein Projekt zu informieren. Von einer Stelle wurde ich zur nächsten vermittelt. So kam das ganze ins Rollen. Nach und nach trudelten die ersten Rückmeldungen ein.

Zum ersten Termin im Sommer 2015 kamen vierzehn Mädchen aus den unterschiedlichsten Ländern. Syrien, Irak, Iran, Eritrea, Kenia, Albanien, Russland und einige deutsche Mädchen aus sozial schwierigen Verhältnissen, denn auch sie fühlten sich teilweise abgehängt. Bei den SCORING GIRLS sind alle herzlich eingeladen, unabhängig von sozialer und ethnischer Herkunft. Nicht zuletzt aus einem integrativen Gedanken heraus. Wir begannen mit einer Vorstellungsrunde. Jede sagte ihren Namen und woher sie kam, auch ich. Ich stand vor ihnen und hätte vor Glück weinen können, weil ich direkt merkte, wie motiviert sie waren. Diese Mädchen hatten nur darauf gewartet, dass sie jemand abholte, nachdem sie seit Monaten in den Unterkünften wohnten. Ich sah, wie sie bei den Übungen aufgingen, ganz gleich, ob sie mit einem Ball am Fuß umzugehen wussten oder nicht. Diese Freude erfüllte mich. Unterstützt von dem Modelabel Zopfball konnte ich ihnen Fußballschuhe überreichen. Ich hatte so viele Sportklamotten als Profifußballerin, dass ich alles, was ich entbehren konnte, aus meinem Schrank mitnahm und ihnen schenkte.

Ich machte weiter Werbung, ging an Schulen und in Unterkünfte und schrieb viele Mails. Mein Verteiler war gewachsen, ich kontaktierte gefühlt jede Sozialeinrichtung Kölns. Bei der vierten Trainingseinheit stand ich schon mit fünfundzwanzig Mädels zusammen, es hatte sich herumgesprochen, was ich tat. Zu diesem Zeitpunkt hatte ich noch keinen festen Treffpunkt, wir gingen auf einen Bolzplatz oder auf die Jahnwiesen, immer mittwochs, an meinem trainingsfreien Tag. Und wo ich ohnehin auf dem Vereinsgelände war, absolvierte ich vor oder nach den SCORING GIRLS meine Krafteinheit, dann hatte ich das schon erledigt.

Allen voran Nicole Bender, Lena Schrum, aber auch Kristina Hild und Meike Meßmer halfen mir viel, wie auch andere Mitspielerinnen und Freundinnen, alle ehrenamtlich. Mittwochmittags sammelten sie ein paar der Mädchen ein, ich nahm einige mit, andere wurden von ihren Brüdern oder Eltern gebracht und abgeholt. Die ersten Male begleitete ich die Mädchen mit der Bahn, damit sie den Weg kennenlernten und auch allein kommen konnten. Manche von ihnen brauchten eine Stunde zum Platz, kickten eine halbe und fuhren wieder in die Unterkunft. Allein solche Beispiele zeigten mir, wie wichtig ihnen unsere gemeinsame Zeit war. Nach und nach öffneten sich die Mädchen immer mehr, sie fassten Vertrauen. Ich war gerührt.

Wir hatten schon einige Wochen trainiert, als ich spät abends angerufen wurde. Eines meiner SCORING GIRLS war am Telefon. Sie hatte am nächsten Morgen einen Termin auf dem Amt und fragte, ob ich sie und ihre Eltern begleiten könne. Natürlich, sagte ich. Von diesem Moment an war ich nicht mehr nur eine Fußballerin, die mit ein paar Mädels einmal in der Woche kickte. Ich war auch Sozialarbeiterin. Ich ging mit ihnen an ihre Schule und sprach mit Lehrerinnen und Lehrern, weil ihre Eltern noch nicht gut genug deutsch sprachen. Oder die Mädchen fragten mich im Training, ob ich ihnen mit einem Brief helfen könne, den sie von einer Behörde bekommen hatten. Sozialarbeiterinnen, die ich kannte, halfen mir. Manche, die ich nicht kannte, hörten von unserer Arbeit und boten von sich aus ihre Unterstützung an.

Ich erledigte vor allem tagsüber viel für die SCORING GIRLS und vereinbarte mein Engagement so gut es ging mit meiner Arbeit im Fitnessstudio und meinen Trainingseinheiten. Fußballerisch waren wir damals richtig gut drauf, es war vor meiner Verletzung und ich spielte ja noch aktiv, die erste Jahreshälfte von 2015 lief super für mein Team. Wir beendeten die zweite Bundesliga Süd mit 22 Punkten Vorsprung auf den FC Bayern München II als Meister: Aufstieg in die erste Bundesliga! Wir hatten es geschafft! Wir hatten so einen tollen Mannschaftsgeist, ich wurde getragen von dieser Energie, das half mir auch bei meiner Arbeit mit den SCORING GIRLS. Ich wollte, dass jener Sport, der mir selbst dabei geholfen hatte, mich zu befreien, möglichst vielen anderen Mädchen Flügel verlieh.

Ich beendete meine Trainingseinheiten oft mit der Frage: »Wie geht es euch?« Ich wollte nicht, dass wir Fußball spielten und sich die Mädchen danach direkt verabschiedeten. Wir bildeten einen Kreis, und jede konnte erzählen, was sie beschäftigte, wie es in der Schule lief, wie sie behandelt wurde, ob sie sich wohl fühlte. Die Antworten darauf fielen unterschiedlich aus. Manche hatten nicht das Bedürfnis, etwas zu sagen. Manche wollten der Gruppe Erlebnisse mitteilen, manche nur mir allein. Und so erfuhr ich mehr und mehr von ihrer Geschichte und was sie in ihrem jungen Leben schon alles durchgemacht hatten.

Ein Mädchen aus Syrien erzählte mir von ihrem Vater, der vor ihren Augen umgebracht worden war. Sie habe lange nicht an diese Bilder gedacht, aber nun kämen sie immer wieder, nun denke sie viel an ihren Papa, ihren Unterstützer. Als kleines Mädchen habe sie sich als Junge verkleidet, um Fußball spielen zu können, er hatte ihr das erlaubt. Jetzt, mit dreizehn Jahren, war sie mit ihrer Mutter in Köln gelandet und musste sich nicht mehr verkleiden. Sie vermisse ihn und denke daran, wie sehr er sich bestimmt für sie freuen würde. Ich nahm sie in den Arm und sagte ihr, dass ihr Papa ganz bestimmt sehr stolz auf sie sei. Ein anderes Mädchen hatte mit ihrer Familie mitten in der Nacht fliehen müssen. Sie beschrieb eindringlich, wie sie in ein Auto gestiegen waren und alles zurückgelassen hatten. Sie fing an zu weinen, und ich weinte mit. Manchmal wusste ich nicht, was ich sagen sollte angesichts dieser Trauer. Ich umarmte sie, ich war einfach da.

Wir hatten teilweise ganz andere kulturelle und familiäre Hintergründe, aber doch viele Parallelen und Gemeinsamkeiten. Ich war eine von ihnen, wir fühlten uns einander nah. Ich half ihnen, und sie halfen mir. Die Dankbarkeit und Wertschätzung, die mir entgegengebracht wurde, war so ehrlich. Ich war nicht die typische Trainerin, ich war eine Freundin, manchmal auch große Schwester, Mama, Papa – was sie eben gerade brauchten. Mit jeder Stunde mehr auf dem Platz merkte ich, wie die Mädchen selbstbewusster wurden. Und sie kriegten nicht genug, sie wollten an einem zweiten Tag trainieren. Die einzige Möglichkeit war samstags. Wenn wir mit dem 1. FC Köln Heimspiele hatten, lud ich die SCORING GIRLS manchmal ein und ging danach mit ihnen zum Kicken auf die Jahnwiesen. Wenn dort nichts frei war, wechselten wir auf einen Bolzplatz oder unternahmen etwas anderes – Hauptsache, wir verbrachten Zeit zusammen.

Ich wollte den Mädchen eine Vertrauensperson sein, wie es Renate im Spielhaus für mich gewesen war, wie es manche Lehrerinnen und wie es meine Geschwister waren, die mir Mut zusprachen: Du kannst was, mach etwas draus! Ich sah mich als diejenige, die ihnen half, Steine aus dem Weg zu räumen, ihnen vielleicht einen kleinen Schubser gab und sie auf den ersten Metern ihres Weges stützte. Ich wollte, dass sie verstanden, dass sie nicht Richterin, Anwältin, Journalistin oder Profi-Fußballerin werden mussten, um etwas erreicht zu haben. Für mich war es wichtig, dass sie sich möglichst frei machten von allen Erwartungen, die von außen an sie herangetragen wurden. Meine Aufgabe sah ich darin, sie zu unterstützen bei den Möglichkeiten, die sie hatten – sie zu begleiten in ein selbstbestimmtes Leben.

»Tuğba, kann ich mit dir reden?«, fragte mich eines der Mädels im Winter Anfang 2016. Wir trainierten inzwischen in einer Halle auf dem FC-Gelände, und während die anderen weiterkickten, ging ich mit ihr etwas zur Seite und hörte ihr zu. Sie hatte Probleme in der Schule. Was sie und andere durchmachten, erinnerte mich an meine eigene Jugend. Wie heftig war es doch, dass sie Ähnliches erlebten wie ich zwanzig Jahre zuvor. Wie konnte das sein? Hatte sich die Welt nicht weitergedreht? Und so rief ich alle zusammen: »Setzt euch mal bitte hin.« Sie bildeten einen Kreis. »Ihr sagt ja immer, Tuğba hat es geschafft, Tuğba spielt beim FC. Aber ich möchte mit euch teilen, wie es bei mir war, als ich so alt war wie ihr«, sagte ich und fing an, ihnen von meinen Erfahrungen zu erzählen. Von den Schwierigkeiten, die ich früher hatte, dass ich mich oft nicht wirklich zugehörig gefühlt und welche Kraft mir der Fußball gegeben hatte. Sie erzählten mir ihre Geschichte, also wollte ich das auch tun, ganz offen und ehrlich.

Sie hörten mir aufmerksam zu, einige hatten Tränen in den Augen, vielleicht auch, weil ich selbst so bewegt war. Ich hatte über diese Erlebnisse vorher noch mit niemandem so offen gesprochen. Ich wollte stark sein vor ihnen, aber als ich emotional wurde, ließ ich es zu. »Seht ihr, das macht immer noch etwas mit mir. Aber man darf nicht aufgeben, man muss weitermachen«, sagte ich. »Ich habe es geschafft, und ihr könnt es auch schaffen!« Ich wollte, dass sie wussten, dass das Leben für kaum jemanden leicht ist, dass es selten einfach so läuft, wie man sich das wünscht. Als ich fertig war, standen wir auf und umarmten uns alle. Mir wurde in diesen Momenten bewusst, was für einen Weg ich hinter mir hatte. Vor nicht allzu langer Zeit hätten mir die Wenigsten zugetraut, was ich mit den SCORING GIRLS geschafft hatte. Ich selbst hatte mir das kaum zugetraut.

Es war immer etwas los, vor allem in den Ferien. Ich erhielt so viel Zuspruch, dass ich das Projekt größer anlegen wollte. Zunächst halfen mir Studierende der Sporthochschule Köln – aber die waren weg, sobald sie ihren Abschluss hatten, was für die SCORING GIRLS nicht leicht war. Ich brauchte also ein Konzept mit einer festen Trainerin als Vertrauensperson, die regelmäßig kam und länger blieb. Nur: Ich hatte kein Geld, wovon ich das Honorar hätte zahlen können. Ich schrieb die Stadt an, schilderte die Situation des Projekts und fragte, welche Möglichkeiten es gebe. Die Stadt hatte einen passenden Topf im Haushaltsplan, aus dem heraus wir unterstützt wurden. So konnte ich zumindest einer Trainerin etwas bezahlen. Ich selbst arbeitete weiterhin ehrenamtlich.

Zu unserem Sommerfest 2016 lud ich Anne Will ein. Ich hatte sie vorher auf einer Veranstaltung kennengelernt, wusste um ihre Sportbegeisterung und fragte sie dann einfach, ob sie vorbeikommen wolle. Ich hatte Glück, sie war bei ihren Eltern zu Besuch, hatte frei – und kam zu uns.

Die Bilder und Videos davon brachten den SCORING GIRLS viel Aufmerksamkeit. Es war an der Zeit, das Projekt ganz offiziell zu starten, und als Rahmen dafür wollte ich noch einmal ein kleines Fest veranstalten. Ich fragte die TV-Moderatorin Shary Reeves und die zweimalige Fußball-Weltmeisterin Sonja Fuss, die ich beide gut kannte, ob sie dabei sein wollten. Ich meldete mich beim Sportamt und bei der Stadt Köln, erstellte einen Flyer und verschickte ihn an einen großen E-Mail-Verteiler. Ich lud den damaligen FC-Vizepräsident Markus Ritterbach sowie Nicole Fischer von der Vereinsstiftung ein, ebenso die stellvertretende Kölner Oberbürgermeisterin Elfi Scho-Antwerpes, die ich auch schon kannte.

Und am 25. Oktober 2016 war es dann so weit: Die SCORING GIRLS hatten ihre offizielle Kickoff-Veranstaltung auf den Vorwiesen am Rheinenergiestadion. Meine Schwestern kamen aus Berlin, meine Eltern aus Hannover, Nicole Bender war da und alle, die ich eingeladen hatte. Das Sportamt stellte uns einen Pavillon und ein Mikrofon zur Verfügung, ein Suppenladen spendete uns Essen, Zopfball half mir dabei, Goodie Bags zusammenzustellen. Und einige Ehrenamtliche holten die Mädchen aus den außerhalb liegenden Vierteln wie Dellbrück ab. Allein hätte ich das niemals geschafft, erst die Zusammenarbeit dieser ganz unterschiedlichen Menschen machte es möglich.

Ich hatte eine Rede vorbereitet, aber als ich dann am Mikro stand, steckte ich den Zettel wieder in die Tasche. Ich ließ einfach mein Herz sprechen. Ich erzählte von den Anfängen, von gemeinsamen Erlebnissen und meiner persönlichen Geschichte. Und dann taten wir das, was wir am liebsten tun: Fußball spielen. Die U11-Mädchen des 1. FC Köln, deren Patin ich war, waren auch gekommen, natürlich in voller Montur, was bei den SCORING GIRLS ordentlich Eindruck machte. Sie waren so stolz, als sie sich dann auch ein Team-Outfit anziehen durften – von der Stiftung des 1. FC Köln, unterstützt von Ein Herz für Kinder, hatten wir rote Trikots bekommen, bedruckt auch mit dem Logo von HÁWAR.help. Wir sahen auf dem Platz endlich so aus wie das Team, das wir längst waren.

Wir trainierten gemeinsam mit den U11-Fußballerinnen und spielten zum Abschluss gegeneinander, während die Erwachsenen sich unterhielten. Politiker, meine Familie, Menschen aus Sport, Medien und Kultur, viele Eltern, die Mädels mittendrin, dazu das Stadion im Hintergrund – genauso hatte ich mir das gewünscht. An diesem Abend nahm ich mir vor, dass es nicht bei dem einen Standort der SCORING GIRLS bleiben sollte.

Nicht alle, die ich gern dabeigehabt hätte, konnten auch dabei sein. Manche Eltern – deutsche wie jene mit Zuwanderungsgeschichte – wollten aus verschiedenen Gründen nicht, dass ihr Töchter Fußball spielen. Vorurteile, Klischee-Vorstellungen, traditionelle Rollenbilder, all das wirkte sich auf dieses Veto aus. Die Mädchen meldeten sich teils bei mir, »Bitte, Tuğba, ich will so gern mitmachen«, und ich versuchte, die Eltern von unserer Gemeinschaft und der Kraft des Sports zu überzeugen. Meistens gelang es mir, manchmal nicht. Das ist es vermutlich, was viele unterschätzen: Mit Kindern zusammenzuarbeiten heißt immer auch, die Eltern mitzunehmen.

Ich weiß, dass hinter einem Nein oft Ängste und Unsicherheit stecken. Es braucht Zeit, viele Gespräche, Feingefühl und Vertrauen, um diese zu mildern oder gar abzubauen. Erst recht bei kulturhistorisch gewachsenen Wertekodexen. Dass ich teilweise in ihrer Muttersprache mit den Eltern reden konnte, erleichterte die Kommunikation. Wenn ich meine Autogrammkarte vom 1. FC Köln dabeihatte, zeigte ich sie. »Das könnte eure Tochter sein«, sagte ich. Ich war in Deutschland geboren und aufgewachsen, hatte leidenschaftlich Fußball gespielt und trotzdem nie meine kurdisch-jesidischen Wurzeln vergessen. Ich machte ihnen deutlich, dass man sich nicht entscheiden musste zwischen den verschiedenen Welten, sondern ein selbstbestimmtes Leben führen konnte, das verschiedene Kulturen vereinte und gerade dadurch bereichert wurde.

Manchmal hörte ich Sätze wie: »Ich habe hier drei Söhne, um die kannst du dich gern kümmern. Wieso soll meine Tochter Fußball spielen?« Oder: »Frauen und Fußball, was soll das denn!?« Genau diese Eltern waren es dann interessanterweise oft, die später Fotos von ihrer Tochter beim Fußball aufhängten oder ein Bild von jenem Tag, an dem die damalige Bundeskanzlerin Angela Merkel 2017 die SCORING

GIRLS besuchte. Eltern, die nach einem anfänglichen »Nein!« enorm stolz waren auf ihre Töchter, Eltern, die bei unseren Familienfesten halfen und bei unseren Turnieren an der Seitenlinie standen, um unsere Spielerinnen anzufeuern. Väter, die auf mich zukamen und mich fragten, ob ich Fußballschuhe in Größe 44 hätte, damit sie mit ihrer Tochter auch mal den Ball hin und her passen könnten. Und ebenso oft traf ich in den vergangenen Jahren auf sehr viele Eltern, die auf ein Angebot wie unseres offenbar geradezu gewartet hatten. Die nur das Beste für ihre Töchter wollten, aber nicht das Geld hatten, um sie bei einem Sportverein anzumelden. Die so dankbar waren, dass sie extra für uns einen Kuchen buken und ihn den Kindern mit zum Training gaben, weil sie beobachteten, wie viel selbstbewusster ihre Töchter durch den Fußball geworden waren.

Der 1. FC Köln war 2017 Teil der Kampagne »Wir zusammen«, die deutsche Unternehmen initiiert hatten, um Geflüchtete zu integrieren. Im April nahmen wir an einem Treffen mit der damaligen Bundeskanzlerin Angela Merkel teil, das im Rahmen dieser Kampagne stattfand. Sie hatte schon von den SCORING GIRLS gehört und wollte das Projekt kennenlernen. Was für eine Ehre! Und was für einen Bekanntheitsschub uns das in der Öffentlichkeit brachte! Das Treffen fand im Stadion statt, Frau Merkel nahm sich eine ganze Stunde Zeit, um mit den Mädchen und mir zu sprechen. Wir konnten Fragen stellen – und die Kanzlerin stellte ihrerseits Fragen an uns. Sie war sehr interessiert, sehr herzlich, sie lobte mich für die tolle Arbeit und ließ Grüße an meine Schwestern ausrichten. 2016 hatte sie an einer Konferenz von HÁWAR.help zu sexualisierter Gewalt als Kriegswaffe teilgenommen, sie wusste von unserer Hilfsorganisation und nun auch von meinem ganz persönlichen Projekt.

Rund um diesen Besuch begann die Stiftung des FC, uns finanziell sowie mit Bällen und Sportklamotten zu unterstützen. Dem früheren Kölner Stürmer Anthony Modeste rutschte bei einem Spiel mal seine Hose runter, die wurde für 10 000 Euro für einen guten Zweck versteigert – der gute Zweck waren wir. Seither wurden wir jährlich mit einem gewissen Betrag gefördert. Ich erstellte einen Kostenplan mit allem, was ich brauchte. Zum Beispiel Trainerinnen, so und so viele Stunden die Woche, so und so viele Euro. Materialkosten, so und so viel. Leiterin Tuğba Tekkal, dahinter all meine Aufgaben, 0 Euro. So dachte ich damals noch. Wie viel leichter ich mir mein Leben hätte machen können! Meine Auflistung wurde bewilligt. Ab sofort konnte ich weiteren Trainerinnen eine Aufwandsentschädigung zahlen und musste nicht mehr einen Teil der Fahrkarten bei Ausflügen aus meiner eigenen Tasche bezahlen für die Mädchen, die keine Schülertickets hatten. Für mich war es schön, weiterhin mit meinem früheren Verein eng zusammen zu arbeiten.

Ich versuchte, immer neue Ideen für die SCORING GIRLS zu entwickeln und kam schließlich auf ein Benefizspiel. Was wir brauchten, war Aufmerksamkeit, um noch stärker unterstützt zu werden. Anne Will hatte ich 2017 gefragt, ob sie Schirmherrin der SCORING GIRLS werden wollte – ihre Antwort: »Klar! Ich dachte schon, du fragst nie.« –, sie war also auf jeden Fall am Start. Meine früheren Mitspielerinnen Sonja Fuss und Inka Grings sagten sofort zu. Nationalspielerin Sara Doorsoun kannte ich gut, sie war wie Shary Reeves ebenfalls dabei, wie auch weitere Prominente aus Köln. Für mich war es eine schöne Erfahrung, wie viele begeistert von diesem Projekt waren. Das Benefizspiel auf die Beine zu stellen war eine Menge Arbeit, aber am 14. Juli 2018 war es dann so weit. Meine Familie war da, es kamen einige Zuschauer, ich war sehr bewegt. Wir spielten an der Kölner Ostkampfbahn neben dem Rhein-Energie-Stadion. Für die SCORING GIRLS war es ein großes Zeichen der Wertschätzung, dass so viele Leute ihretwegen gekommen waren. Sie waren anderen nicht egal, das war es vor allem, was sie an diesem Tag spürten. Und was für ein Kontrast im Vergleich zum Glanz des Tages war es, als ich abends zurück in meine Kellerwohnung kam.

2019 gründeten wir unsere gemeinnützige Bildungsinitiative German Dream. Als Düzen und Tezcan den Film zeigten, hatten sie ja gemerkt, wie viel sie an den Schulen bewegen konnten. Wir wollten den Glauben der jungen Menschen an ihre Zukunft und an eine tolerante Gesellschaft stärken. Tülin und ich waren ab sofort die Wertebotschafterinnen für unsere Initiative und erzählten unsere Geschichte, um mit den

Schülerinnen und Schülern in den Dialog zu kommen. Die größte und beste Veränderung war jedoch, dass ich nun festangestellt war. Ich hörte auf, in Hannover in den Dean&David-Filialen zu arbeiten – und hatte mehr Kapazitäten für die SCORING GIRLS.

Öffentlich aufzutreten war alles andere als Routine für mich. Erst recht nicht bei den wichtigen Terminen, beispielsweise im Innenministerium. Ich war eingeladen, um über die Themen Ehrenamt und Integration zu sprechen. Die Regierungsleute wollten sich gezielt informieren lassen, um zukünftige Fördermaßnahmen sinnvoll planen zu können. In der Vergangenheit hätte ich so eine Anfrage abgesagt. Ich hatte zu viel Respekt davor, vor vielen Menschen zu sprechen, noch dazu mit so einem eindrücklichen Profil und den Erwartungen, die ich in mich gesetzt sah. Bis ich mir dachte: Tuğba, wenn du nicht die Richtige dafür wärst, würde dich ja auch niemand fragen! Das Interesse ist da! Dir wird zugetraut, etwas Wissenswertes zu sagen! Also sagte ich nichts mehr ab und fuhr ins Ministerium.

Ich war so nervös. Auf keinen Fall wollte ich über unsere Menschenrechtsarbeit etwas Falsches sagen oder missverstanden werden. Düzen hatte mich oft zu solchen Veranstaltungen begleitet, was mir Sicherheit gegeben hatte – an diesem Tag aber hatte sie keine Zeit. Stattdessen schickte sie mir eine Sprachnachricht. Im Prinzip lenkte sie meinen Fokus auf das, was mir wichtig war und ich selbst sagen wollte. Wie so oft traf sie genau den richtigen Ton: »Denk daran, du redest über etwas, von dem du sehr viel Ahnung hast. Du redest über etwas, das du liebst. Lass dein Herz sprechen, dann bist du sehr stark!« Ich hörte die Nachricht und lächelte. Das hier war wie damals vor einem Bundesligaspiel die Kabinenansprache des Trainers. Solche Nachrichten bekomme ich heute noch von Düzen.

Nach dem Podiumsgespräch tauschte ich mich mit den Mitarbeitern des Innenministeriums darüber aus, was getan werden könnte. Ich sagte offen, dass ich das Projekt gern größer denken würde, mir aber die Gelder fehlten. Sie waren begeistert von den SCORING GIRLS und gaben mir Tipps, was ich machen könnte. Wir beschlossen einen Förderantrag zu stellen, wie wir es für das Frauenzentrum im Irak auch getan hatten. Ich wusste: Ich will in die Hauptstadt mit den SCORING GIRLS. Und ich hatte mich auch schon umgehört und herausgefunden, dass es in Lichtenberg und Marzahn zahlreiche Flüchtlingsunterkünfte gab. Ursprünglich hatte ich nach Kreuzberg oder Neukölln gewollt, wo die Kinder ohnehin viel draußen waren. Aber natürlich gab es in diesen Szene-Vierteln weit mehr Angebote als für die Kinder am Rande Berlins. »Was haltet ihr davon, wenn wir einfach zwei Standorte eröffnen?«, fragte ich meine Schwestern. »Lichtenberg wäre gut, Marzahn wäre gut, das eine Eck ist vom anderen aber so weit entfernt, damit erreichen wir zu wenige Mädchen, diese Stadt ist riesig!« Ich schlug vor, beim Bundesamt für Migration und Flüchtlinge die Förderung für drei Standorte zu beantragen, Köln und zweimal Berlin. Den bestehenden konnten wir mit der finanziellen Unterstützung professionalisieren, die zwei neuen aufbauen. Wir diskutierten kurz und telefonierten mit dem Ministerium, schilderten unsere Ideen und fragten, was dem BAMF wichtig war – dann reichten wir den Antrag ein.

Viele Mädchen waren auf mich zugekommen und hatten mich um Hilfe bei den Hausaufgaben gebeten. Sie an diesem Punkt zu unterstützen, sah ich als unverzichtbar an, wenn ich ihnen eine umfassende Förderung bieten wollte. Und so wurden die SCORING GIRLS zu einem Bildungsprojekt, aufgeteilt in Sport und Schule. Hinzu kam die Vermittlung von Praktikums- und Ausbildungsplätzen. Über mehrere Monate führten wir immer wieder Gespräche, mussten weitere Anträge ausfüllen oder Formulare nachreichen. Ich hatte schon beinahe den Glauben daran verloren, als ich bei einer Veranstaltung einer Mitarbeiterin des Ministeriums begegnete. »Das ist noch nicht offiziell, aber«, sagte sie, lächelte und streckte den Daumen nach oben. Ich versuchte, mich zurückzuhalten, aber es war kaum möglich, meine Freude nicht zu zeigen. »Bitte noch niemandem erzählen«, sagte sie. Aber am liebsten hätte ich es der ganzen Welt erzählt! Die SCORING GIRLS waren von 2016 an gefühlt unser beliebtestes Projekt gewesen, wir hatten so viel positives Feedback dafür bekommen. Dennoch hatte uns kaum jemand Geld geben wollten, fünf Jahre lang. Hatte das Warten sich am Ende gelohnt?

Ein halbes Jahr nach der Antragstellung lag ein Schreiben vom BAMF im Briefkasten. Wir hatten es geschafft, die SCORING GIRLS wurden gefördert, ab 2020, zunächst für zwei Jahre. Ich las diese Zeilen und musste weinen. So viel Erleichterung! Ich dachte an die Veranstaltung beim Innenministerium zurück, wie gut es doch war, dass ich meine Angst, in einem solchen Forum zu sprechen, überwunden hatte. Es war einer der Momente gewesen, ohne den die Förderung niemals zustande gekommen wäre.

In der Folge änderte sich nun Vieles. Ich führte Vorstellungsgespräche und konnte endlich eine Pädagogin und eine Projektmanagerin einstellen, die bald durch weitere Mitarbeiterinnen unterstützt werden sollten. Ich war nicht mehr allein mit der Arbeit. Im Team konnten wir besser auf die einzelnen Bedürfnisse der Mädchen eingehen. Hausaufgaben, Behördengänge, Wohnungssuche, Praktikums- oder Ausbildungsplätze und ganz grundsätzliche Fragen – das war nun auf mehrere Schultern verteilt.

Von Beginn an war es mir wichtig, Frauen einzustellen. Nicht nur wegen der Frauenförderung an sich. Sondern, weil die Mädchen weibliche Vorbilder haben sollten. Zu jeder Trainerin, Pädagogin, Projektmanagerin, die ich noch einstellte, schauten die SCORING GIRLS auf. Und ehrlicherweise fiel es vielen Eltern leichter, ihre Töchter teilhaben zu lassen, wenn sie von Frauen betreut wurden. Ich achtete genau darauf, wen ich einstellte. Die Arbeit mit den Kindern aus wirtschaftlich schwächeren oder Flüchtlingsfamilien erfordert eine gewisse Sensibilität und vor allem eine große Verlässlichkeit. Denn in jedem Training verstärkt sich die Bindung. Ich fragte die SCORING GIRLS immer wieder, ob alles gut lief, ob sie zufrieden waren mit den Trainerinnen.

Wie ich es damals in Köln getan hatte, schrieb ich Mails und fuhr mit meinen ersten beiden Mitarbeiterinnen zu den Unterkünften und sozialen Einrichtungen, um die SCORING GIRLS in Ost-Berlin vorzustellen. Wir klapperten die Fußballvereine der Kieze ab, die Interesse an einer Kooperation haben könnten. In Lichtenberg landeten wir schließlich beim Wartenberger SV, in Marzahn beim FFC. Während wir an anderer Stelle Überzeugungsarbeit leisten mussten, warum dieses Projekt wichtig und für alle gewinnbringend sein könnte, war hier die Stimmung sofort super offen: Was ihr braucht, was ihr wollt, kein Problem, finden wir super! Wir trafen auf unkomplizierte, motivierte Ur-Berliner. Sie sahen den gesellschaftlichen Wert unserer Integrationsarbeit und die darin liegende Chance für den Verein, denn Talente konnten von den SCORING GIRLS ja direkt in ein Jugendteam wechseln.

Für den Start in Berlin hatte ich Aylin Yaren angefragt, eine bekannte deutsch-türkische Fußballerin aus dem Wedding, die neunzehn Länderspiele für die türkische Auswahl bestritten hatte und damals für den Viertligisten Türkiyemspor Berlin spielte. Ich wollte eine Lokalheldin an Bord haben, zu der die Berliner SCORING GIRLS aufschauen konnten. Aylin sagte zu und brachte ihre Teamkollegin und ungarische Nationalspielerin Erika Szuh mit. Ich wusste, ich würde nicht wie bisher alle Trainings leiten können, erst recht nicht in Köln und Berlin gleichzeitig. An einem Montag Anfang März 2020 trafen wir uns also auf dem Kunstrasenplatz des FFC und bauten alles auf, bevor die Mädchen kommen würden.

Am Nachmittag stand ich auf dem Platz und dachte: »Wow, jetzt sind wir wirklich in Berlin!« Vor mir trainierten mehr als zwanzig Mädels, in Lichtenberg sollten es beim Auftakt mehr als dreißig sein. Ich stellte mich vor, erzählte ihnen von HÁWAR.help und den SCORING GIRLS in Köln – und musste schlucken. Mit so vielen Teilnehmerinnen hatte ich nicht gerechnet. Und alle, die da waren, waren mit dem Herzen und so viel Freude dabei!

Dann kam Corona. Der Spiel- und Trainingsbetrieb im Amateurfußball wurde in ganz Deutschland ausgesetzt. Wir hatten gerade so euphorisch angefangen – und mussten sofort wieder aufhören. Die Mädels in Köln und in Berlin waren schwer enttäuscht – wie wir alle. Aber auf keinen Fall sollte die Pandemie unsere Verbindung kappen, nun war es umso wichtiger, dass die SCORING GIRLS sich auf uns verlassen und

Halt finden konnten. Ich wollte ihnen zeigen: Egal, was kommt, wir sind für euch da. Mit meinen Trainerinnen, unserer Pädagogin und unserer Projektmanagerin setzte ich mich zusammen: Wie machen wir das? Wer kann uns weiterhelfen?

Ähnlich wie die Schulen wollten wir auf digitale Trainingseinheiten umstellen. Aber wir hatten ein Problem: Viele unserer Mädchen hatten keinen Internetzugang. Wir brauchten eine Alternative. Also nahmen wir die Übungen auf und verschickten die Videos per Whatsapp oder luden sie bei Instagram hoch. Das konnten die Mädchen auch über ein Handy abrufen und mussten sich nicht um eine bestimmte Uhrzeit vor einen Laptop setzen. In manchen Familien gab es nur einen PC oder ein Handy, und wenn das zum Beispiel der Vater beim Einkaufen dabeihatte, konnte es die Tochter nicht nutzen. Zusätzlich boten wir für diejenigen, die daran teilnehmen konnten, einmal in der Woche einen digitalen Treffpunkt an. Ich hatte schon zuvor mit dem adidas football collective in Kontakt gestanden, nun wurden wir in das Football Collective Programm aufgenommen, wovon wir sehr profitierten. Die Mädels bekamen zusätzliche Angebote in Kursen wie zum Beispiel Tanz. So blieben sie auch während der Corona-Zeit in Bewegung.

Wir boten digitale Lerncafés an, um sie bei den Schulaufgaben zu unterstützen – und wir schufen so schnell es ging auch wieder ein Angebot im realen Leben. Mit jenen Mädchen, die nur schwer einen digitalen Zugang hatten, trafen wir uns gezielt. Ich in Köln, die anderen in Berlin. Wir gingen zu zweit oder zu dritt spazieren, sprachen mit ihnen darüber, was sie beschäftigte und über ihre Befürchtungen angesichts der Pandemie, wir halfen bei den Hausaufgaben – und versuchten einfach da zu sein. Diese Wochen und Monate waren intensiv. Ich hatte wirklich Sorge, dass wir einzelne Mädchen während dieser Zeit verlieren könnten, und kam auf eine Idee. Über Ostern ging ich all meine Sachen durch. Ich stellte Geschenketüten zusammen mit Sportklamotten, Schoko-Osterhasen, Bällen und anderen Dingen, die ich während der vergangenen Jahre geschenkt bekommen hatte. Ich lud alles in mein Auto und verteilte die Geschenke an meine SCORING GIRLS, von morgens bis abends fuhr ich von Wohnung zu Wohnung. Die Freude der Mädels zu sehen, war eine Riesenerleichterung.

Und im Mai war es dann endlich so weit, die Covid-19-Maßnahmen wurden gelockert, wir durften wieder trainieren. Wir gaben allen Mädchen, die schon einmal dabei gewesen waren, Bescheid – und wussten nicht, wer kommen würde. Aber es waren alle wieder da. Wirklich alle! Und das war das größte Geschenk, das sie mir hatten machen können. Sie hatten nur darauf gewartet, dass wir wieder zusammen auf dem Rasen stehen könnten. Immer wieder hörte ich: »Ey, ich hab' dich vermisst!« Im August 2021 gab es im Berliner Osten den offiziellen Kick-off der SCORING GIRLS. Zu diesem Zeitpunkt ahnten wir noch nicht, wie oft wir noch wechseln würden von analog zu digital und wieder zurück.

Während der Pandemie-Phase waren die Nachrichten von Mädchen, die nach einem SCORING-GIRLS-Standort in ihrem Viertel fragten, nicht weniger geworden, sondern mehr. Wir mussten mit dem Angebot nachziehen. Von Beginn an hatte ich in Berlin ja an Neukölln und Kreuzberg gedacht, nun wollte ich auch hier präsent sein. In Kreuzberg war Anfang 2021 die adidas-football-collective-Sportsbase gelauncht worden, ein neu konzipiertes Trainingsgelände mit viel urbanem Charme, direkt an der Spree auf der Lohmühleninsel. Laufen, Basketball, Athletiktraining und Fußball, all das wurde hier angeboten. Hier mit den SCORING GIRLS auf dem neuen Kunstrasenplatz zu trainieren, wäre die ideale Lösung gewesen.

Also setzten wir uns mit adidas football collective zusammen. Die Verantwortlichen fanden die Idee großartig, und die Sportsbase wurde einmal in der Woche unser neues Zuhause. Zum ersten Kreuzberger-Training im Juli 2021 kamen fast zwanzig Mädels. Nun gab es die SCORING GIRLS vier Mal in zwei Städten. Ich musste mich kneifen. Zur offiziellen Eröffnung kamen Anne und Aylin und viele andere, wir kickten zusammen, es gab leckeres Essen, und wir machten diesen Tag zu einem Fest der Freude – spürbar auch aus Erleichterung, dass so etwas nach den vielen Einschränkungen der vergangenen Monate wieder möglich war. Gefühlt fast schon nebenbei eröffneten wir in Köln

Chorweiler einen zweiten Standort in der Stadt, wo 2015 alles begonnen hatte.

Ein weiterer Standort lag mir ganz besonders am Herzen. Und ich hätte am Anfang der SCORING GIRLS niemals geglaubt, dass ein solcher Traum wahr werden könnte. Aber an einem unserer Frauenhäuser in einem IDP Camp in der autonomen Region Kurdistan im Nordirak hatten wir mit HÁWAR.help einen Fußballplatz gebaut. Während wir in Köln und Berlin unsere Angebote an die Bedingungen der Pandemie anpasst hatten, uns Trainingsformen überlegten, nach Praktikumsplätzen suchten und viel mit den Mädels sprachen, begleitete und beobachtete ich die Planung und Entstehung des Platzes in der Ferne. Und im Dezember 2021 war es dann tatsächlich so weit. Zur Eröffnung des Trainingsgeländes im Irak reiste ich zum ersten Mal in meinem Leben zu den Wurzeln meiner Vorfahren.

RÜCKKEHR IN DIE HEIMAT

Schon Wochen vor dem Flug war ich aufgeregt, und nun würde ich endlich selbst die Schönheit dieses Landes sehen und die Luft dort atmen. In die große Vorfreude mischte sich etwas Unruhe, weil ich nicht genau wusste, was mich erwartete. Immer wieder gab es Anschläge in dieser Region, die noch immer ein Kriegsgebiet war. Aber ich wusste, jetzt ist es soweit, ich werde diese Reise zu den Wurzeln meiner Glaubensgemeinschaft antreten. Ich fühlte mich bereit. Der Zeitpunkt war gekommen.

So wie er zuvor Düzen und Tezcan begleitet hatte, kam Papa auch mit mir. Es war so schön und wirklich wichtig für mich, ihn dabeizuhaben.

Er kannte die Region, er kannte die Menschen – und viele kannten ihn. Dass auch er sehr aufgeregt war, merkte ich, sobald wir im Flugzeug saßen. Ich wollte in mich gehen und mich darauf vorbereiten, wie es wohl werden könnte, wenn wir im Irak ankämen. Papa aber sprudelte geradezu los, wen wir nicht alles treffen und wohin wir fahren würden, und wie schön das sei! Er hatte so viele Pläne im Kopf und brannte darauf, sie umzusetzen, um den Menschen im Irak zu helfen. Durch sein Dabeisein und seine Begeisterung schenkte er mir sofort Leichtigkeit, Sicherheit und Vertrauen.

Als wir aus dem Terminal des Flughafens von Erbil traten, war es, als käme ich nach Hause. Noch nie war ich hier gewesen, aber es fühlte sich überhaupt nicht fremd an. Mein ganzes Leben hatte ich das Gefühl gehabt, dass mir etwas fehlte, dass ich Heimweh hätte, eine Sehnsucht, die ich mir nicht erklären konnte. Nun schloss sich ein Kreis. Hier fühlte ich mich komplett. Die Sonne ging gerade unter, als wir ins Freie kamen, und ich beobachtete die Menschen um uns herum, die Bewegung, den Trubel. Der Klang ihrer Stimmen, er war so vertraut. Ich hörte kurdische Sätze, so viele, überall, ganz selbstverständlich. Die Sprache meiner Familie, für die ich mich früher geschämt hatte, von der mir immer wieder gesagt worden war, das sei keine richtige Sprache. Hier aber verstand ich alle – und sie verstanden mich. Ich musste mich erst daran gewöhnen. Ich bekam Gänsehaut. Mein Vater stellte sich zu mir. »Ist das nicht schön?«, fragte er, und ich lächelte ihn an: »Das ist wunderschön, Papa, wunderschön!«

Von Erbil fuhren wir etwa zwei Stunden in Richtung Norden. Unser Ziel war Dohuk, die Hauptstadt der Region Dahuk in der autonomen Region Kurdistan. Eine halbe Million Menschen leben hier. Ich schaute aus dem Fenster und wollte jeden Eindruck aufsaugen und in meinem Gedächtnis speichern. Immer wieder kamen wir an Checkpoints vorbei, wir wurden kontrolliert. Begleitet wurden wir von Pia, eine Mitarbeiterin von HÁWAR.help, und Luk und Simon, die alles filmten. Ich wollte alles dokumentieren und festhalten. Wir gingen gemeinsam Abendessen, aber ich bekam keinen Bissen runter. Ich war zu überwältigt von diesen ersten Eindrücken. Wir besprachen die nächsten Tage. Was war wichtig, worum ging es, wen würden wir treffen, auf was mussten wir achten? Dann fiel ich erschöpft ins Bett – und konnte doch kaum schlafen. Wir waren nur ein paar Tage hier, ich wollte sie intensiv nutzen, möglichst viel sehen und möglichst viele Menschen treffen. So ging das übrigens jede Nacht, ich war im Funktioniermodus, vier Stunden Schlaf reichten mir, dann war ich hellwach und wollte weitermachen.

Am nächsten Tag fuhren wir nach Lalish, zur Heiligenstätte der Jesiden, zum Zentrum unserer Glaubensgemeinschaft. Wie viel war in unserer Familie schon von diesem Ort gesprochen worden, wie viele Geschichten hatten sich hier abgespielt. Mich nun tatsächlich hier zu bewegen war eine ganz andere Sache. Jeder Millimeter Mauer, all die alten Teppiche und Schriften an den Wänden, jeder Raum ließ mich ehrfürchtig erstaunen und fühlte sich gleichzeitig vertraut an. Vom ersten Moment an spürte ich die Kraft, die Lalish mir gab. Hier wurde mein Gefühl verstärkt, angekommen zu sein. Obwohl ich 4000 Kilometer entfernt war von jenem Land, in dem ich geboren wurde und aufgewachsen war, fühlte ich mich in Lalish, als wäre ich zu Hause. Die Menschen empfingen uns so gastfreundlich, mit so viel Wärme, als würden sie uns seit Jahren kennen. Ich fühlte mich unfassbar geborgen. Wir erzählten ihnen von Deutschland, von der kurdisch-jesidischen Kultur in der Ferne – und bekamen vieles erklärt und gezeigt. Im Freien wurde in riesigen Töpfen gekocht, es gab all die kurdischen Köstlichkeiten, die ich von meiner Mutter kannte. Wir aßen zusammen mit Frauen und Männern und hatten großes Glück, genau an diesem Tag, dem 2. Dezember, dort zu sein. Ein Teil der Heiligenstätte war restauriert worden und wurde nun eingeweiht. Zu dieser Feier kam auch der *Baba Sheikh* nach Lalish, das religiöse Oberhaupt der Jesiden. Sehr viele Menschen waren zu unserer Heiligenstätte gereist. Was für eine Ehre, hier dabei zu sein. Von so vielen meiner Glaubensschwestern und -brüdern umgeben zu sein erfüllte mich mit Stolz, gab mir Sicherheit und Zuversicht.

Diese Energie nahm ich mit, als wir ins IDP Camp Qadiya fuhren, wo HÁWAR.help im September 2018 ein Frauenhaus eröffnet hatte. Von unserem Hotel aus ging es über staubige Straßen, der Wagen ruckelte hin und her. Wir passierten einen letzten Checkpoint, und dann waren wir da. Mitten in der Wüste lag das Camp, umgeben von Bergen und Sand. Ich sah aneinandergereihte, weiße Container und Kinder, die auf den Wegen liefen. Ich sah alte Menschen beisammensitzen und stolze Männer, die Zigaretten rauchten und uns grüßten, Frauen, die einen Teppich oder Klamotten ausklopften. Sie alle blickten neugierig zu uns. Wir bogen um eine Ecke und hielten vor einem Container mit dem Schild: HÁWAR.help. Ich dachte an Düzen, an ihre erste Reise in den Nordirak gemeinsam mit unserem Vater, daran, wie verändert sie zurückgekommen waren – und wie viel Kraft ihr diese Erlebnisse gleichzeitig gegeben hatten, um bis heute für Menschenrechte zu kämpfen.

Als wir damals mit dem Bundesministerium für wirtschaftliche Zusammenarbeit und Entwicklung das Frauenzentrum planten, hatten wir vor allem einen sicheren Ort schaffen wollen, an dem Geflüchteten der Start in ein neues Leben ermöglicht werden würde und wo sie die traumatischen Erlebnisse von Vertreibung und Krieg verarbeiten könnten. Zurück ins Leben, so gut es eben geht. Ich wusste, welche Rolle der Sport dabei spielen konnte, und wollte, dass Fußball und Bewegung auch den Mädchen und Frauen hier im Camp die Freude zurückbrachte, ihnen Antrieb und Selbstbewusstsein gab. Das Frauenzentrum hatten vor allem meine Schwestern mitgestaltet. Bei diesem Projekt war nun ich stark involviert. Der Platz musste ja so konstruiert sein, dass er den Bedingungen angepasst war. Er brauchte einen hohen Zaun mit Sichtschutz, damit die Mädchen und Frauen sich wirklich frei bewegen konnten. Der Untergrund durfte bei mehr als 40 Grad Lufttemperatur nicht zu heiß werden. Es dauerte, bis wir alle Genehmigungen und die endgültige Zustimmung der autonomen Region Kurdistan vorliegen hatten. Dann war der Platz fertiggestellt worden – und ich konnte trotzdem nicht hin: Corona. Aber jetzt im Dezember 2021 stand ich endlich da, vor unserem Frauenzentrum und dem Fußballplatz – einem weiteren Standort der SCORING GIRLS.

Ich traf mich mit den Mitarbeiterinnen und Mitarbeitern von HÁWAR.help und dankte ihnen für ihre Arbeit. Manche von ihnen kamen selbst aus dem Camp. Sie führten mich durch die verschiedenen Räume und stellten mir Frauen vor, die beispielsweise unsere Nähkurse besuchten. Stolz zeigten sie mir Kleider, die sie selbst genäht hatten. Und endlich lernte ich auch Sipal Rasheed persönlich kennen. Wir hatten die irakische Nationalspielerin als Trainerin engagiert. Sie alle begrüßten mich mit einer Herzlichkeit, wie ich sie nur selten erlebt hatte. Sie umarmten mich wie eine Schwester. Während wir sprachen, sah ich, wie draußen immer mehr Mädchen zu dem Fußballplatz kamen. Um die dreißig waren es, als wir vor ihnen standen und ich mich vorstellte. »Hallo ihr Lieben«, sagte ich auf Kurdisch. »Ich bin Tuğba.« Sie lachten. »Das wissen wir!«, sagten sie, und ich lachte mit ihnen. Ich erzählte, dass ich früher Bundesligafußballerin war und von den SCORING GIRLS in Deutschland, dass ich auch Kurdin jesidischen Glaubens bin und wie schön ich es fand, sie alle kennenzulernen. Ich hatte zwei Koffer voller Trikots und Schuhe mitgebracht, die ich verteilte. Das Strahlen der Mädchen werde ich niemals vergessen. Sie waren so stolz.

Wir wollten direkt loslegen, aber eigentlich stand jetzt ein Englischkurs auf dem Programm. Unterricht oder Fußball? Sie schauten mich an. »Wisst ihr was?«, sagte ich. »Lasst die Trikots und alles ruhig an, aber jetzt gehen wir erst mal rein, ich komme mit.« Die Mädchen folgten den Sätzen der Lehrerin aufmerksam, machten sich Notizen in ihre Hefte und stellten Fragen, so viele Fragen, wie ich sie selbst als Schülerin nie gestellt hatte. Immer wieder schaute eines der Mädchen zu mir herüber, fröhlich, aufgeweckt. Wo nur nahmen sie diese Energie her, nach allem, was sie schon erlebt hatten?

Dann spielten wir Fußball. Zwei Stunden, die im Nu vergingen. Ich hätte ewig mit diesen Mädchen rennen und schießen und lachen können. Und dann setzten wir uns hin und redeten. Sie wollten so viel wissen, über mich, meine Familie, über Deutschland, über den Fußball. Es war nicht leicht, sich zu verabschieden. »Kommst du wieder?«, fragten sie, umarmten mich und ließen mich kaum los.

Am nächsten Tag kamen wir wieder. Nun ging es aber vor allem darum, die Eltern kennenzulernen und von ihrem Leben im Camp zu erfahren. Einige harrten seit Jahren hier aus. Ohne Perspektive. Sie konnten weder vor noch zurück. Dabei wollen sie nichts Anderes als zurück in ihre Heimatorte, zurück in jenes Leben, das sie vor dem IS-Terror gelebt hatten, zurück in menschenwürdige Verhältnisse. Die Frauen und Männer, mit denen wir sprachen, waren sehr offen. Sie waren froh, dass ihnen jemand zuhörte und sich für ihre Geschichte interessierte. Sie teilten uns ihre Forderungen und Wünsche mit und waren doch hoffnungslos: »Wir können erzählen, was wir wollen, es interessiert am Ende doch niemanden.« Wir versuchten, ihnen Mut zu machen. Aber das war schwer. Wir saßen hier in einem Camp, umgeben von Hunderten Containern, in denen Tausende Menschen auf engstem Raum wohnten. Behausungen, die ihnen weder Schutz vor der Kälte des Winters noch vor der unbeschreiblichen Hitze im Sommer boten. Ohne ausreichend Strom und Wasser. Dieses Land war so schön, wie konnte es nur zu so viel Leid kommen?

In diesen Tagen begann ich, was ich seit meiner Jugend nicht mehr getan hatte: Ich schrieb ein Tagebuch. Ich wollte meine Gedanken und Gefühle festhalten, wie ich sie nur hier greifen konnte. Ich wollte keine Begegnung, kein Gespräch je wieder vergessen. Und so reihte ich Satz an Satz aneinander, während der Autofahrten oder nachts im Hotel vor dem Schlafengehen. Mir war klar, dass die Lösung der Probleme nicht allein ein Frauenzentrum oder ein Fußballprojekt sein konnte. Aber mir wurde deutlicher denn je, dass es einen großen Unterschied ausmachte, ob wir hier waren oder nicht. Die Mädchen und Frauen fanden den Glauben an sich selbst zurück und verdrängten für einen Moment, was ihnen widerfahren war. Die Kurse gaben ihnen Struktur, Hoffnung und eine Perspektive.

Zusammen mit meinem Vater fuhr ich auch in andere Camps. Wir wollten weitere Frauenzentren bauen und schauten uns die Gegebenheiten in den verschiedenen Flüchtlingslagern an, um später mit meinen Schwestern besprechen zu können, wo die Hilfe am dringendsten nötig war. Ich war tief beeindruckt von Papa. Er bewegte sich mit einer großen Sicherheit und begegnete den Menschen mit enormem Feingefühl. Sobald uns Kinder sahen, liefen sie auf uns zu, nahmen uns an der

Hand, begleiteten uns. Sie stellten viele Fragen und erzählten von sich, von ihrer Flucht und ihrem früheren Zuhause. Ich redete mit Zehnjährigen, die auf mich wirkten wie Erwachsene. Ich war tief beeindruckt von der Stärke, Resilienz und Klarheit mancher Kinder. Sie hatten ihre Träume nicht aufgegeben. Manche waren hier geboren worden, sie kannten nichts Anderes. Diese Menschen wollen das gleiche wie wir: In Frieden leben.

Sie hatten vor allem eine Bitte: Ich sollte ihre Geschichte erzählen und dafür sorgen, dass niemand sie vergaß. Ich versicherte ihnen, dass ich das tun würde und dass wir uns weiter für sie einsetzen würden. Es war ein Versprechen, das von Herzen kam. Obwohl ich mir sicher war, es würde ein Wiedersehen geben, fiel mir der Aufbruch schwer. Schon am Abend vorher kreisten meine Gedanken um den Abschied, und ich spürte einen Kloß im Hals. Ich empfand es als ungerecht – ich konnte das Camp verlassen, zurück nach Deutschland, in mein Leben ohne Krieg, in eine Sicherheit, in der es mir an nichts fehlte. Den Menschen hier wurde das verwehrt, sie mussten bleiben und weiter ausharren. Wer entschied darüber, welches Schicksal wen ereilte?

Die Kinder gaben mir Armbänder und Kettchen mit, die sie gemacht hatten; ich bekam Murmeln und selbst gemalte Bilder und konnte nur erahnen, wie wertvoll all diese Sachen für sie waren. Diese Kinder hatten nichts – und schenkten mir alles. Ich wollte diese Kostbarkeiten nicht annehmen und tat es doch, um sie nicht zu enttäuschen. Ich verließ Dohuk mit einem so schweren Herzen und gleichzeitig all der Liebe, die ich von den Kindern und Erwachsenen bekommen hatte. Ich flog tief beeindruckt nach Deutschland und mit der Gewissheit, wie wichtig unsere Arbeit war.

Was ich gesehen und gehört hatte, veränderte mich. Noch nie hatte ich so einen Tatendrang gespürt wie jetzt. Ich wollte das Leben dieser Menschen verbessern. Als wir am Berliner Flughafen ankamen, sagte mein Vater zu mir: »Es war wunderbar, dass wir das zusammen erlebt haben.« Und wie vor ein paar Tagen lächelte ich ihn an und sagte: »Ja, das war es.« Ich brauchte lange, um wirklich wieder in Deutschland anzukommen. Aber für mich hatte sich nun auch ein Kreis geschlossen. Ich, Tochter von Jesiden, eine Fußballerin, die eine Menschenrechtsorganisation mitgegründet hatte, um Opfern eines Genozids dabei zu helfen, ins Leben zurückzufinden, war an jenen Ort gekommen, wo sich dieser Völkermord ereignet hatte. Jener Ort, der für mich nun zur Heimat geworden war.

Im Juni 2022 kehrte ich zurück in den Irak. Wir hatten inzwischen ein zweites Frauenzentrum gebaut, und es war klar, dass auch hier ein Fußball- und Bewegungsangebot dazugehören sollte. Diesmal war ich weniger aufgeregt, nun wusste ich, was mich erwartete. Düzen und Papa flogen mit. Wir trafen viele Leute, auch aus der Politik, was wichtig war: Sie von der Relevanz unserer Projekte zu überzeugen, konnte die Arbeit enorm erleichtern. Nicht jedem gefiel es, wenn sich aus ihrer Sicht Außenstehende einmischten, selbst wenn es um humanitäre Hilfe ging. »Ihr versaut uns unsere Frauen, was sollen diese ganzen Kurse?«, war eine der Aussagen, mit denen wir konfrontiert worden waren, weil wir Frauen stärkten. Fußballspielende Mädchen waren manchem zu Beginn erst recht ein Grund, uns abzulehnen. Am Anfang war es schwierig, etwas aufzubauen. Mittlerweile werden wir akzeptiert und sind gut vernetzt – nicht zuletzt dank unserer Mitarbeiterinnen und Mitarbeiter dort.

Ich wollte wieder mit möglichst vielen Menschen sprechen und bewegte mich durch das IDP Camp, begleitet von unserem Kameramann. Es war unglaublich heiß. Zwischen den Containerreihen staute sich die Hitze. Es roch nach Staub und nach Schweiß und auch nach dem Plastik der Zelte und Pavillons, die immer wieder zwischen den Containern auftauchten. Zwischendurch wehte es den Duft von Essen dazu. Dutzende Kinder liefen mir hinterher. Ich erzählte vor allem den Mädchen von den SCORING GIRLS und lud sie ein, am nächsten Tag doch vorbeizukommen und mitzumachen. Natürlich beschäftigte mich in diesen Momenten auch, dass wir damit die Jungs ausschlossen, die sich ein solches Angebot sehnlichst wünschten. »Wir wollen so etwas auch!«, sagten mir viele, die auf dem steinigen und staubigen

Boden kickten, mit einem Ball, aber ohne einen Platz oder gar ein Trainingsangebot.

Das Training an unserem ersten Frauenzentrum lief nun schon mehrere Monate. Als ich dorthin fuhr, konnte ich die Veränderung sehen, die Entwicklung, die die Mädchen gemacht hatten. Und ich bekam sie geschildert. Eine Mutter erzählte mir, ihre Tochter sei vorher wie ein wandelnder Geist gewesen, sie habe öfter versucht, sich etwas anzutun. Seit sie Fußball spiele, sei sie fröhlicher und besuche nun auch Kurse im Frauenzentrum, sie habe wieder Ziele und Hoffnung. Es waren Geschichten wie diese, wegen denen wir das Training nun öfter anboten.

Wir organisierten eine Eröffnungszeremonie, zu der wir religiöse Oberhaupte und politische Entscheidungsträger einluden, auch Vertreter der deutschen Botschaft kamen. Ich leitete ein Training der SCORING GIRLS, die mir wie die Mädchen an unserem ersten Standort im Irak so viel Dankbarkeit und Freude entgegenbrachten. Sie erzählten mir, wie wichtig es für sie war, rauszukommen aus den Zelten und Containern und durch den Fußball abgelenkt zu werden. Unser Angebot war für sie ein Zeichen, dass sie nicht vergessen worden waren und dass sich jemand für sie interessierte. Sie sagten mir, dass der Fußball ihre Zeit im Camp lebenswert mache. Ihre Augen leuchteten, als wir uns den Ball hin und her spielten, jede von ihnen in einem roten Trikot. Ein paar der Mädchen waren richtig talentiert, sie konnten gut mit dem Ball umgehen. Ich bewegte mich über den großen Platz und war so glücklich wie selten zuvor.

Ich dachte zurück an meine erste Trainingseinheit mit den SCORING GIRLS in Köln. Sieben Jahre waren vergangen seit diesem Tag. Sieben Jahre, in denen ich das Selbstbewusstsein der Mädchen aufbauen wollte und dabei von ihnen umgekehrt genauso gestärkt und inspiriert worden war. Sieben Jahre, in denen neun Standorte gewachsen waren. Ich hörte das Lachen der Mädchen auf dem Fußballplatz in dem IDP Camp, das die trockene Wüstenluft erfüllte, und lachte mit ihnen.

Auch diesmal fiel mir der Abschied enorm schwer. Ich hätte diese Mädchen am liebsten alle mitgenommen, um ihnen ein Leben fernab all ihrer Sorgen zu ermöglichen. Ein paar von ihnen bildeten einen Kreis um mich. »Ich bin so dankbar, dass ich die Chance hatte, euch kennenzulernen. Passt bitte auf euch auf«, sagte ich und wollte, dass sie wussten: »Was immer ihr werden wollt, ich werde euch dabei unterstützen!« Meine Stimme zitterte: »Und jetzt muss ich euch Tschüss sagen.« Sie streckten ihre Hände in die Mitte, rissen sie in die Höhe und riefen jubelnd meinen Namen. Ich umarmte jede lange und klatschte mit ihnen ab. Als ich ging, konnte ich meine Tränen nicht mehr zurückhalten.

Ich verließ das Land meiner Vorfahren mit der Vision, noch so vielen Mädchen mehr Kraft und Hoffnung geben zu wollen. Und mit dem Gefühl, dass es richtig war, was wir taten. Wir durften niemals damit aufhören, die Stütze und Stimme jener Menschen zu sein, die sonst kaum gehört wurden. Niemals.

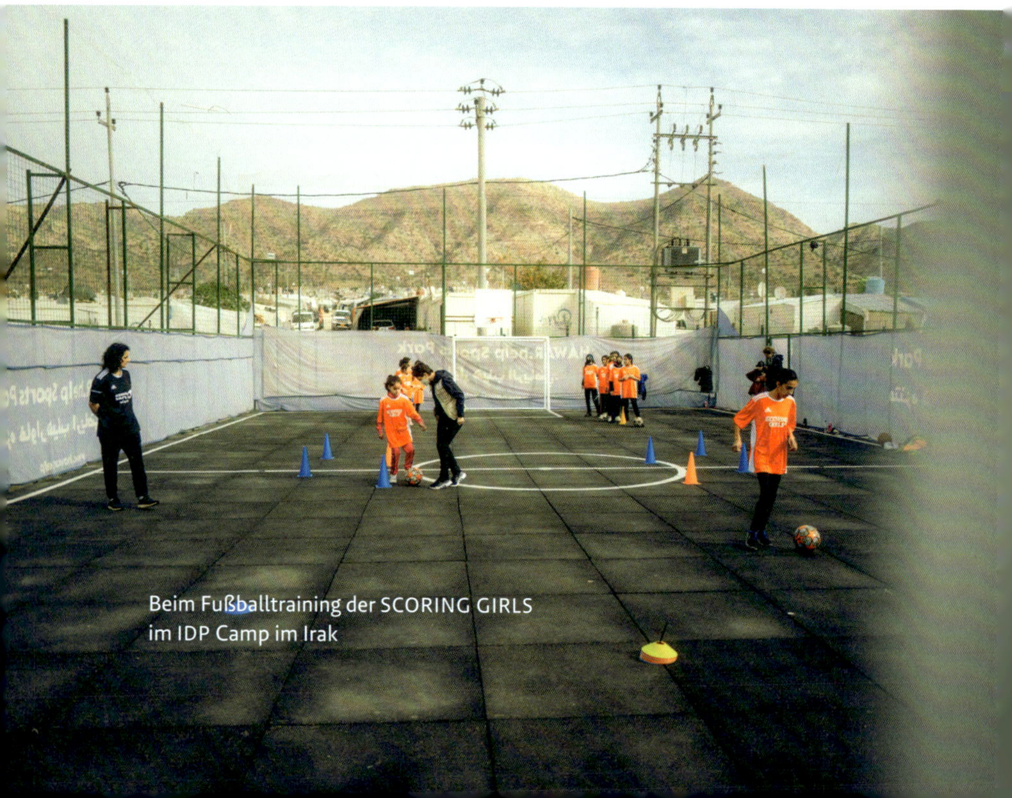

Beim Fußballtraining der SCORING GIRLS
im IDP Camp im Irak

SCHLUSSGEDANKEN

Ich habe selten darüber gesprochen, dass ich auf eine Hauptschule gegangen bin. Und manche Reaktionen können schmerzhaft sein, wenn das Thema zur Sprache kommt. Einmal war ich zum Essen eingeladen, und während wir uns unterhielten, kamen wir auf den Französisch-Unterricht zu sprechen. Als ich etwas dazu gefragt wurde, antwortete ich: »Keine Ahnung, ich war auf der Hauptschule, da hatten wir kein Französisch.« Die Runde lachte. »Ja, aber jetzt mal ernsthaft«, sagte ein Gast, und ich: »Nein, ich war wirklich auf einer Hauptschule.«

Niemand am Tisch fand es schlimm, dass ich auf eine Hauptschule gegangen bin. Aber es war anders, ungewöhnlich, negativ assoziiert. Mich erinnern Situationen wie diese an ein Gefühl von früher. Ich dachte lange, ich sei als Mensch weniger wert, wenn ich kein Abitur und Studium abschließen würde. Immer wieder bekam ich das vermittelt, bewusst oder unbewusst. »Tuğba, die nächste Übung ist für Leute mit Abitur. Also bitte hintenanstellen!«, sagte mal ein Trainer zu mir. So etwas vergisst man nicht.

Lange maß ich meinen Selbstwert an schulischen Leistungen. Dass meine Talente weniger im Lernen liegen, merkte ich zwar irgendwann, trotzdem wollte ich unbedingt das Abitur nachholen. Als ich das nicht konnte, strebte ich ein Fach-Abi an. Und selbst, als ich diesen Abschluss aufgrund meines Wechsels vom TSV Havelse zum Hamburger SV abgebrochen hatte, blieb ein Studium als fernes Ziel in meinem Hinterkopf. Es dauerte, bis mir klar wurde: Es kommt nicht allein auf Noten an. Viele Kompetenzen kann einem keine Schule und keine Universität nahebringen, manches Wissen steht nicht in Büchern, sondern wird von den Menschen vermittelt, denen man begegnet. Bildung ist sehr wichtig, keine Frage. Aber nicht jeder kann sich den Zugang zu Bildung aussuchen, nicht jeder kann den Weg über Abitur und Studium gehen.

Ich habe gelernt, meinen Schmerz in Kraft umzuwandeln. Dazu gehört auch, darüber zu sprechen. Sich mit Menschen zu umgeben, die dich unterstützen. Die an deiner Seite stehen und dir sagen: Du musst an dich glauben. Wie mein Bruder Tekin, der mich davon überzeugt hat, dass ich im Verein spielen muss. Meinen Weg bin ich niemals allein gegangen – und genau deshalb möchte ich meine SCORING GIRLS auf *ihrem* Weg begleiten. Unter ihnen sind viele Mädchen mit sichtbarer Zuwanderungsgeschichte. Sie erzählen von Diskriminierungen und Alltagsrassismus, die ihnen entgegengebracht werden. Auch dafür ist der Fußballplatz da: Um darüber zu sprechen, was man erlebt hat, sich anderen anzuvertrauen. Und dabei immer wieder zu merken, dass man nicht allein ist. Dass man mehr ist als diese negativen Erfahrungen. Die SCORING GIRLS haben wie ich damals etwas gefunden, das sie erfüllt und stärkt. Mein Tor zur Freiheit ist auch ihres.

Wenn ich zurückblicke, denke ich an meine Mutter, die mich beschützen wollte. Jetzt, wenn sie die SCORING GIRLS bei Turnieren besucht, nimmt sie jedes Mädchen in den Arm. Die Mädchen sagen: Tuğba, wir wollen ein Foto mit deiner Mutter machen. Sie sprechen kurdisch miteinander – und ich weiß, dass dieser generationenübergreifende Zusammenhalt stärker ist als jeder Gegenwind. Im August 2022 haben wir ein Summer Camp veranstaltet – und haben mit den SCORING GIRLS aus Köln die Mädchen in Berlin besucht. Im Zeitraum des Camps lag der 3. August – der Jahrestag des Genozids an den Jesiden. Es war ein unfassbarer, emotionaler, trauriger Tag. Am späten Nachmittag sind wir gemeinsam durch Berlin gelaufen, haben immer wieder geweint. Die jesidischen Mädchen haben von ihrer Flucht und dem 3. August 2014 erzählt. Die anderen haben zugehört und getröstet. Der Zusammenhalt war so stark, so greifbar an diesem Tag – über Religion und Herkunft hinweg. Wenn ich auf meinen Weg zurückblicke, bin ich unglaublich dankbar. Ich bin dankbar dafür, in einem demokratischen, freien Land aufgewachsen zu sein. Ich bin dankbar für all die Unterstützung, all die Freunde und Freundinnen, für alle Wegbegleiter. Für alle, die immer an mich geglaubt haben.

Ich habe beim Schreiben dieses Buches gemerkt, wie schwierig es ist, von meinen Eltern zu erzählen – von einer Mutter, die ihre Tochter nicht Fußball spielen lässt. Von Eltern, die elf Kinder haben und ihre Aufmerksamkeit aufteilen müssen. Immer wieder habe ich gemerkt, dass ich voller Bewunderung bin. Meine Eltern mussten mit Entwurzelung leben, mit existenziellen Sorgen, mit Unsicherheiten in einem für sie fremden Land. Wenn ich mit anderen Menschen spreche, die mit Zuwanderungsgeschichte in Deutschland aufgewachsen sind, reden wir immer über unsere Eltern. Weil sie den Grundstein für unsere Freiheit gelegt haben. Weil sie es unglaublich schwer hatten. Jetzt schreibe ich ein Buch über meinen Weg – als Jesidin, als Kurdin, als Deutsche. Dieser Weg soll anderen Hoffnung geben, die sich fehl am Platz fühlen, die an sich zweifeln.

Als ich angefangen habe im Profibereich Fußball zu spielen, ist mir einmal mehr aufgefallen, wie wenig Frauen mit Zuwanderungsgeschichte dort vertreten waren. Es ist in jedem Fall zu kurz gedacht, das auf Ängste der Eltern zu schieben oder kulturell zu begründen. Vereinssport ist immer noch für viele Menschen mit Hürden verbunden – überhaupt erst einmal Zugang zu finden, Mitgliedsbeiträge zu zahlen, am Wochenende zu Sportplätzen zu fahren. Vereinssport kann nicht von allen möglich gemacht werden. Ich wünsche mir, dass alle Mädchen sich eingeladen fühlen. Dass Vereinssport kein Privileg ist. Dass nicht nur im Profibereich über Diversität und Repräsentation gesprochen wird, sondern auch auf lokaler Ebene. Dass der Fußball für alle da ist.

Dass ich in diesem Buch so offen über meine Erfahrungen gesprochen habe, ist neu für mich. Ich bin erst jetzt an den Punkt gekommen, an dem ich schmerzhafte Erfahrungen teile. Ich bin überzeugt davon, dass Vorbilder nicht nur stark sein müssen. Vorbilder sind keine Superhelden ohne Probleme. Als ich den SCORING GIRLS damals im Training von meinen Erlebnissen erzählt habe, von meinen Zweifeln und Diskriminierungserfahrungen, habe ich eine tiefe Verbundenheit gespürt. Wir dürfen uns nicht dafür schämen, dass andere uns in eine Schublade stecken wollen. Wir müssen dem etwas entgegensetzen. Und ich sehe wie viel das bewirkt: SCORING GIRLS, die ihre Familienmitglieder unterstützen, die jüngeren Mädchen helfen, die jeden willkommen heißen. Die früher gesagt haben: Ich will Krankenschwester werden. Und heute sagen: Ich werde Ärztin. Ich habe ein riesiges Vertrauen in jedes der Mädchen – das heißt nicht, dass sie nicht straucheln dürfen oder dass sie immer stark sein müssen.

Ich bin überzeugt davon, dass wir einander zuhören müssen, und aufeinander Acht geben müssen. Wenn ich mit German Dream Wertedialoge mit Schülerinnen und Schülern führe, merke ich: Da sind so viele Fragen – und Antworten. Sich mit diesen jungen Menschen über das Leben zu unterhalten und sich auszutauschen, ist für mich wahnsinnig wertvoll. Solche Gespräche sind in meinen Augen der Grundstein der Demokratie: Dass wir alle ernst nehmen. Dass wir alle Stimmen hören. Dass alle sich einbringen können. Ich bin froh zu merken, dass immer mehr über Diskriminierung gesprochen wird, dass Schulen daran arbeiten, sichere Orte zu schaffen, dass eine gesamtgesellschaftliche Sensibilität entsteht. Dieser Dialog braucht alle Stimmen, und eben auch die, die lange nicht gehört wurden. Wir versuchen mit unserer Arbeit bei HÁWAR.help mit einem multiethnischen und multireligiösen Blick zu arbeiten und dabei alle Krisen öffentlich zu thematisieren.

Düzen sagt immer: Wir müssen Schallverstärker sein. Für die Stimmen, die sonst nicht gehört werden. Wir haben uns eine Bühne erarbeitet. Wir leben in Deutschland, wir haben mittlerweile ein Netzwerk, das uns zuhört. Wir fühlen uns verantwortlich: Sei es Ukraine, Afghanistan, Iran, Irak, Syrien. Freiheit bedeutet für mich, dass sie für alle gelten muss. Nicht nur in Deutschland, sondern eben auch da, wohin der westliche Blick oft nicht reicht. Deshalb habe ich mich so kritisch zu der Weltmeisterschaft in Katar positioniert: In Anbetracht der Menschenrechtsverletzungen vor Ort konnte ich nicht Fußball gucken wie sonst. Mir war es wichtig dahin zu gucken, wo die Scheinwerfer nicht hin leuchten. Wenn Menschen für diese Fußballstadien gestorben sind, entspricht das nicht meinem Verständnis von Fußball. Denn den Fußball macht aus, dass er für alle da ist.

Sich für eine größere Sache einzusetzen ist für meine Familie und mich vor allem seit dem 3. August 2014 zu einer sehr persönlichen und unfassbar wichtigen Angelegenheit geworden. Das Massaker, das von der Terrormiliz Daesch, dem sogenannten »Islamischen Staat«, verübt wurde mit dem Ziel der Auslöschung der jesidischen ethnisch-religiösen Gemeinschaft, hat unendlichen Schmerz verursacht. Mit unserer Menschenrechtsorganisation HÁWAR.help kämpfen wir nicht zuletzt dafür, dass die Welt von den Gräueltaten des IS und dem Leid der Jesiden erfährt. Wir versuchen, Schallverstärker für die Tausenden Stimmen in der Ferne zu sein. Mit unserer Arbeit im Irak und in Deutschland wollen wir die Situation der seit Jahrhunderten verfolgten Jesiden endlich verbessern.

Ein Meilenstein dieser Bemühungen, auf den wir und andere jesidische Organisationen hingearbeitet hatten, war der 19. Januar 2023, den wir nicht vergessen werden: Der Tag, an dem der Deutsche Bundestag den Genozid an den Jesiden offiziell als solchen anerkannte. Für uns ist das mehr als nur ein symbolischer Akt. Es war ein wichtiger Schritt in Richtung Gerechtigkeit und Heilung. Wie sagt Düzen? »Auf Unmenschlichkeit müssen wir mit Menschlichkeit antworten.«

Unsere Eltern waren von Hannover nach Berlin gereist, wie viele andere Jesiden, die selbst oder deren Angehörige die Verbrechen des IS überlebt hatten. Am Abend vorher saßen wir Tekkals alle zusammen. Papa hatte alte Bücher und Zeitschriften mitgebracht, er las uns daraus vor, erzählte uns von seiner politischen Arbeit und den Anfängen seines Engagements. Erfüllt von seinen Worten legten wir uns schlafen.

Der nächste Tag war sehr emotional, es kam einfach alles zusammen. Wir waren viel zu früh vor dem Bundestag und standen in der Kälte, aufgeregt und gleichzeitig angespannt, viele von uns wohl auch ungläubig, dass es nun wirklich so weit sein würde: Ein Stück Gerechtigkeit. Unsere Mutter und unser Vater empfanden Stolz und gleichzeitig Schmerz angesichts ihrer Flucht und des Kampfes, den unsere Glaubensgemeinschaft und sie selbst seit so vielen Jahren fochten. Wir spürten eine große Dankbarkeit dafür, dass wir gemeinsam mit so vielen anderen hier sein konnten: Vor dem Regierungsgebäude der größten jesidischen Diaspora. Wir erinnerten an die Jesiden im Irak, an jene, die ums Überleben kämpfen. Und wann immer wir uns unterhielten, waren auch die politischen Schritte präsent, die noch folgen müssen, um die humanitäre Lage im Irak zu verbessern und damit der Genozid international strafrechtlich verfolgt werden kann.

Die Anhörung mit dem dann einstimmigen Antrag wurde für uns alle ein großer Moment, begleitet von so vielen Erinnerungen. Links von mir saß Tülin, rechts von mir unsere Eltern. Aber die Tränen waren nicht nur Tränen des Schmerzes, es waren auch Tränen des Glücks und der Entschlossenheit. Das Kämpfen hatte sich gelohnt! Wir standen danach

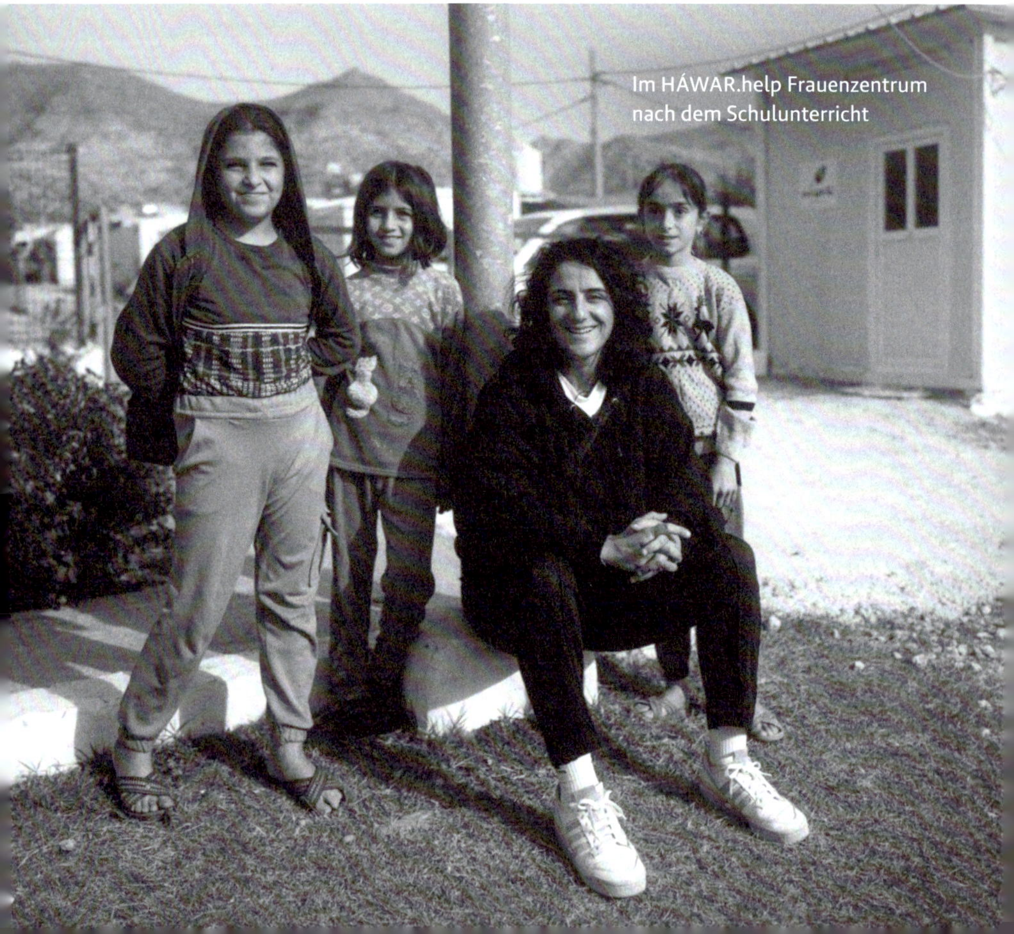

Im HÁWAR.help Frauenzentrum nach dem Schulunterricht

noch lange zusammen. Papa sprach im Foyer mit Politikern. Dreimal hintereinander sagte er: »Ich liebe Deutschland!«

Ein paar Tage später fand er schöne Worte darüber, welche Bedeutung diese Anerkennung für ihn persönlich hat:

»Seitdem ich denken kann, kämpfe ich für Menschenrechte und dafür, dass meine Religionsgemeinschaft, die Jesiden, als gleichberechtigte Glaubensgemeinschaft unter allen anderen anerkannt wird und unsere unzählbaren Völkermorde benannt werden. Letzte Woche wurde der Genozid an unserer Religionsgemeinschaft offiziell durch den Deutschen Bundestag anerkannt und als das bezeichnet, was er war: Ein Völkermord.

Ich bin dankbar, dass ich das noch erleben durfte, und möchte in erster Linie den IS-Überlebenden danken, die den Mut hatten, ihr Schweigen zu brechen. Ich möchte auch meinen Töchtern danken, weil ich als Papa am allerbesten weiß, wieviel sie für diese Lebensaufgabe geopfert haben. Ich möchte auch den Leisen aus unserer Community danken, die seit vielen Jahren sehr viel geleistet haben, ohne dass es jemand mitbekommen hat, und ich möchte zu guter Letzt Deutschland danken. Unserer Heimat, die mir, meiner Frau und meinen Kindern ein Leben in Freiheit, Sicherheit und Selbstbestimmung gegeben hat.

Wenn wir es als eine der kleinsten Religionsgemeinschaften der Welt geschafft haben, kurze Gerechtigkeit zu bekommen, schaffen wir das für alle. Unsere Arbeit im Namen der Menschlichkeit fängt gerade erst an.

Euer Seyhmus.«

Jenen Einsatz, den er seit jeher bei seinem politischen Engagement gezeigt hat, setzen wir unermüdlich fort. Der Kampf für die Menschenrechte wird wohl niemals enden. Aber nur, wenn wir bereit sind, ihn anzunehmen und dafür einzustehen, haben wir auch eine Chance, wirklich etwas zu verändern und zu erreichen.

Und wer hätte gedacht, dass ein Mädchen aus Hannover-Linden, eines von elf Geschwistern, eine deutsche Frau kurdisch-jesidischer Abstammung, dazu beiträgt, dass ein Völkermord von der deutschen Regierung anerkannt wird.

Lasst euch nie den Glauben an euch selbst nehmen.

978-3-949582-05-9

Text: Tuğba Tekkal, Anna Dreher
Lektorat: Matthias Teiting
Umschlagfoto: Paul Küster
Umschlag, Gestaltung und Satz:
Sofarobotnik, Augsburg & München
Lithografie und Herstellung: Jan Russok
Druck und Bindung: KASICO, Bratislava, Slowakei
Besuchen Sie uns im Internet unter
www.esverlag.de

Bildnachweis:
2, 5, 13, 19, 58, 97 o, 97 u, 150, 200, 206:
© LukandSimon
95, 96, 97 mr: © privat / Tuğba Tekkal
96 u: © Getty Images / Micha Will
97 ml: © Jesco Denzel